中外哲學典籍大全

總主編 李鐵映 王偉光

中國哲學典籍卷

宋元明清哲學類

高子遺書（上）

〔明〕高攀龍 著

李卓 點校

中國社会科学出版社

圖書在版編目（CIP）數據

高子遺書：全二册／（明）高攀龍著；李卓點校．—北京：中國社會科學出版社，2021.12

（中外哲學典籍大全．中國哲學典籍卷）

ISBN 978－7－5203－8789－7

Ⅰ.①高…　Ⅱ.①高…②李…　Ⅲ.①高攀龍（1562－1626）—文集
Ⅳ.①Z424.8

中國版本圖書館 CIP 數據核字（2021）第 147061 號

出 版 人　趙劍英
項目統籌　王　茵
責任編輯　王　茵
特約編輯　崔芝妹
責任校對　趙　威
責任印製　王　超

出　　版　中国社会科学出版社
社　　址　北京鼓樓西大街甲 158 號
郵　　編　100720
網　　址　http://www.csspw.cn
發 行 部　010－84083685
門 市 部　010－84029450
經　　銷　新華書店及其他書店

印　　刷　北京君昇印刷有限公司
裝　　訂　廊坊市廣陽區廣增裝訂廠
版　　次　2021 年 12 月第 1 版
印　　次　2021 年 12 月第 1 次印刷

開　　本　710×1000　1/16
印　　張　67.25
字　　數　796 千字
定　　價　248.00 元（全二册）

中外哲學典籍大全

總主編　李鐵映　王偉光

顧　問（按姓氏拼音排序）

陳筠泉　陳先達　陳晏清　黄心川　李景源　樓宇烈　汝　信　王樹人　邢賁思

楊春貴　曾繁仁　張家龍　張立文　張世英

學術委員會

主　任　王京清

委　員（按姓氏拼音排序）

陳　來　陳少明　陳學明　崔建民　豐子義　馮顏利　傅有德　郭齊勇　郭　湛

韓慶祥　韓　震　江　怡　李存山　李景林　劉大椿　馬　援　倪梁康　歐陽康

龐元正　曲永義　任　平　尚　杰　孫正聿　萬俊人　王　博　汪　暉　王柯平

王　鐳　王立勝　王南湜　謝地坤　徐俊忠　楊　耕　張汝倫　張一兵　張志强

張志偉　趙敦華　趙劍英　趙汀陽

總編輯委員會

主　任　王立勝

副主任　馮顏利　張志强　王海生

委　員（按姓氏拼音排序）

陳　鵬　陳　霞　杜國平　甘紹平　郝立新　李　河　劉森林　歐陽英　單繼剛

吴向東　仰海峰　趙汀陽

綜合辦公室

主　任　王海生

「中國哲學典籍卷」

學術委員會

主　任　陳　來　趙汀陽　謝地坤　李存山　王　博

委　員（按姓氏拼音排序）

白　奚　陳壁生　陳　静　陳立勝　陳少明　陳衛平　陳　霞　丁四新　馮顔利

干春松　郭齊勇　郭曉東　景海峰　李景林　李四龍　劉成有　劉　豐　王中江

王立勝　吴　飛　吴根友　吴　震　向世陵　楊國榮　楊立華　張學智　張志强

鄭　開

項目負責人　張志强

提要撰稿主持人　劉　豐　趙金剛

提要英譯主持人　陳　霞

總序

中外哲學典籍大全

中外哲學典籍大全的編纂，是一項既有時代價值又有歷史意義的重大工程。

中華民族經過了近一百八十年的艱苦奮鬥，迎來了中國近代以來最好的發展時期，迎來了奮力實現中華民族偉大復興的時期。中華民族祇有總結古今中外的一切思想成就，才能並肩世界歷史發展的大勢。爲此，我們須編纂一部匯集中外古今哲學典籍的經典集成，爲中華民族的偉大復興、爲人類命運共同體的建設、爲人類社會的進步，提供哲學思想的精粹。

哲學是思想的花朵，文明的靈魂，精神的王冠。一個國家、民族，要興旺發達，擁有光明的未來，就必須擁有精深的理論思維，擁有自己的哲學。哲學是推動社會變革和發展的理論力量，是激發人的精神砥石。哲學解放思維，净化心靈，照亮前行的道路。偉大的時代需要精邃的哲學。

一 哲學是智慧之學

哲學是什麽？這既是一個古老的問題，又是哲學永恒的話題。追問哲學是什麽，本身就是「哲學」問題。從哲學成爲思維的那一天起，哲學家們就在不停追問中發展、豐富哲學的篇章，給出一個又一個答案。每個時代的哲學家對這個問題都有自己的詮釋。哲學是什麽，是懸疑在人類智慧面前的永恒之問，這正是哲學之爲哲學的基本特點。

哲學是全部世界的觀念形態，精神本質。人類面臨的共同問題，是哲學研究的根本對象。本體論、認識論、世界觀、人生觀、價值觀、實踐論、方法論等，仍是哲學的基本問題和生命力所在！哲學研究的是世界萬物的根本性、本質性問題。人們可以給哲學做出許多具體定義，但我們可以嘗試用「遮詮」的方式描述哲學的一些特點，從而使人們加深對何爲哲學的認識。

哲學不是玄虛之觀。哲學來自人類實踐，關乎人生。哲學對現實存在的一切追根究底、「打破砂鍋問到底」。它不僅是問「是什麽」（being），而且主要是追問「爲什麽」（why），特別是追問「爲什麽的爲什麽」。它關注整個宇宙，關注整個人類的命運，關注人生。它關心柴米油鹽醬醋茶和人的生命的關係，關心人工智能對人類社會的挑戰。哲學是對一切實踐經驗的理論升華，它關心具體現象背後的根據，關心人類如何會更好。

哲學是在根本層面上追問自然、社會和人本身，以徹底的態度反思已有的觀念和認識，從價值理想出發把握生活的目標和歷史的趨勢，展示了人類理性思維的高度，凝結了民族進步的智慧，寄託了人們熱愛光明、追求真善美的情懷。道不遠人，人能弘道。哲學是把握世界、洞悉未來的學問，是思想解放、自由的大門！

古希臘的哲學家們被稱爲「望天者」，亞里士多德在《形而上學》一书中説，「最初人們通過好奇—驚讚來做哲學」。如果説知識源於好奇的話，那麽產生哲學的好奇心，必須是大好奇心。這種「大好奇心」祇爲一件「大事因緣」而來，所謂大事，就是天地之間一切事物的「爲什麽」。哲學精神，是「家事、國事、天下事，事事要問」，是一種永遠追問的精神。

哲學不祇是思維。哲學將思維本身作爲自己的研究對象，對思想本身進行反思。哲學不是一般的知識體系，而是把知識概念作爲研究的對象，追問「什麽才是知識的真正來源和根據」。哲學的「非對象性」的思想方式，不是「純形式」的推論原則，而有其「非對象性」之對象。哲學之對象乃是不斷追求真理，是一個理論與實踐兼而有之的過程，是認識的精粹。哲學追求真理的過程本身就顯現了哲學的本質。天地之浩瀚，變化之奥妙，正是哲思的玄妙之處。

哲學不是宣示絶對性的教義教條，哲學反對一切形式的絶對。哲學解放束縛，意味著從一切思想教條中解放人類自身。哲學給了我們徹底反思過去的思想自由，給了我們深刻洞察未來的思想能力。哲學就是解放之學，是聖火和利劍。

哲學不是一般的知識。哲學追求「大智慧」。佛教講「轉識成智」，識與智相當於知識與哲學的關係。一般知識是依據於具體認識對象而來的、有所依有所待的「識」，而哲學則是超越於具體對象之上的「智」。

公元前六世紀，中國的老子説，「大方無隅，大器晚成，大音希聲，大象無形，道隱無名。夫唯道，善貸且成」。又説，「反者道之動，弱者道之用。天下萬物生於有，有生於無」。對道的追求就是對有之爲有、無形無名的探究，就是對天地何以如此的探究。這種追求，使得哲學具有了天地之大用，具有了超越有形有名之有限經驗的大智慧。這種大智慧、大用途，超越一切限制的籬笆，達到趨向無限的解放能力。

哲學不是經驗科學，但又與經驗有聯繫。哲學從其作爲學問誕生起，就包含於科學形態之中，是以科學形態出現的。哲學是以理性的方式、概念的方式、論证的方式來思考宇宙人生的根本問題。在亞里士多德那裏，凡是研究實體（ousia）的學問，都叫作「哲學」。而「第一實體」則是存在者中的「第一個」。研究第一實體的學問稱爲「神學」，也就是「形而上學」，這正是後世所謂「哲學」。一般意義上的科學正是從「哲學」最初的意義上贏得自己最原初的規定性的。哲學雖然不是經驗科學，却爲科學劃定了意義的範圍、指明了方向。哲學最後必定指向宇宙人生的根本問題，大科學家的工作在深層意義上總是具有哲學的意味，牛頓和愛因斯坦就是這樣的典範。

哲學不是自然科學，也不是文學藝術，但在自然科學的前頭，哲學的道路展現了；在文學藝術的山頂，哲學的天梯出現了。哲學不斷地激發人的探索和創造精神，使人在認識世界的過程中，不斷達到新境界，在改造世界中從必然王國到達自由王國。

哲學不斷從最根本的問題再次出發。哲學史在一定意義上就是不斷重構新的世界觀、認識人類自身的歷史。哲學的歷史呈現，正是對哲學的創造本性的最好説明。哲學史上每一位哲學家對根本問題的思考，都在爲哲學添加新思維、新向度，猶如爲天籟山上不斷增添一隻隻黄鸝翠鳥。

如果説哲學是哲學史的連續展現中所具有的統一性特徵，那麽這種「一」是在「多」個哲學的創造中實現的。如果説每一種哲學體系都追求一種體系性的「一」的話，那麽每種「一」的體系之間都存在着千絲相聯、多方組合的關係。這正是哲學史昭示於我們的哲學多樣性的意義。多樣性與統一性的依存關係，正是哲學尋求現象與本質、具體與普遍相統一的辯證之意義。

哲學的追求是人類精神的自然趨向，是精神自由的花朵。哲學是思想的自由，是自由的思想。

中國哲學，是中華民族五千年文明傳統中，最爲内在的、最爲深刻的、最爲持久的精神追求和價值觀表達。中國哲學已經化爲中國人的思維方式、生活態度、道德準則、人生追求、精神境界。中國人的科學技術、倫理道德，小家大國、中醫藥學、詩歌文學、繪畫書法、武術拳法、鄉規民俗，乃至日常生活也都浸潤着中國哲學的精神。華夏文化雖歷經磨難而能够透魄醒神，堅韌屹立，正是來自於中國哲學深邃的思維和創造力。

先秦時代，老子、孔子、莊子、孫子、韓非子等諸子之間的百家争鳴，就是哲學精神在中國的展現，是中國人思想解放的第一次大爆發。兩漢四百多年的思想和制度，是諸子百家思想在争鳴過程中大整合的結果。魏晋之際，玄學的發生，則是儒道冲破各自藩籬，彼此互動互補的結果，形成了儒家獨尊的態勢。隋唐三百年，佛教深入中國文化，又一次帶來了思想的大融合和大解放，禪宗的形成就是這一融合和解放的結果。兩宋三百多年，中國哲學迎來了第三次大解放。儒釋道三教之間的互潤互持日趨深入，朱熹的理學和陸象山的心學，就是這一思想潮流的哲學結晶。

與古希臘哲學强調沉思和理論建構不同，中國哲學的旨趣在於實踐人文關懷，它更關注實踐的義理性意義。中國哲學當中，知與行從未分離，中國哲學有着深厚的實踐觀點和生活觀點，倫理道德觀是中國人的貢獻。馬克思説，「全部社會生活在本質上是實踐的」，實踐的觀點、生活的觀點也正是馬克思主義認識論的基本觀點。這種哲學上的契合性，正是馬克思主義能够在中國扎根並不斷中國化的哲學原因。

「實事求是」是中國的一句古話。今天已成爲深邃的哲理，成爲中國人的思維方式和行爲基準。實事求是就是解放思想，解放思想就是實事求是。實事求是是毛澤東思想的精髓，是改革開放的基石。只有解放思想才能實事求是。實事求是就是中國人始終堅持的哲學思想。實事求是就是依靠自己，走自己的道路，反對一切絶對觀念。所謂中國化就是一切從中國實際出發，一切理論必須符合中國實際。

二　哲學的多樣性

實踐是人的存在形式，是哲學之母。實踐是思維的動力、源泉、價值、標準。人們認識世界、探索規律的根本目的是改造世界，完善自己。哲學問題的提出和回答，都離不開實踐。馬克思有句名言：「哲學家們只是用不同的方式解釋世界，而問題在於改變世界！」理論只有成爲人的精神智慧，才能成爲改變世界的力量。

哲學關心人類命運。時代的哲學，必定關心時代的命運。對時代命運的關心就是對人類實踐和命運的關心。人在實踐中產生的一切都具有現實性。哲學的實踐性必定帶來哲學的現實性。哲學的現實性就是强調人在不斷回答實踐中各種問題時應該具有的態度。

哲學作爲一門科學是現實的。哲學是一門回答並解釋現實的學問，哲學是人們聯繫實際、面對現實的思想。可以説哲學是現實的最本質的理論，也是本質的最現實的理論。哲學始終追問現實的發展和變化。哲學存在於實踐中，也必定在現實中發展。哲學的現實性要求我們直面實踐本身。

哲學不是簡單跟在實踐後面，成爲當下實踐的「奴僕」，而是以特有的深邃方式，關注着實踐的發展，提升人的實踐水平，爲社會實踐提供理論支撑。從直接的、急功近利的要求出發來理解和從事哲學，無異於向哲學提出它本身不可能完成的任務。哲學是深沉的反思，厚重的智慧，事物的抽象，理論的把握。哲學是人類把握世界最深邃的理論思維。

哲學是立足人的學問，是人用於理解世界、把握世界、改造世界的智慧之學。「民之所好，好之，民之所惠，惠之。」哲學的目的是爲了人。用哲學理解外在的世界，理解人本身，也是爲了用哲學改造世界、改造人。哲學研究無禁區，無終無界，與宇宙同在，與人類同在。

存在是多樣的，發展是多樣的，這是客觀世界的必然。宇宙萬物本身是多樣的存在，多樣的變化。歷史表明，每一民族的文化都有其獨特的價值。文化的多樣性是自然律，是動力，是生命力。各民族文化之間的相互借鑒，補充浸染，共同推動著人類社會的發展和繁榮，這是規律。對象的多樣性、複雜性，決定了哲學的多樣性；即使對同一事物，人們也會産生不同的哲學認識，形成不同的哲學派别。哲學觀點、思潮、流派及其表現形式上的區别，來自於哲學的時代性、地域性和民族性的差异。世界哲學是不同民族的哲學的薈萃，如中國哲學、西方哲學、阿拉伯哲學等。多樣性構成了世界，百花齊放形成了花園。不同的民族會有不同風格的哲學。恰恰是哲學的民族性，使不同的哲學都可以在世界舞臺上演繹出各種「戲劇」。即使有類似的哲學觀點，在實踐中的表達和運用也會各有特色。

人類的實踐是多方面的，具有多樣性、發展性，大體可以分爲：改造自然界的實踐，改造人類社會的實踐，完善人本身的實踐，提升人的精神世界的精神活動。人是實踐中的人，實踐是人的生命的第一屬性。實踐的社會性决定了哲學的社會性，哲學不是脱離社會現實生活的某種遐想，而是社會現實生活的觀念形態，是文明進步的重要標誌，是人的發展水平的重要維度。哲學的發展狀况，反映着一個社會人的理性成熟程度，反映著這個社會的文明程度。

哲學史實質上是自然史、社會史、人的發展史和人類思維史的總結和概括。自然界是多樣的，社會是多樣的，人類思維是多樣的。所謂哲學的多樣性，就是哲學基本觀念、理論學説、方法的異同，是哲學思維方式上的多姿多彩。哲學的多樣性是哲學的常態，是哲學進步、發展和繁榮的標誌。哲學是人的哲學，哲學是人對事物的自覺，是人對外界和自我認識的學問，也是人把握世界和自我的學問。哲學的多樣性，是哲學的常態和必然，是哲學發展和繁榮的内在動力。一般是普遍性，特色也是普遍性。從單一性到多樣性，從簡單性到複雜性，是哲學思維的一大變革。用一種哲學話語和方法否定另一種哲學話語和方法，這本身就不是哲學的態度。

多樣性並不否定共同性、統一性、普遍性。物質和精神，存在和意識，一切事物都是在運動、變化中的，是哲學的基本問題，也是我們的基本哲學觀點！

當今的世界如此紛繁複雜，哲學多樣性就是世界多樣性的反映。哲學是以觀念形態表現出的現實世界。哲學的多樣性，就是文明多樣性和人類歷史發展多樣性的表達。多樣性是宇宙之道。

哲學的實踐性、多樣性，還體現在哲學的時代性上。哲學總是特定時代精神的精華，是一定歷史條件下人的反思活動的理論形態。在不同的時代，哲學具有不同的内容和形式，哲學的多樣性，也是歷史時代多樣性的表達。哲學的多樣性也會讓我們能够更科學地理解不同歷史時代，更爲内在地理解歷史發展的道理。多樣性是歷史之道。

哲學之所以能發揮解放思想的作用，在於它始終關注實踐，關注現實的發展；在於它始終關注著科學技術的進步。哲學本身没有絶對空間，没有自在的世界，只能是客觀世界的映象，觀念形態。没有了現實性，哲學就遠離人，就離開了存在。哲學的實踐性，説到底是在説明哲學本質上是人的哲學，是人的思維，是爲了人的科學！哲學的實踐性、多樣性告訴我們，哲學必須百花齊放、百家争鳴。哲學的發展首先要解放自己，解放哲學，就是實現思維、觀念及範式的變革。人類發展也必須多塗並進，交流互鑒，共同繁榮。采百花之粉，才能釀天下之蜜。

三　哲學與當代中國

中國自古以來就有思辨的傳統，中國思想史上的百家争鳴就是哲學繁榮的史象。哲學是歷史發展的號角。中國思想文化的每一次大躍升，都是哲學解放的結果。中國古代賢哲的思想傳承至今，他們的智慧已浸入中國人的精神境界和生命情懷。

中國共産黨人歷來重視哲學，毛澤東在一九三八年，在抗日戰爭最困難的條件下，在延安研究哲學，創作了實踐論和矛盾論，推動了中國革命的思想解放，成爲中國人民的精神力量。

中華民族的偉大復興必將迎來中國哲學的新發展。當代中國必須有自己的哲學，當代中國的哲學必須要從根本上講清楚中國道路的哲學道理。中華民族的偉大復興必須要有哲學的思維，必須要有不斷深入的反思。發展的道路，就是哲思的道路，文化的自信，就是哲學思維的自信。哲學是引領者，可謂永恒的「北斗」，哲學是時代的「火焰」，是時代最精緻最深刻的「光芒」。從社會變革的意義上説，任何一次巨大的社會變革，總是以理論思維爲先導。理論的變革，總是以思想觀念的空前解放爲前提，而「吹響」人類思想解放第一聲「號角」的，往往就是代表時代精神精華的哲學。社會實踐對於哲學的需求可謂「迫不及待」，因爲哲學總是「吹響」這個新時代的「號角」。「吹響」中國改革開放之

「號角」的，正是「解放思想」「實踐是檢驗真理的唯一標準」「不改革死路一條」等哲學觀念。「吹響」新時代「號角」的是「中國夢」，「人民對美好生活的向往，就是我們奮鬥的目標」。發展是人類社會永恒的動力，變革是社會解放的永遠的課題，思想解放，解放思想是無盡的哲思。中國正走在理論和實踐的雙重探索之路上，搞探索没有哲學不成！

中國哲學的新發展，必須反映中國與世界最新的實踐成果，必須反映科學的最新成果，必須具有走向未來的思想力量。今天的中國人所面臨的歷史時代，是史無前例的。十三億人齊步邁向現代化，這是怎樣的一幅歷史畫卷！是何等壯麗、令人震撼！不僅中國歷史上亘古未有，在世界歷史上也從未有過。當今中國需要的哲學，是結合天道、地理、人德的哲學，是整合古今中西的哲學，只有這樣的哲學才是中華民族偉大復興的哲學。

當今中國需要的哲學，必須是適合中國的哲學。無論古今中外，再好的東西，也需要再吸收，再消化，必須要經過現代化和中國化，才能成爲今天中國自己的哲學。哲學是解放人的，哲學自身的發展也是一次思想解放，也是人的一个思維升華、羽化的過程。中國人的思想解放，總是隨著歷史不斷進行的。歷史有多長，思想解放的道路就有多長；發展進步是永恒的，思想解放也是永無止境的，思想解放就是哲學的解放。

習近平説，思想工作就是「引導人們更加全面客觀地認識當代中國、看待外部世界」。這就需要我們確立一種「知己知彼」的知識態度和理論立場，而哲學則是對文明價值核心最精練和最集中的深邃性表達，有助於我們認識中國、認識世界。立足中國、認識中國，需要我們審視我們走過的道路，立足中國、認識世界，需要我們觀察和借鑒世界歷史上的不同文化。中國「獨特的文化傳統」、中國「獨特的歷史命運」、中國「獨特的基本國情」，「決定了我們必然要走適合自己特點的發展道路」。一切現實的，存在的社會制度，其形態都是具體的，都是特色的，都必須是符合本國實際的。抽象的制度，普世的制度是不存在的。同時，我們要全面客觀地「看待外部世界」。研究古今中外的哲學，是中國認識世界、認識人類史，認識自己未來發展的必修課。今天中國的發展不僅要讀中國書，還要讀世界書。不僅要學習自然科學、社會科學的經典，更要學習哲學的經典。當前，中國正走在實現「中國夢」的「長征」路上，這也正是一條思想不斷解放的道路！要回答中國的問題，解釋中國的發展，首先需要哲學思維本身的解放。哲學的發展，就是哲學的解放，這是由哲學的實踐性、時代性所决定的。哲學無禁區、無疆界。哲學是關乎宇宙之精神，是關乎人類之思想。哲學將與宇宙、人類同在。

四　哲學典籍

中外哲學典籍大全的編纂，是要讓中國人能研究中外哲學經典，吸收人類精神思想的精華；是要提升我們的思維，讓中國人的思想更加理性、更加科學、更加智慧。

中國有盛世修典的傳統。中國古代有多部典籍類書（如「永樂大典」「四庫全書」等），在新時代編纂中外哲學典籍大全，是我們的歷史使命，是民族復興的重大思想工程。

只有學習和借鑒人類精神思想的成就，才能實現我們自己的發展，走向未來。中外哲學典籍大全的編纂，就是在思維層面上，在智慧境界中，繼承自己的精神文明，學習世界優秀文化。這是我們的必修課。

不同文化之間的交流、合作和友誼，必須達到哲學層面上的相互認同和借鑒。哲學之間的對話和傾聽，才是從心到心的交流。中外哲學典籍大全的編纂，就是在搭建心心相通的橋樑。

我們編纂這套哲學典籍大全，一是中國哲學，整理中國歷史上的思想典籍，濃縮中國思想史上的精華；二是外國哲學，主要是西方哲學，吸收外來，借鑒人類發展的優秀哲學成果；三是馬克思主義哲學，展示馬克思主義哲學中國化的成就；四是中國近現代以來的哲學成果，特別是馬克思主義在中國的發展。

編纂這部典籍大全，是哲學界早有的心願，也是哲學界的一份奉獻。中外哲學典籍大全總結的是書本上的思想，是先哲們的思維，是前人的足迹。我們希望把它們奉獻給後來人，使他們能够站在前人肩膀上，站在歷史岸邊看待自己。

中外哲學典籍大全的編纂，是以「知以藏往」的方式實現「神以知來」；中外哲學典籍大全的編纂，是通過對中外哲學歷史的「原始反終」，從人類共同面臨的根本大問題出發，在哲學生生不息的道路上，綵繪出人類文明進步的盛德大業！

發展的中國，既是一個政治、經濟大國，也是一個文化大國，也必將是一個哲學大國、思想王國。人類的精神文明成果是不分國界的，哲學的邊界是實踐，實踐的永恒性是哲學的永續綫性，打開胸懷擁抱人類文明成就，是一個民族和國家自强自立，始終佇立於人類文明潮頭的根本條件。

擁抱世界，擁抱未來，走向復興，構建中國人的世界觀、人生觀、價值觀、方法論，這是中國人的視野、情懷，也是中國哲學家的願望！

李鐵映

二〇一八年八月

「中國哲學典籍卷」

序

中國古無「哲學」之名，但如近代的王國維所説，「哲學爲中國固有之學」。「哲學」的譯名出自日本啓蒙學者西周，他在一八七四年出版的百一新論中説：「將論明天道人道，兼立教法的 philosophy 譯名爲哲學。」自「哲學」譯名的成立，「philosophy」或「哲學」就已有了東西方文化交融互鑒的性質。

「philosophy」在古希臘文化中的本義是「愛智」，而「哲學」的「哲」在中國古經書中的字義就是「智」或「大智」。孔子在臨終時慨嘆而歌：「泰山壞乎！梁柱摧乎！哲人萎乎！」（史記孔子世家）「哲人」在中國古經書中釋爲「賢智之人」，而在「哲學」譯名輸入中國後即可稱爲「哲學家」。

哲學是智慧之學，是關於宇宙和人生之根本問題的學問。對此，中西或中外哲學是共同的，因而哲學具有世界人類文化的普遍性。但是，正如世界各民族文化既有世界的普遍性，也有民族的特殊性，所以世界各民族哲學也具有不同的風格和特色。如果説「哲學」是個「共名」或「類稱」，那麼世界各民族哲學就是此類中不同的「特例」。這是哲學的普遍性與多樣性的統一。

在中國哲學中，關於宇宙的根本道理稱爲「天道」，關於人生的根本道理稱爲「人道」，中國哲學的一個貫穿始終的核心問題就是「究天人之際」。一般説來，天人關係問題是中外哲學普遍探索的問題，而中國哲學的「究天人之際」具有自身的特點。

亞里士多德曾説：「古今來人們開始哲學探索，都應起於對自然萬物的驚異……這類學術研究的開始，都在人生的必需品以及使人快樂安適的種種事物幾乎全都獲得了以後。」「這些知識最先出現於人們開始有閒暇的地方。」這是説的古希臘哲學的一個特點，是與當時古希臘的社會歷史發展階段及其貴族階層的生活方式相聯繫的。與此不同，中國哲學是產生於士人在社會大變動中的憂患意識，爲了求得社會的治理和人生的安頓，他們大多「席不暇暖」地周遊列國，宣傳自己的社會主張。這就決定了中國哲學在「究天人之際」

中首重「知人」，在先秦「百家争鳴」中的各主要流派都是「務爲治者也，直所從言之異路，有省不省耳」（史記太史公自序）。

中國哲學與其他民族哲學所不同者，還在於中國數千年文化一直生生不息而未嘗中斷，中國文化在世界歷史的「軸心時期」所實現的哲學突破也是采取了極温和的方式。這主要表現在孔子的「祖述堯舜，憲章文武」，删述六經，對中國上古的文化既有連續性的繼承，又經編纂和詮釋而有哲學思想的突破。因此，由孔子及其後學所編纂和詮釋的上古經書就以「先王之政典」的形式不僅保存下來，而且在此後中國文化的發展中居於統率的地位。

據近期出土的文獻資料，先秦儒家在戰國時期已有對「六經」的排列，「六經」作爲一個著作群受到儒家的高度重視。至漢武帝「罷黜百家，表章六經」，遂使「六經」以及儒家的經學確立了由國家意識形態認可的統率地位。漢書藝文志著録圖書，爲首的是「六藝略」，其次是「諸子略」「詩賦略」「兵書略」「數術略」和「方技略」，這就體現了以「六經」統率諸子學和其他學術。這種圖書分類經幾次調整，到了隋書經籍志乃正式形成「經、史、子、集」的四部分類，此後保持穩定而延續至清。

中國傳統文化有「四部」的圖書分類，也有對「義理之學」「考據之學」「辭章之學」和「經世之學」等的劃分，其中「義理之學」雖然近於「哲學」但並不等同。中國傳統文化没有形成「哲學」以及近現代教育學科體制的分科，但是中國傳統文化確實固有其深邃的哲學思想，它表達了中華民族的世界觀、人生觀，體現了中華民族的思維方式、行爲準則，凝聚了中華民族最深沉、最持久的價值追求。

清代學者戴震説：「天人之道，經之大訓萃焉。」（原善卷上）經書和經學中講「天人之道」的「大訓」，就是中國傳統的哲學；不僅如此，在圖書分類的「子、史、集」中也有講「天人之道」的「大訓」，這些也是中國傳統的哲學。「究天人之際」的哲學主題是在中國文化上下幾千年的發展中，伴隨著歷史的進程而不斷深化、轉陳出新、持續探索的。

中國哲學首重「知人」，在天人關係中是以「知人」爲中心，以「安民」或「爲治」爲宗旨的。在記載中國上古文化的尚書皋陶謨中，就有了「知人則哲，能官人；安民則惠，黎民懷之」的表述。在論語中，「樊遲問仁，子曰：『愛人。』問知（智），子曰：『知人。』」（論語顔淵）「仁者愛人」是孔子思想中的最高道德範疇，其源頭可上溯到中國文化自上古以來就形成的崇尚道德的優秀傳統。孔子説：「未能事人，焉能事鬼？」「未知生，焉知死？」（論語先進）「務民之義，敬鬼神而遠之，可謂知矣。」（論語雍也）「智者知人」，在孔子的思想中雖然保留了對「天」和鬼神的敬畏，但他的主要關注點是現世的人生，是「仁者愛人」「天下有道」的價值取向，由此確立了中國哲學以「知人」爲中心的思想範式。西方現代哲學家雅斯貝爾斯在大哲學家一書中把蘇格拉底、佛陀、孔子和耶穌作爲「思想範式的創造者」，而孔子思想的特點就是「要在世間建立一種人道的秩序」，「在現世的可能性之中」，孔子「希望建立一個新世界」。

中國上古時期把「天」或「上帝」作爲最高的信仰對象，這種信仰也有其宗教的特殊性。如梁啓超所説：「各國之尊天者，常崇之於萬有之外，而中國則常納之於人事之中，此吾中華所特長也。……其尊天也，目的不在天國而在世界，受用不在未來（來世）而在現在（現世）。是故人倫亦稱天倫，人道亦稱天道。記曰：『善言天者必有驗於人。』此所以雖近於宗教，而與他國之宗教自殊科也。」由於中國上古文化所信仰的「天」不是存在於與人世生活相隔絶的「彼岸世界」，而是與地相聯繫（中庸所謂「郊社之禮，所以事上帝也」，朱熹中庸章句注：「郊，祀天；社，祭地。不言后土者，省文也。」），具有道德的、以民爲本的特點（尚書所謂「皇天無親，惟德是輔」，「天視自我民視，天聽自我民聽」，「民之所欲，天必從之」），所以這種特殊的宗教性也長期地影響著中國哲學對天人關係的認識。相傳「人更三聖，世經三古」的易經，其本爲卜筮之書，但經孔子「觀其德義而已」之後，則成爲講天人關係的哲理之書。四庫全书總目易類序說：「聖人覺世牖民，大抵因事以寓教……易則寓於卜筮。故易之爲書，推天道以明人事者也。」不僅易經是如此，而且以後中國哲學的普遍架構就是「推天道以明人事」。

春秋末期，與孔子同時而比他年長的老子，原創性地提出了「有物混成，先天地生」（老子二十五章），天地並非固有的，在天地產生之前有「道」存在，「道」是產生天地萬物的總根源和總根據。「道」內在於天地萬物之中就是「德」，「孔德之容，惟道是從」（老子二十一章），「道」與「德」是統一的。老子說：「道生之，德畜之，物形之，勢成之。是以萬物莫不尊道而貴德。道之尊，德之貴，夫莫之命而常自然。」（老子五十一章）老子的價值主張是「自然無爲」，而「自然無爲」的天道根據就是「道生之，德畜之……是以萬物莫不尊道而貴德」。老子所講的「德」實即相當於「性」，孔子所罕言的「性與天道」，在老子哲學中就是講「道」與「德」的形而上學。實際上，老子哲學確立了中國哲學「性與天道合一」的思想，而他從「道」與「德」推出「自然無爲」的價值主張，這就成爲以後中國哲學「推天道以明人事」普遍架構的一個典範。雅斯貝爾斯在大哲學家一書中把老子列入「原創性形而上學家」，他說：「從世界歷史來看，老子的偉大是同中國的精神結合在一起的。」他評價孔、老關係時說：「雖然兩位大師放眼於相反的方向，但他們實際上立足於同一基礎之上。兩者間的統一在中國的偉大人物身上則一再得到體現……」這裏所謂「中國的精神」「立足於同一基礎之上」，就是說孔子和老子的哲學都是爲了解決現實生活中的問題，都是「務爲治者也」。

在老子哲學之後，中庸說：「天命之謂性」，「思知人，不可以不知天」。孟子說：「盡其心者知其性也，知其性則知天矣。」（孟子盡心上）此後的中國哲學家雖然對天道和人性有不同的認識，但大抵都是講人性源於天道，知天是爲了知人。一直到宋明理學家講「天者理也」，「性即理也」，「性與天道合一存乎誠」。作爲宋明理學之開山著作的周敦頤太極圖説，是從「無極而太極」講起，至「形既生矣，神發知矣，五性感動而善惡分，萬事出矣」，這就是從天道講到人事，而其歸結爲「聖人定之以中正仁義而主静，立人極焉」，這就是從天道、人性推出人事應該如何，「立人極」就是要確立人事的價值準則。可以説，中國哲學的「推天道以明人事」最終指向的是人生的價值觀，這也就是要「爲天地立心，爲生民立命，爲往聖繼絶學，爲萬世開太平」。在作爲中國哲學主流的儒家哲學中，價值觀又是與道德修養的工夫論和道德境界相聯繫。因此，天人合一、真善合一、知行合一成爲中國哲學的主要特點。

中國哲學經歷了不同的歷史發展階段，從先秦時期的諸子百家争鳴，到漢代以後的儒家經學獨尊，而實際上是儒道互補，至魏晉玄學乃是儒道互補的一個結晶；在南北朝時期逐漸形成儒、釋、道三教鼎立，從印度傳來的佛教逐漸適應中國文化的生態環境，至隋唐時期完成中國化的過程而成爲中國文化的一個有機組成部分；宋明理學則是吸收了佛、道二教的思想因素，返而歸於「六經」，又創建了論語孟子大學中庸的「四書」體系，建構了以「理、氣、心、性」爲核心範疇的新儒學。因此，中國哲學不僅具有自身的特點，而且具有不同發展階段和不同學派思想内容的豐富性。

一八四〇年之後，中國面臨着「數千年未有之變局」，中國文化進入了近現代轉型的時期。在甲午戰敗之後的一八九五年，「哲學」的譯名出現在黄遵憲的日本國志和鄭觀應的盛世危言（十四卷本）中。此後，「哲學」以一個學科的形式，以哲學的「獨立之精神，自由之思想」推動了中華民族的思想解放和改革開放，中、外哲學會聚於中國，中、外哲學的交流互鑒使中國哲學的發展呈現出新的形態，馬克思主義哲學在與中國的歷史文化傳統、中國具體的革命和建設實踐相結合的過程中不斷中國化而産生新的理論成果。中華民族的偉大復興必將迎來中國哲學的新發展，在此之際，編纂中外哲學典籍大全，中國哲學典籍第一次與外國哲學典籍會聚於此大全中，這是中國盛世修典史上的一個首創，對於今後中國哲學的發展、對於中華民族的偉大復興具有重要的意義。

李存山

二〇一八年八月

「中國哲學典籍卷」

出版前言

社會的發展需要哲學智慧的指引。在中國浩如煙海的文獻中，哲學典籍占據著重要地位，指引著中華民族在歷史的浪潮中前行。這些凝練著古聖先賢智慧的哲學典籍，在新時代仍然熠熠生輝。

收入我社「中國哲學典籍卷」的書目，是最新整理成果的首次發布，按照内容和年代分爲以下幾類：先秦子書類、两漢魏晋隋唐哲學類、佛道教哲學類、宋元明清哲學類、近現代哲學類、經部（易類、書類、禮類、春秋類、孝經類）等，其中以經學類占多數。本次整理皆選取各書存世的善本爲底本，制訂校勘記撰寫的基本原則以確保校勘品質。全套書采用繁體竪排加專名綫的古籍版式，嚴守古籍整理出版規範，並請相關領域專家多次審稿，整理者反復修訂完善，旨在匯集保存中國哲學典籍文獻，同時也爲古籍研究者和愛好者提供研習的文本。

文化自信是一個國家、一個民族發展中更基本、更深沉、更持久的力量。對中國哲學典籍進行整理出版，是文化創新的題中應有之義。中國社會科學出版社秉持「傳文明薪火，發時代先聲」的發展理念，歷來重視中華優秀傳統文化的研究和出版。「中國哲學典籍卷」樣稿已在二〇一八年世界哲學大會、二〇一九年北京國際書展等重要圖書會展亮相，贏得了與會學者的高度讚賞和期待。

點校者、審稿專家、編校人員等爲叢書的出版付出了大量的時間與精力，在此一並致謝。由於水準有限，書中難免有一些不當之處，敬請讀者批評指正。

趙劍英

二〇二〇年八月

點校説明

一、高子遺書傳世本有明崇禎五年錢士升、陳龍正等刻本（陳龍正編訂）、清康熙二十八年刻本、四庫全書本、光緒二年東林書院重刊本（民國十一年重修）。康熙本據崇禎本刊刻，光緒本據康熙本刊刻。除四庫本多有竄改外，諸本的正文部分衹在個別處微有不同。

二、此次整理以崇禎本爲底本，以康熙本、四庫本、光緒本爲參校本，並參校了兩種高忠憲公年譜。參考了董平、柴可輔點校的儒藏本。原本誤漏或與諸本有異者，酌出校記。

三、底本书页天頭間有眉批，未注明何人所爲。考卷十一孝廉陳賁聞墓誌銘批云：「感吾兄，亦先生自感。」陳賁聞乃陳龍正之兄。據此可知，眉批作者爲是書編訂者陳龍正。爲排版方便，今將眉批散入正文，以小字單行排印。正文偶有陳龍正小引、跋語，均以仿宋字排印，以示區分。

四、書後附高忠憲公年譜兩種，以資參考。分别是華允誠所編一卷本，高世寧編、高世泰訂兩卷本。兩卷本年譜卷下頁八至頁廿一有缺損及漫漶不可辨識者，整理者據高鏷泉鈔本重刊本補全軼文，並作校正。凡原文中爲避清諱所改字，徑予回改，不出校記。

綆短汲深，疏誤難免，乞方家賜教。

李　卓

二〇一八年八月

目録

卷之四

仁遠乎哉章乙卯……一二五
學如不及猶恐失之癸丑……一二六
達巷黨人章……一二七
絶四章 辛亥……一二八
夫子聖者與二章癸丑……一二九
顔淵喟然歎章 辛亥……一三〇
子在川上章 己未……一三二
衣敝緼袍章甲寅……一三三
子貢問師與商也孰賢章 庚申……一三四
回也其庶乎章丁巳……一三五
克己復禮章 乙卯……一三六
仁者其言也訒章 甲寅……一三七
君子而不仁者有矣夫章己酉……一三八

卷之七

卷之八上

卷之九下……五〇一

卷之十

卷之十一

祭文……七三二

高子遺書卷之十二……七四六

高子遺書序一

學有岐，性無岐。性無岐。性命於天，天性即天理也。理至實而無聲無臭，未嘗不虛；理至虛而有物有則，未嘗不實。夫性，一而已矣。自性學不明，立教滋弊。篤行者諱言虛靈，談空者掃除事理。諱言虛靈，將等於不著之百姓；掃除事理，甚爲無忌憚之小人。流弊不同，其不識性，均也。孔子曰「窮理盡性，以至於命」，孟子道「性善」，善者，理之總名也。至宋儒程朱出，而鄒魯一脉絶而復續。淳公體認天理，文公窮至事物之理。嗚呼！聖學與異端，毫釐差而千里謬者，其在斯與！

我明高忠憲公，性學正傳也。先生少而志學，曰：「學孔子而不宗程朱，是望海若而失司南也。」取其書細讀而精思之，參求即久，一旦貫通，不必規橅成言，而能盡發其藴。大指以見性爲宗；以明善爲要；以人生而静、不着意念者，爲繼善之真體；以辨志定業、絶利一原，不留毫髮疑似，以爲自欺之主者，爲格致之實際。論心氣而曰「聖人所養者，道義之氣」；所存者，仁義之心」；論理義而曰「心爲在物之理，故萬象森羅」；心爲處物之義，故一靈變化」；論情性而曰「未發者，喜怒哀樂之情」；不發者，萬古常寂之性」；論知能而曰「乾知大〔一〕始，如閃電無踪；坤作成物，如家宅可守」。此皆程朱以後學者久錮之疑網，而先生剖而析之，若繭絲牛毛之不可紊，而銖兩累黍之不可易。乃若義關君父，辨别必精；道介長消，扶抑必早。以至酬物行遠之篇，觸境陶情之什，莫不因形賦象，矢口成爻。蓋心精形著，隨在現前，而先生亦不自知也。易曰：「忠信所以進德也。修詞立其誠，所以居業也。」藉令見及之，非身有之，即言言透性，此夫對塔説相輪耳，誠於何有？

先生自「三時」悟後，修持數十年，静則心氣俱寂，動則事理交融，惕乎其若冰淵，粹乎其若珪璧，肅乎其若揫斂，藹乎其若春融。具足萬行，而心體不挂一絲。蓋至致命遂

〔一〕「大」，底本作「太」，據高子遺書卷八上答安我素改。

志之時，身國不辱，何其從容；晝夜通知，何其超脱！而以一節名先生不得，以孤忠名先生不得，以二氏之尸解蟬蜕、入定立亡名先生亦不得，而後知先生之真能復性也。有物有則者，還之於實；無聲無臭者，還之於虚。所謂「窮理盡性，以至於命」，非先生，吾誰與歸？

蒙嘗爲之説曰：「宋儒周元公以後，爲禪學者，無極與太極分，而程朱合之；明儒薛文清以後，爲心學者，致知與格物分，而高子合之。分合之間，性學一大明晦也。」或曰：然則先生之與程朱奚似？蒙謂程朱同一窮理，亦各有入門。淳公從戒慎恐懼入，文公從學問思辨入，先生兼之，而得力於居敬居多。坐如泥塑人，接人渾是一團和氣，有之似之矣。

先生向有就正録，先生殁，門弟子從高長公伯珍傳寫笥中遺文若干篇，陳惕龍爲訂之、次之、詳之、反之，尋味標宗，獨出手眼，名曰高子遺書，較之入關、東見、洛陽諸録，傳述師説而滯焉不圓、雜焉不精者，相去遠矣。

余私淑有年，竊謂欲正人心，先正學術；欲正學術，必宗程朱。而先生此書，實爲程朱心印。遂與諸曹謀梓之，而僭引其端。

崇禎壬申春，魏里後學錢士升敬書於寅清堂之南軒。

高子遺書序二

以言爲道，無弗離也；以身爲道，無弗貫也。知欲侔乎上聖，而行不踰中人，則知行離矣。静時髣髴若有得焉，動而失之，則動静離矣。誠爲之，誠有之，其又何離焉？高子之學，不率心而率性，不宗知而宗善。無聲無臭之善，踐之以有形有色之身，格物之日，所謂知性，所謂復性，胥于此乎在。是故誨一學也，學一識也。天下之理患不一，不患不貫，一則自能貫矣。求一於講辨，一何在哉？致一於吾之爲道者，吾之身心一，而天下疇不一者？人之嗜慾，無出於色、利、名，極之爲死生，高子超超乎皆蟬蜕焉；居與遊無出乎家國天下，高子齦齦乎切切乎，皆準繩而無妄焉。觀其坤能，是以信其乾知，身修於百年之内，而精神乃足動乎無窮之後世。蓋本朝大儒，無過文清、文成，高子微妙踰於薛，而純實無弊勝於王。至乎修持之潔、踐履之方，則一而已矣。于此不一，不成儒者，况成聖賢？潔且方而未聞道，則誠有之。聞道而淄其躬、毁其方者，未之有也。然道脉自朱陸以來，終莫能合。薛非不悟也，而修居多；王非無力也，而巧偏重。一修悟，一巧力，一朱陸，惟吾先生其人。

遺言自自訂數種而外，多散漫無次，恐其久而愈紛，敬彙爲十二卷。凡于不欲垂、不必垂者，胥已之。寧簡毋繁，爲後世也，所以體先生之志也。

崇禎辛未九月壬申，門人嘉善陳龍正謹序。

小序

一曰語

此卷先生所親訂，刻於天啓癸亥之秋。與講義、奏疏及諸説俱名就正録，此其一端也。自格物以至平天下，自日用飲食以至天地鬼神，大抵平正切實，而所謂精微玄隱，前賢未發之藴，舉在其中。集主於明道，明道莫切於語録。語録出於及門所雜記，不如自記之精純也，故先之。原二百五十六則，覲華吴先生繼刻真儒一脉，删併九十餘條。覲華，高子之左丘、伯玉也，所經斟酌，自有真契。然味高子之言，有似淺而不得不存者；有似虚玄而實出於躬行默識，不妨與先儒微異者。余乃因其大略，爲稍廣之，定存一百八十二則。

二曰劄記

此亦先生所自記，蓋取最精者入就正録中，餘存而未布，大抵多引前人之言而闡發之、折衷之。然所云「體道在言行」「上達在孝弟」「惡念雜念」與「真當下」之類，皆以片辭披抉奧妙。殆癸亥秋冬以後，日新又新，碎金未鑄，狐腋未綴，非皆就正之餘也。及門之士，遞相傳鈔，頗多重複，今定存四十六則。

三曰經説辨贊類

此卷皆先生體貼所至，獨得於心，筆之而爲書者。其于古本大學，則雖尊信程朱，不敢强同，而願同於崔氏。困學記，據其文體，原非説林，第先生自述生平進學次第。譬無色之繪天光、無言之傳天籟，實乃度人金鍼，不可與諸記同觀也。山居課程以下，指示初學最親最切。好學説以下，折衷則立的，剖析則窮微。如乾坤寅直之旨，「未發」「不發」之辨，「佛氏性其心」，「老氏性其氣」，雖伊川晦翁之所未備，皆開自先生。然而或樸或文，蓋期明道益人而已。説辨三種，高極於陽明而辨之不嫌，不嫌，衛道也；卑極於蓮池而辨之不辭，不辭，衛道也；陷極於管氏而辨之不遺，不遺，衛道也。先生之心事、先生之著述如此。贊宋四家以配四配，寧謂德盡侔矣，其將有道脉之憂。

四曰講義

先生于經無不通，易尤精。而大會之日必講學庸語孟，爲其切於日用，且士人所群習，非如五經有專門也。講義甚多，先生自擇五十餘章，廣惠同志。所講者雖孔孟之言，實先生之自言。其言也，蓋口而述之，則聖人自欲無言，體而行之，則學道愛人，聖人歸其言於偃。今先生所言者，皆先生之所知所行也，與子游之言學道相類。先生固云不敢求聖人之言於聖人矣，讀講義者，又可求先生之講義於先生乎？

五曰語録

先生手著尚多，顧且後之，而先語録。語録于明道切也。會語輯於周祝二子，尊所聞甚至，記述之勞甚至。先生乙丑歲曾以授余，屬曰：「其中尚多可商，幸細觀之。」則先生之意可見。于是乃舉其雜而未純、繁而未精者汰之。汰之而以晦先生之道，漏二子之言，不敢也；汰之而以明先生之道，暢二子意中之旨，則汰之。其錯綜者，稍爲次序，使人易識門庭。高橋別語出於魏忠節，初謁語出於從子敳。敳弱冠慕道，故教以讀書大意。忠節當見危授命之秋，故示以處患難、定疾痛、一死生。人乎人乎！時乎時乎！先生之言，其猶化工爾。

六曰詩

言志陶情，莫先於詩。三百而下，詩人不知道，有道之士不工詩。亦猶孟子以後，德業分岐，治事者忘身心，而學道者遺世務也。靖節詩隻千古，然性與天道，猶未知何如，況餘子乎！先生不盡效陶，大都有陶韻，逸興幽懷，適與之符。昌黎云「歡愉之辭難工」，先生絶作，歡愉者十居八九。又以見醲麗之歡愉厭，而闃寥之歡愉妙也。令視闃寥爲愁思，尚能有好言乎？靜坐戊午諸吟，則專以舉道，譬如禪家之有偈、術家之有歌訣，不過假借宫商，明宗傳要，使人哦則易熟，熟則難忘。而句字間之淘汰琢磨，概非所計矣，全在學者善觀。

七曰疏揭問類

敷奏以言，明試以功，兩者達道之大端也。先生筮仕之初，以言事去位，六十始出，復居閒局，所爲達道，皆以言不以功。昔孟夫子不動心之養既成，遊魏若齊，惟非心之務格，達權自牖，無惛不動，非欣然動於悦，則淒然動於戚。先生壯時，闢張世則與第一要務聖明務學諸疏，雖神機濬發，未與亞聖方駕，其端本澄源之意，何有異哉！晚長西臺，于是經濟之實大見，莫詳於責成州縣一疏，惜入林遂深未及上，而嚴劾賊臣崔呈秀，則未形之燭，抑亦殺身成仁所繇胚胎焉。或疑明哲之旨，不然。夫既就列，先生所知者，匪解以事一人而已矣。寧得豫防奸人之報復，如世俗之模稜以養惡乎？格而旋去，去而不免，一世之運也，非先生一人之命也。垂絶從容，其實中庸之軌，豈猶往日之憤烈、回風之悽愴耶？賫志未遂，在責州縣以安民生，使繼若職者肯行若事，即忠憲復生矣。不阿同好，不棄異己，不忘維桑。又有揭有問。

八曰書

言不盡意，而達意者莫過於言；書不盡言，而代言者莫過於書，舍是則愈無繇盡也。相視之頃，概欲其默而識之，笑而莫逆，則奚繇？千里而外，數十百世上下，非書則奚繇？故代言以達意，惟書最近。書者，達於人我之兩心，親相授受於當世者也。先生之書，論學者十七，論政事者十二，感慨時世、逍遥物外者十一。莫非學焉，莫非教焉。昔陽明子于諸書俱自標年月，使後人觀其前後淺深。先生書年月不概見，以意度之，髣髴可得。然遥度其時序，何如實按其指歸？遂以論學者居前，政事居後，而感時寓意，或雜次乎其間。蓋一人數書，則序而編之，首尾燦然，亦不概清其類也。惟削奪以後，知禍之將及，必從靈均，致命遂志，前定無疚，自孫宗伯而下八書，不可不鱗次觀之，以見夕可之意。至于拱手一答，隱寓全歸，臨終數言，致意諸相知者，宛然子輿氏「小子」之呼也，受先生之呼，孰忍忘其意乎？

九曰序

或序古人，或序今人，或自序。其于當世之人也，或慶之，或慰之，或勉之。蓋紛乎不可窮詰擬議焉。然則序何定，所序之情亦何定之有。而吾閱先生諸序，有定指焉，語本體曰「性善」而已矣，語工夫曰「實修實悟」而已矣。然而不盡滯也，亦歸無，亦重悟，亦尚默，亦貴自然，亦取孤高，此其序道也。亦愛機警，亦量時勢，亦舉感應鬼神，此其序人才政事也。亦賞花，亦玩月，亦暢飲高歌，亦悦習静，亦嘉曠達，此其序文章燕會送别之致也。無所不通而不離其宗，使必曰性善、曰實修、曰實悟，則各一言而畢爾，聽者能無索然矣乎？縱之横之，斯誘之也易動，聞道者之言，固安有不活者耶？先生以道爲文，因其文可以見道。

十曰碑傳記譜訓類

其人往矣。至今不能忘。當吾世而有人焉，又後人之所欲聞知也，此碑傳所爲作也，彰其人事在人中矣。若夫記其事，則人亦在事中。自記其事，則意亦在事中。而譜以思往，訓以裕來，無我而非人也，無一家而非天下也，皆仁人不容已於言者，覈其要歸，人倫人性而已。倫之無象也曰性，性之有象也曰倫，盡則俱盡矣，先生種種有二説耶？

十一曰誌表狀祭文類

譽近厚譽，死者益近厚，然總入於欺矣。欺觀者，欺作者，欺死者，莫非自欺。以居厚而蹈欺，豈格物之學哉？先生所闡，多幽人奇行，其或已顯於當世，則質直言之不溢其情。夫仁人之好學者，不毁人易，不譽人難；不譽生人易，不譽死人難。所是之分數不忍謬其權衡，而反忍顛是以爲非乎？故信誰毀者，觀其誰譽，益決。不顧此意，則俗夫之諛墓而已矣。然不原此意，則刻而已矣。反覆諸篇，見先生「格物」「毋欺」之義。

十二曰題跋雜書類

人心世道、片長隻技、異端俗子、飲食器具，凡有關係無不言，凡有請求無不應。或曰：奚屑爲此瑣瑣者，則倦於事矣，非吾徒也，則倦於類矣。安得天下皆得門之正士、目前皆震世之大業，而後施吾化迪，當吾鼓舞發揚乎！無根之議論，一步一顧，常或失之；有主之學問，殊方異劑，醇乎醇者自若也，夫是之謂不倦之誨。余定家靖質集，終以自祭文，絶筆也；陶菴集終以劄記，進未止也。今于先生集，終以雜書，因雜以明醇也。豈曰有知？毋敢苟焉之意，其斯而已矣。

龍正識

高子遺書卷之一

語　一百八十二則

學必繇格物而入。

有物必有則。則者，至善也。窮至事物之理，窮至於至善處也。

格物是隨事精察，物格是一以貫之。

大學不是無主意的學問。明德、親民、止至善，主意也，格者格此。

「人心之靈莫不有知」，良知也。「因其已知而益窮之，至乎其極」，致良知也。

格物不至極處，多以毫釐之差成千里之謬。

格致至「一旦豁然」，知性矣。

纔知「反求諸身」，是真能格物者也。千變萬化，有一不起化於身者乎？千病萬痛，有一不起病於身者乎？此處看得透，謂之格物，謂之知本，故曰「此謂知本，此謂知之至也」。

或曰：「修身爲本」，有何難知？而須物格知至。曰：莫輕看了，世間迷謬顛倒，都緣這些子不透。

曰「自天子至於庶人」，盡乎人矣；曰「壹是」，盡乎事矣，而「皆以修身爲本」。實信得，則「易簡，而天下之理得矣」。

格物愈博，則歸本愈約，「明則誠」也。

窮理者，格物也；知本者，物格也。窮理，一本而萬殊；知本，萬殊而一本。

程子曰：「不知格物，而欲意誠、心正、身修，未有能中於理者。」古今學者之病，學者以知至爲悟，不悟不足以爲學，故格物爲要。大率在此。

朱子曰：「欲誠意者，必先格致，然後理明心一，所發自然真實。不然，則正念方萌，而私意隨起，亦非力之所能制也。」又曰：「知有不至，即其不至之處，惡必藏焉，以爲自欺之主。」又曰：「格致比治平，則格致事似小，然打不透，病痛却大，無進步處；治平規模雖大，然縱有未盡，病痛却小。」皆至到之言也。

無工夫則爲私欲牽引於外，有工夫則爲意念束縛於中。故須物格、知至，誠、正乃可言也。

孟子七篇，句句是格物，而「性善」又是格物第一義。知到性善，方是物格。孟子説「聖人，人倫之至」，又説「不堯不舜，便賊君賊民」。聖人，人倫之至，豈人人可爲？人不爲聖人，豈便至賊君賊民？不知人倫之至處，正是人人可能處，乃人之性也，所謂仁也。出乎此，即是不仁，中間更無站立處。所謂「窮至事物之理」者如此。

朱子謂「人之所以爲學，心與理而已」，「學者必默識此心之靈，而端莊静一以存之；知有萬物之理，而學問思辨以窮之」，此聖學之全也。論者以爲分心與理爲二，不知學者病痛，皆緣分心與理爲二，朱子正欲一之，反謂其二之，惑之不可解，久矣。

朱子曰：「致知、格物只是一事。格物以理言也，致知以心言也。」繇此觀之，可見物之格即知之至，而心與理一矣。今人説著物，便以爲外物。不知不窮其理，物是外物；物窮其理，理即是心。故魏莊渠曰「物格則無物矣」，此語可味也。

古本大學説「格物」本自明白。曰「此謂知本，此謂知之至也」，只緣以此二語爲錯簡，故格物遂成聚訟。然程朱工夫，原不異本旨，何以不曰「此謂物格，此謂知之至」，而曰「此謂知本，此謂知之至」？曰：格物而不知本，不謂物格。知本之謂物格，故知本之謂知至。

萬變皆在人，執一毫我不得；萬化皆在身，求一毫人不得。此處透，真格物矣。

學有無窮工夫，「心」之一字，乃大總括；心有無窮工夫，「敬」之一字，乃大總括。

心無一事之謂敬。

整齊容貌，心便一，合内外之道。

「儼若思」而已，無纖毫事也。

無適自然有主，不假安排。

千聖萬賢，只一「敬」字做成。

性不可言，聖人以仁義禮智言之；心不可言，聖人以敬言之。不知敬之即心，而欲以敬存心，不識心，亦不識敬。「人之生也直」，「敬以直内」而已。「人之生也直」，本體也；「敬以直内」，工夫也。無妄之謂誠，無適之謂敬。有適皆妄也。

程子曰：「主一者謂之敬。一者謂之誠。主則有意在。」是誠者，本體也；敬者，工夫也。不識誠，亦不識敬；不識敬，亦不識誠。

「主一之謂敬」，「無適之謂一」。人心如何能無適？故須窮理，識其本體。所以明道曰：「學者須先識仁」，「識得仁體，以誠敬存之而已」。故居敬、窮理只是一事。「識得仁體，以誠敬存之」。存之之道，「『必有事焉而勿正心，勿忘勿助長』」，未嘗費纖毫之力」，可謂明白矣。今之重攝持者，惟恐「不須防檢」等語，開恣肆之端；重解悟者，惟恐「誠敬存之」之語，滋拘滯之弊。何耶！

朱子立主敬三法：伊川整齊嚴肅，上蔡常惺惺，和靖其心收斂、不容一物。言敬者總不出此。然常惺惺、其心收斂，一著意便不是。蓋此心神明，難犯手勢。惟整齊嚴肅，有妙存焉，未嘗不惺惺，未嘗不收斂，内外卓然，絶不犯手也。

物格知至，實見得天人一、古今一、聖凡一、内外一，主一工夫自妙矣。

人心放他自繇不得。

心中無絲髮事，此爲立本。

理不明，故心不静。心不静而别爲法以寄其心者，皆害心者也。

孔子「操則存」四句，畫出「人心惟危，道心惟微」真像。

吴康齋曰：「心是活物，涵養不熟，不免摇動。只常常安頓在書上，庶不爲外物所勝。」「安頓」二字大有害，儒者不徹性命，大率繇此。於摇動處正好下工夫，尋向上去也。

人心戰戰兢兢，故坦坦蕩蕩。何也？以心中無事也。試想臨深淵、履薄冰，此時心中還著得一事否？故如臨如履，所以形容戰戰兢兢、必有事焉之象，實則形容坦坦蕩蕩、澄然無事之象也。

一念靈明，照耀今古。然人心所覺，以爲歷歷分明者，非真明也。是有意焉，時起時滅者也。真明者，其明命乎！古人顧諟，蓋實體如是，非見也，有見則妄矣。

此心廣大無際。常人局於形、囿於氣、縛於念、蔽於欲，故不能盡。盡心則知性，知性則知天。天無際、性無際、心無際，一而已矣。

程子曰：「天人本無二」，「人只緣有此形體，與天便隔一層。除却形體，渾是天也。形體如何除得？但克去有我之私，便是除也。」愚謂真知天，自是形體隔不得。觀天地則知身心。天包地外，而天之氣透於地中；地在天中，而地之氣皆天之氣。心，天也；身，地也。天依地，地依天，天地自相依倚；心依身，身依心，身心自相依倚。剛柔相摩如此，纔著意便不是。

天在人身，爲天聰天明，爲良知良能。率其自然便是道，參不得絲毫人爲。

六經皆聖人傳心，明經乃所以明心，明心乃所以明經。明經不明心者，俗儒也；明心不明經者，異端也。

無雜念慮，即真精神。去其本無，即吾固有。

白沙曰：「千休千處得，一念一生持。」若非千休，亦無一念。

當得大忿懥、大恐懼、大憂患、大好樂而不動，乃真把柄也。

心即精神，不外馳即内凝。有意凝之，反梏之矣。

「心要在腔子裏」，是「在中」之義。不放於外，便是「在中」，非有所着也。故明道説未發之中「停停當當，直上直下」，此中之象也；「出則不是」，放之謂也；「物各付物，便是不出來」，不放之謂也。

朱子曰：「『滿腔子是惻隱之心』，是就人身上指出此理充塞處，最爲親切。」朱子發明程子之言，亦最親切矣。蓋天地之心充塞於人身者，爲惻隱之心。人心充塞天地者，即天地之心。人身一小腔子，天地即大腔子也。

「仁不能守之」，未仁也。仁則安，故云守。

「必有事焉」是「集義」，「集義」是「直養」。「操則存」者，「必有事」之謂；「舍則亡」者，「忘」之謂也。

「人之生也直」，本體也；「以直養而無害」，工夫也。

人與物同一氣也，惟人能「集義」，養得此氣浩然，其體則與道合，其用莫不是義，故曰「配義與道」。

孟子「心之官則思」，思則虛靈不昧之謂。思是心之睿，於心爲用。著事之思，又是思之用也。

動則著事，靜則著空，無有是處。

一念反求，此反求之心即道心也。更求道心，轉無交涉。

須知「動心」最可恥。心至貴也，物至賤也，奈何貴爲賤役。

「知言」則知道，氣自浩然。浩然之氣即天也。天不動，故孟子不動心，在善養浩然之氣。若不知天，欲此心作得主定，如何可得？

明道曰：「人心必有所止，無則聽於物」，此不動心之道也。

心是定他不得的，越要定他，越不可定，惟是止於事則自定，物各付物之謂也。格物者，格知物則，各還其則，物各付物也。

不以天明心，心不可得而明也；不以心明天，天不可得而明也。

心之仁如目之明、耳之聽。目本明、耳本聽、心本仁，本體也；明者還其明、聽者還其聰、仁者還其仁，工夫也。

何以謂心本仁？仁者生生之謂。天只是一個生，故仁即天也。天在人身爲心，故本心爲仁。其不仁者，心蔽於私，非其本然也。

人身内外皆天也，一呼一吸，與天相灌輸。其死也，特脱其闔闢之樞紐而已，天未嘗動也。

欲竝生哉。昆蟲草木，不可自我摧折。

朱子謂「學者半日静坐，半日讀書。如此三年，無不進者」。嘗驗之，一兩月便不同。學者不作此工夫，虚過一生，殊可惜！

惟天理至静。

濂溪主静，主於未發也。

主静之學，要在愼動。

言動一差，虚明無事中，如水著鹽，如麵著油，欲静而不可得。人生無穿窬之事，則無穿窬之夢。非禮不動，皆如不爲穿窬，心自静矣。

靜中看工夫，動中看本體。工夫未是，靜中作主不得；本體未真，动中作主不得。

工夫不密，在本體不徹；本體不徹，又在工夫不密。

學無動靜，其初靜以澄之，至不緣境而靜、不緣境而動，乃真靜也。

靜如是，動不如是者，氣靜也；靜如是，動亦如是者，理靜也。

理静者，理明欲净，胸中廓然無事而靜也；氣靜者，定久氣澄，心氣交合而靜也。理明則氣自靜，氣靜理亦明，兩者交資互益，以理氣本非二，故「默坐澄心，體認天理」爲延平門下至教也。若徒以氣而已，動即失之，何益哉！

「默坐澄心，體認天理」者，謂默坐之時，此心澄然無事，乃所謂天理也，要於此時默識此體云爾。非默坐澄心，又別有天理當體認也。

但自默觀，吾性本來清净無物，不可自生纏擾；吾性本來完全具足，不可自疑虧欠；吾性本來蕩平正直，不可自作迂曲；吾性本來廣大無垠，不可自爲局促；吾性本來光明照朗，不可自爲迷昧；吾性本來易簡直截，不可自增造作。

「顯諸仁」，即體即用；「藏諸用」，即用即體。

道有體用焉，其用可見，而其體難明；其體可明，而其用難盡。故君子致知、力行必交勉也。

「復以自知」，所謂獨也；「不遠復」，所謂慎獨也。

朱子曰「必因其已發而遂明之」，省察之法也。吾則曰「必因其未發而遂明之」，體認之法也。其體明，其用益明矣。

真知天命可畏，是真慎獨。

龜山曰：「天理即所謂命」，「知命，只事事循天理而已」。言命者，惟此語最盡。

「式和民則」，「順帝之則」，「有物有則」，動作、禮義、威儀之則，皆天理之自然，非人所爲。聖賢傳心之學，在此。

其實無一事，不要惹事。

「因物付物」者，「萬變皆在人，其實無一事」也，此程門心法之要。

「在物爲理，處物爲義」，「因物付物」之謂也。

「有物有則」之謂「在物爲理」，「因物付物」之謂「處物爲義」。

儒者之學，只「天理」二字最微，可以自諳而難於名言。明道津津言之，伊川、晦翁皆體到至處。

窮理者，天理也，天然自有之理，人之所以爲性，天之所以爲命也。在易則爲「中正」，聖人卦卦拈出示人。此處有毫氂之差，便不是性學。

門人厚葬，何以爲不可？使門人爲臣，何以爲欺天？只此二事，可體認天理。春秋一書，無一事不是此理也。

天理既明，如權衡設而不可欺以輕重，如度量設而不可欺以長短，合此則是，不合此則非，以此好惡、以此用舍、以此刑賞。

「易簡而理得矣」，「中庸其至矣乎」！聖人示人竭盡無餘，天理於此而見。

朱子曰：「天地間自有一定不易之理，不容毫髮意思安排，不容毫髮意見夾雜，自然先聖後聖若合符節，此究竟處也。」所謂天理者如此。

一念反躬便是天理。故曰「不能反躬，天理滅矣」。

問知覺之心與義理之心何如。朱子曰：「纔知覺，義理便在此，纔昏便不見了。」又曰：「提醒處便是天理，更别無天理。」繇此觀之，人心明即是天理。不可騎驢覓驢。見衰冕與瞽者，何以必作必趨？見負版者，何以必式？入公門何以鞠躬？割不正、席不正，何以不食不坐？有安排乎，則非聖人；無安排乎，豈非無隱乎爾。

「擇善」，擇其天然不已者而已；「固執」，執其人爲不參者而已。

朱子謂：「孟子道性善是第一義，若信得及，直下便是聖賢。」學者信關最難過，此關不過，雖知可欲之善，亦若存若亡而已。

離却生，無處見性。而孟子所謂性與告子所謂性，所争只在幾希。故曰「人之所以異於禽獸者幾希」。

理欲之界截然各别，不可有一毫之混；聖凡之體渾然無二，不可有一毫之歧。

不誠無物。「參前」「倚衡」「立卓」，誠後自然如此。

既得後，須放開。蓋性體廣大，有得者自能放開，不然還只是守，不是得，蓋非有意放開也。

道性善者以無聲無臭爲善之體，陽明以無善無惡爲心之體。一以善即性也；一以善爲意也，故曰「有善有惡者意之動」。佛氏亦曰「不思善，不思惡」，以善爲善事、惡爲惡事也。以善爲意、以善爲事者，不可曰明善。

性可默識，不可言求。何者？性無形體，安得以言形之？惟吾夫子以「中庸」二字言性，故中庸首言「天命之謂性」，末言「上天之載，無聲無臭」。中庸一書只説得一「性」字而已。非夫子不能傳此二字，非子思不能傳此一書。

有云不睹不聞之時者矣，有云不睹不聞之體者矣。云體者無時而不在，體即時也；云時者無時而不體，時即體也。戒謹恐懼，即時即體也，爲物不二者也。

唐虞言「中」，至子思始明之，曰「喜怒哀樂之未發謂之中」。萬古於此明中，於此明性，於此明道。朱子謂子思憂道學之失其傳而作，信哉！

龜山門下相傳「靜坐中，觀喜怒哀樂未發前作何氣象」，是靜中見性之法。要知觀者即是未發者也，觀不是思，思則發矣。此爲初學者引而至之之善誘也。

聖人之所謂庸，皆性命也。常人不著不察之倫物，庸而非中矣，故庸而非聖人之庸；聖人之所謂中，皆日用也。二氏不倫不物之明察，中而非庸矣，故中而非聖人之中。

明道曰：「『中也者，天下之大本』。天地間停停當當，直上直下之正理，出則不是。」又曰：「若能物各付物，便是不出來也。」静則直内，動則因物，此心常復於未發，而寂然不動矣，此謂復性。

佛氏最忌分别是非，如何紀綱得世界？紀綱世界，只「是非」兩字。聖人因物之是而是之，因物之非而非之，我不與也，此所以開物成務。

「道也者，不可須臾離」。天體物而不可遺，詩所謂「上帝臨女」，「出王」「游衍」，實體如是，雖不戒謹恐懼，不可得也。

「費隱」二字奇哉！形形色色以言乎天地之間則備矣，故聖人只於彝倫日用盡道，其間絶無聲臭之可即。人以爲卑近無奇，而不知皆至誠之微妙。顯之微者，人不知也，故舉鬼神。微之顯者，形之費者，顯也。微者隱也；微之顯，所謂費之隱也。

明自誠而發見者，性之本體也；誠自明而悟入者，教之工夫也。中庸專明性教二字。本體即工夫者，中庸而已，聖人於乾之九二言之；工夫即本體者，敬義而已，聖人於坤之六二言之。

亘古亘今，塞天塞地，只是一生機流行，所謂易也。

終日乾乾，與時偕行，只一時字，便見繼之者善。

天地之化息息而易，故萬古不易。謂有不易之易、變易之易，是二之也。

大易教人息息造命。臣弑其君，子弑其父，其所由來者漸也。既已來矣，寧可逃乎？辨之於蚤，如地中無此種子，殃從何來？

六十四卦大象皆曰「以」，聖人渾身是易也，「以此洗心」，「以此齋戒」。原來非此不爲洗心，不爲齋戒。

先儒謂天地間原有一部易，開眼便見，聖人不過即其所見者摹寫之耳。信然哉！天尊地卑章，易已昭昭於吾前矣。

「繼之者善」是萬物資始，「成之者性」是各正性命。元特爲善之長耳。元而亨，亨而利，利而貞，貞而復元，繼之者皆此善也。

利貞者，性情也。成這物方有這性，故至利貞始言性情。

貞之義大矣哉！四時以貞爲冬，四德以貞爲智。隆冬之時，萬象寂然無朕；大智之人，一點伎倆不形。中庸尚絅，大易藏密，人德於此，成德於此。謝上蔡去一「矜」字而曰：「仔細簡點，病痛盡在這裏」，至哉言矣。

羅整菴曰：「聖人所謂太極，乃據易而言之，蓋就實體上指出此理以示人，不是懸空說。」此語最精切。

「大哉乾乎！剛健中正，純粹精也」，此所謂至善。朱子謂「純乎天理而無一毫人欲之私」，最盡。

大人與天地合德，日月合明，四時合序，鬼神合吉凶，人心止於至善，便如此。易言天地即是言聖人，言聖人即是言人心，道無天人凡聖也。

明道先生曰：「上天之載，無聲無臭，其體則謂之易」，一語便可見易。此體不可形狀，孟子名之曰「浩然之氣」，即易體也。

明道又曰：「安有識得易後，不知退藏於密。」「密是用之源，聖人之妙處。」又曰：「形而上者乃密也。」發密義無餘蘊矣。

易，心體也，無思無爲，人以妄思妄爲失之。故夫思也者，思其無思者也；爲也者，爲其無爲者也。「思則得之」之謂思其無思，「行所無事」之謂爲其無爲。

言行最不可欺家人，故家人曰「言有物，行有恒」。

隨之六二曰「弗兼與」。故里克之中立，鄧析之兩可，鮮不爲邪。

伊川先生説「遊魂爲變」曰，「既是變，則存者亡，堅者腐，更無物也」，此殆不然，只説得形質耳。遊魂如何滅得？但其變化不可測識也。聖人即天地也，不可以存亡言，自古忠臣義士何曾亡滅？避佛氏之説，而謂賢愚善惡同歸於盡，非所以教也。况幽明之事昭昭於耳目者，終不可掩乎。張子曰：「大易不言有無。言有無，諸子之陋也。」

自感自應，非有別物。

天地間感應二者，循環無端。所云定數莫逃者，皆應也；君子盡道其間者，皆感也。應是受命之事，感是造命之事。聖人祈天永命，皆造命也。我繇命造，命繇我造。但知委順，而不知盡道，非知命者也。

「形而後有氣質之性」者，人自受形以後，天地之性已爲氣質之性矣。非天地之性之外，復有氣質之性也。善反之，則氣質之性即爲天地之性，非氣質之性之外復有天地之性也。故曰「二之則不是」。

曾子當啓手足時，一個身子完完全全，潔潔净净，如精金百鍊，如白璧無瑕。此時方了得「修身爲本」四字。

良知即明德也，須止於至善，故致知在格物。曾子易簀而卒，便顯出個曾子；陽明至南安而卒，便顯出個陽明。曾子曰「吾得正而斃焉，斯已矣」，此曾子所以爲曾子也；陽明曰「此心光明，更復何言」，此陽明所以爲陽明也。

人想到死去一物無有，萬念自然撇脱。然不如悟到性上一物無有，萬念自無係累也。

每至夕陽，簡點一日所爲。若不切實煅鍊身心，便虚度一日。流光如駛，良可驚懼。

所以要惜分陰者，不使邪思妄念瞬息據吾靈府。庶幾日就月將，緝熙於光明。

「絶四」是克己。

克己復禮，便超凡入聖。

聖賢所欲，止是一仁，更無别物。

所謂博學者，隨時隨處只學此一事。志專在此，故云「篤志」；問專在此，故云「切問」；思專在此，故云「近思」；只是求仁，故曰「仁在其中」。

山木不幸，當大國之郊；人生不幸，處適意之境。

逐物則憂，反躬常樂。

安莫安於知足，危莫危於多言，貴莫貴於不求，賤莫賤於多欲。

人生安得事事如意？惟不如意事來，不爲所累，其權在我，可事事如意也。

矜細行最得力。

話不可騁快説，事不可騁快作。

滋味入口，經三寸舌間耳。自喉以下，珍羞𪏭糲同於冥然。奈何以三寸之爽，輕戕物命乎。豈惟口腹，百年光景，三寸滋味耳。有以須臾之守垂芳百世，有以須臾之縱遺臭萬年，亦可思矣。

見人一善，忘其百非，此待人之法也；終身行善，一言敗之，此持己之戒也。

聖人見得事事無能，是「躬自厚」處；見得人人有善，是「薄責於人」處。

鄉原曰「生斯世，爲斯世也，善斯可矣」，便是强力人也推仆了。君子曰「我猶未免爲鄉人也，是則可憂也」，便是醉夢人也喚醒了。

「遯世無悶，不見是而無悶」，定見也；「行一不義，殺一不辜得天下不爲」，定守也。

學聖人之學而不辨此，如築室者無基，堂搆安施乎？種樹者無根，灌溉安施乎？

講學者，講其所行者也。不行，則是講而已矣，非學也。

子弟若識名節之隄防、詩書之滋味、稼穡之艱難，便足爲賢子弟矣。

正公言「才有善不善」，恐非定論。性既善，才豈有不善？迷於性則不善，復於性則善，如反掌然。能反者，乃才也。

念菴曰：「但知即百姓之日用，以證聖人之精微；不知反小人之中庸，以嚴君子之戒懼。」此語透盡講良知者末流之弊。

「一日克己復禮」，無我也，佛氏曰「懸崖撒手」，近儒亦曰「拚」，皆似之而實非。何者？以非聖人所謂復禮也。或曰「真爲性命，人被惡名，埋没一世，更無出頭，亦無分毫掛帶」，此是欲率天下入於無忌憚。其流之弊，弑父弑君，無所不至。

不識本體，而操持念頭以爲居敬、解釋經書以爲窮理，是養稊稗者也；既識本體，但保任一靈，不知精義復禮者，是五穀不熟者也。

言赤子之知能，百姓之日用，是矣。試看鄉黨一篇，聖人動容周旋中禮，赤子能之乎？百姓能之乎？故聖學要在禮義。

君子一點畏心，至王安石滅盡；一點恥心，至馮道滅盡。後世小人無忌憚，有此兩途。

天下事敗於邪見之小人、無見之庸人、偏見之君子。

事之不可救藥者，在小人不自知其爲小人，轉〔一〕認君子爲小人。其始也失於上無教化，其終也失於上無用舍。

君子必有所短，小人必有所長。君子難親，小人易比。故世人於君子惟見其短，於小人惟見其長。無怪乎好惡乖方，用舍倒置。

天下不患無政事，但患無學術。何者？政事者，存乎其人；人者，存乎其心。學術正則心術正，心術正則生於其心、發於政事者，豈有不正乎？故學術者，天下之大本。末

〔一〕「轉」，底本作「專」，據四庫本改。

世不但不明學，且欲禁學，若之何而天下治安也。

政事本於人才，舍人才而言政者，必無政；財用本於政事，舍政事而言財者，必無財。

足民方救得國之不足。有若「盍徹乎」，正言足用之道。有若要在源頭上做來，哀公要在末流上補救。其實末上如何補救得。

有問錢緒山曰：「陽明先生擇才，始終得其用，何術而能然？」緒山曰：「吾師用人，不專取其才，而先信其心。其心可托，其才自爲我用。世人喜用人之才，而不察其心，其才止足以自利其身已矣，故無成功。」愚謂此言是用才之訣也。然人之心地不明，如何察得人心術？

人不患無才，識進則才進；不患無量，見大則量大。皆得之於學也。

明道先生之言，句句是真悟，此方是真修；晦菴先生之言，句句是真修，此方是真悟。

文公，聖賢而豪傑者也，故雖以豪傑之氣概，終是聖賢真色；文成，豪傑而聖賢者也，故雖以聖賢學問，終是豪傑真色。

先儒惟明道先生看得禪書透，識得禪弊真。

朱子傳注六經、折衷群言，是天生斯人，以爲萬世。即天之生聖賢，可以知天命矣。

高子遺書卷之一終

高子遺書卷之二

劄記　四十六則

有一事當前，必曰如之何如之何、思之思之，自有至當處慊於吾心、同乎人心者，此便是至善。

不存心，不可知性；不知性，不能存心。

心無出入，所持者，志也。

收拾全副精神只在一處。

道無聲臭。體道者，言行而已。

「孝弟」二字，終日味之不可窮，終身行之不可盡。下學上達在此。

人心纔覺，便在腔子裏，不可着意。晦菴先生曰：「瞬息不存，便是邪妄。」伊川先生曰：「存無不在道之心，便是助長。」參觀二語，可以見「有事」「勿正」之義。盧玉溪曰：「聖賢千言萬語，論道，只在遏人欲以存天理；論治，只在進君子而退小人。」

仁與智藏諸用，禮與義顯諸仁。
程子曰「滿腔子是惻隱之心」，朱子問門人曰「腔子外是何物」，要思得之。
吾嘗出入於佛老，而知總不如一「敬」字。
有憤便有樂，不知手之舞之，足之蹈之。平日無憤無樂，只是悠悠。
程子曰：「意必固我既亡之後，復於喜怒哀樂未發之前」，此爲復性。
心與理，一而已矣。善學者一之，不善學者二之。識義理而心體未徹者，入於見解；見心體而義理未徹者，入於氣機。

或疑程朱致知爲聞見之知，不知窮至物理。理者，天理也。天理非良知而何？或疑文成格物爲玄虚之物，不知各得其正。正者，物則也。物則非天理而何？落於聞見、墮於玄虚者，其流弊也。然而立教之本，有虚實之辨焉。物理實，則知亦實。從義理一脉去，故曰「擇善固執」，而好善惡惡之意誠；知體虚，則物亦虚。從靈覺一脉去，故曰「無善無惡」，而好善惡惡之誠替矣。毫釐千里，蓋繇於此。

王文成曰：「吾良知二字，從萬死一生得來。」其致知之工何如乎！其所經歷體驗處，皆窮至物理處也。身繇程朱之途，口駁末學之弊，猶之可也。學文成者，口襲其到家之語，身不繇其經歷之途。良知從何得來？

顯言「知本」，「天下國家之本在身」之「本」也；微言「知本」，「中也者天下之大本」之「本」也。

「殀壽不二」[一]，此念也；「造次必於是」，此念也；「顛沛必於是」，此念也。「終日乾乾，與時偕行」。只一「時」字，本體、工夫具在。「洋洋乎發育峻極」者，此也；「優優乎三千三百」者，此也。

〔一〕底本原重「二」字，今據四庫本删一字。

知時則知幾，故曰「敕天之命，惟時惟幾」。

道之不可須臾離也，莫見莫顯也，中和也，皆悟法也；戒謹恐懼也，慎獨也，致中和也，皆修法也。

天然一念現前，能爲萬變主宰。此先立乎其大者。

致一則密。

不至於密，安得「吉凶與民同患」，而「神以知來，智以藏往」乎？

「主一」二字最盡。一者本體，主者工夫。

楊龜山先生「致知格物，蓋言致知當極盡物理也。理有不盡，則天下之物皆足以亂吾之知，思蘄於意誠心正，遠矣」，此程門格物的傳也。

至靜中，凡平日行不慊心者，一一顯現。故主靜要在慎獨。

天下至奇特，總是至平常。聖人神化，不過百姓日用。然非千窮萬究，不能信得道理只是如此。

惡念易除，雜念難除。惡念盡是誠意，雜念盡是正心。

邵子言「一動一靜，天地之至妙」，此言易也；「一動一靜之間者，天地人之至妙」，此言太極也。

亥、子中間，即一動一靜之間。

「當下即是」，此默識要法也。然安知其當下果何如？朱子曰「提醒處即是天理，更別無天理」，此方是真當下。

「擇乎中庸，得一善」者，復於未發也。少加毫末，便復失之；「拳拳服膺，弗失」者，純於未發也。

中庸言：「道不可須臾離。」顧涇陽先生曰：「此不可離，是人真念頭上一點過不去的所在。此心與道合則安，與道離則不安。試想此念頭於何而來，便識得本體矣。」余謂此一點過不去的，有兩樣查考。若在事上背理而不安，則應用有時，於「須臾」之義尚疏；若在心上違仁而不安，則體道無間，於「須臾」之義方密。

道者，率性之謂。天下豈有須臾離性之人？百姓特日用而不知耳。

元公、純公之於易也深乎！獨得其至微，以洗心藏密矣。康節之妙於象數，正公之發明義理，文公之歸本卜筮，皆卓絶，漢儒孰得而奪諸？

易之本體只是一「生」字，工夫只是一「懼」字。

夫子去魯十有四年，與二三子棲遲容與，其進德修業，有不可知之妙，所以贊易，大旅之時義。

「持志」之象，如貓捕鼠，如雞抱卵。

敬者，心之貞也，貞則元矣。故求仁莫如敬。

程子謂栽培生意六經。先得根本，然後可言栽培。根本自六經得之，生意亦自六經培之，所謂「好古，敏以求之者」與。

朱子一派有本體不徹者，多是缺主敬之功；陸子一派有工夫不密者，多是缺窮理之學。

窮至無妄處，方是理。

心復於性，則無飢渴之害。

元亨利貞皆善也。元而亨而利而貞，貞而復元，故曰「繼之者善」。元始之，故曰

「善之長」。天地一闔一闢，吾人一呼一吸，繼繼而不已者，皆是此件。故曰「生生之謂易」。孟子道性善而必稱堯舜者，何也？性無象、善無象，稱堯舜者，象性善也。若曰如是如是云爾。此須在思慮未起時認取。思慮未起時，便是此件。「剛健中正純粹精」，求與堯舜一毫不同者，不可得也。及動念便差，動步便差，求與堯舜一毫對〔一〕同者，不可得也。繇其同，故人皆可爲。繇其不同，故不可不爲。何以爲之？曰：堯舜所不爲者，斷不可爲，所以爲堯舜也。

高子遺書卷之二終

〔一〕「對」，四庫本作「相」。

高子遺書卷之三

經解類

古本大學題詞

謂大學有錯簡者，疑誠意章引淇澳而下也；謂大學有缺傳者，疑首章「此謂知本」二語也。夫「此謂知本」必從「修身爲本」明矣；有「修身爲本」之揭，則有「此謂知本」之結；有「此謂知至」之結，則知其爲「格物致知」之釋，文理不辨而明也。獨誠意章引淇澳而下，則曲解不可得而通。明道先生之易古本，以此也。伊川先生再易之。晦菴先生三易之，未定也。以三先生之信古，而卒不能信於斯簡；以天下後世之信三先生，而卒不能信其所易，則心之同然者不可强也。愚蓋往來胸中，結疑不化有年矣。一日讀崔後渠先生集，有曰「大學當挈古本引淇澳以下置之誠意章前，格物致知之義明矣」，乃始沛然如江河之決，不覺手舞足蹈而不能已也。吾何以決之？吾決之於「此謂知本」「此謂知至」之二語也。此二語者，以爲不釋「格致」，則「自天子」以下兩條，亦屬無謂；以爲果釋「格致」，則「自天子」以下兩條，似未明備。固知其旁引曲暢，有如「淇澳」諸條所云也。此諸條也，以爲不釋「知本」，則不宜結以「知本」。以爲果釋「知本」，則不宜别附他章。固知其前後起結，必隨於「此謂知至」之後也。夫以三先生不能定，敢謂定於今日乎？然而天下萬世之心目固有漸推而愈明，論久而後定。自三先生表章大學之後，越三百年，而崔先生之説益近自然。故敢申明之，以俟後之君子觀夫同然之心果何如也。若夫割裂推移，人人自爲大學。則何所底極之有。

嗟乎！聖人之學，未有不本諸身者。六經無二義也。大學之道，知止而已。知止之道，知本而已。「易簡而天下之理得」，蓋沛然無疑於日用，非獨以殘編之似缺而復完已也。

大學首章約義

大學之道，在明明德，明吾之明德也。在親民，明民之明德也。在止於至善。明德之極處也。知止而后有定，定而后能靜，靜而后能安，安而后能慮，慮而后能得。申言止之爲要。物有本末，事有終始，知所先後，則近道矣。教以知止之法。古之欲明明德於天下者，先治其國；欲治其國者，先齊其家；欲齊其家者，先修其身；欲修其身者，先正其心。欲正其心者，先誠其意；欲誠其意者，先致其知；致知在格物。物格而后知至，知至而后意誠，意誠而后心正，心正而后身修，身修而后家齊，家齊而后國治，國治而后天下平。此謂知所先後。自天子以至於庶人，壹是皆以修身爲本。物有本末，本在此也。其本亂而末治者否矣，其所厚者薄，而其所薄者厚，未之有也。非物格知至者，烏能知之。此謂知本，此謂知之至也。本在此，止在此也。詩云：「瞻彼淇澳，菉竹猗猗。有斐君子，如切如磋，如琢如磨。瑟兮僩兮，赫兮喧兮。有斐君子，終不可諠兮。」「如切如磋」者，道學也；「如琢如磨」者，自修也；「瑟兮僩兮」者，恂慄也；「赫兮喧兮」者，威儀也；「有斐君子，終不可諠兮」者，道盛德至善，民之不能忘也。民之不能忘，本於盛德至善，可以知本矣。詩云：「於戲前王不忘！」君子賢其賢而親其親，小人樂其樂而利其利，此以没世不忘也。民之所以不能忘者，以此。康誥曰「克明德」，太甲曰「顧諟天之明命」，帝典曰「克明峻德」，皆自明也。明者，自明也，知本也。湯之盤銘曰「苟日新，日日新，又日新」，康誥曰「作新民」，詩云「周雖舊邦，其命維新」，是故君子無所不用其極。新者，自新也，知本也。詩云「邦畿千里，惟民所止」，詩云「緡蠻黄鳥，止於丘隅」，子曰「於止，知其所止，可以人而不如鳥乎」！詩云「穆穆文王，於緝熙敬止」。爲人君，止於仁；爲人臣，止於敬；爲人子，止於孝；爲人父，止於慈；與國人交，止於信。止者，隨身所在而止於至善也，知本也。子曰「聽訟，吾猶人也，必也使無訟乎」！無情者不得盡其辭。大畏民志，此謂知本。所以欲明明德於天下者，必以修身爲本。非物格知至者，孰能知之。

大學首章廣義

或問曰：大學並列三綱而歸重知止，何也？

曰：三綱非三事，一明明德而已。明明德者，明吾之明德也；新民者，明民之明德也；止至善者，明德之極至處也。然不知止，德不可得而明，民不可得而新。何者？善即天理，至善即天理之至精至粹、無纖芥夾雜處也。不見天理之至，便有人欲之混，明德、新民總無是處，故要在知止也。

曰：「物有本末」一節，何謂也？

曰：此正教人知止之法也。人心所以不止，只緣不知本，千馳萬鶩，無所歸宿。大學當下便判本末始終，下文詳數事物，使人先於格物而知本也。

曰：何謂本末？

明其非二物也。譬之於木，有本末而已。

何謂終始？

曰：欲圖其終，必慎其始。古人欲明明德於天下，此終事也，而必始於修身。有到頭事，必尋起頭處也。

曰：大學平分八目而歸本修身，何也？

曰：無身則無心意知物，無身則無國家天下，而身其管括也。格致誠正爲身而設，齊治平自身而推。故八目只是一本。

曰：何謂格物？

曰：程朱之言至矣。所謂窮至事物之理者，窮究到極處，即本之所在也，即至善之所在也。

曰：若是，則於古本無悖與？

曰：無悖也。天下之理未有不本諸身者，但格物不到物之至處，不知物之本處。故「修身爲本」是一句眼前極平常話，却不是物理十分透徹者信不過。格物是直窮到底，斷知天下之物無有本亂而末治者，無有薄其身反能厚於國家天下者。知到本處，便是知到至處。故曰「此謂知本，此謂知之至也」。

曰：淇澳以下，何謂也？

曰：皆釋知本也。本末不過明、新，故釋知本以明德、新民、止至善也。淇澳之詩是合言明、新、止以釋知本，見民之不忘，本於盛德至善也。烈文之詩又申言民之所以不能忘者如此。康誥以下是分言明、新、止以釋知本，見明者自明、新者自新、止者自止，全不向末上起一念也。至於「使民無訟」，而知本之義益了然矣。

曰：大學無經傳乎？

曰：大學一篇本六段文字，每段必雜引經傳以咏歎而推明之，使章内之旨快然無遺，而言外之旨悠然無盡，此篇法也。首段三綱八目之下即釋格致，而格物即在格知本末。本末即是明德新民，知本即是知至，知至即是知止，原與三綱通爲一義，故通爲一段。其次即歷釋誠意以下。初無傳經之别也。

曰：誠意以下，必以「所謂」發端，以「此謂」結之。釋格致不然。何也？

曰：「物有本末」則「修身爲本」之發端，「此謂知本」則「修身爲本」之結語。歷引詩書，再以「此謂知本」結之，文理本自顯然。且正心以下，俱雙關釋。如釋「正心」必曰「所謂修身在正其心」。至「誠意」則單提釋，不曰「所謂正心在誠意」，原無定文。至「格致」則總括釋，不曰「所謂誠意在致知者」，以知本括始括終，誠正修齊治平無不貫也。

曰：釋格物而不見「格物」字，何也？

曰：格物即致知也。書不云乎：「格知天命」，格即知也；格訓至，致訓推極，格即致也。大學格物即是致知，故釋知至不必釋物格。大學知至即是知本，故釋知本不必釋知至也。

曰：「知本之爲知至」，是矣。「知至之爲知止」，何也？

曰：大學「修身爲本」之「本」，即中庸「天下大本」之「本」，無二本也。故「修」字不是輕易説，是格至誠正著實處；「本」字不是輕易説，是心意知物著實處。「本」在此，「止」在此矣。明德者此、新民者此、至善者此。無二物也。

曰：陽明先生之復古本是矣，其説果與古本合邪？

曰：王先生之致良知，則明明德之謂也。然以明明德言，則格致誠正皆其工夫，故綱正而目備。今以目作綱，而於明明德則曰「明德必在於親民，親民乃所以明其明德」，夫齊治平非親民乎？格致誠正非明明德乎？大學明言：古之欲明明德於天下者，必先自明其明德矣。初不以親民爲明德也。至於説格物，曰「極力致其良知於事事物物之間，使事事物物各得其正」，又曰「爲善去惡是格物」。夫事物各得其正，乃物格而非格物也。爲善去惡，乃誠意而非格物也。又以誠意爲主意，格致爲工夫。大學固以三綱爲主意，八目爲工夫矣。試舉王先生古本序一繹之，其於文義合邪？否邪？

曰：朱子自言「某一生只看得大學透，見得前賢所未到」，子之願學朱子篤矣，於大學反異其指，何邪？

曰：朱子格物，規模極大，條理極密，無所不有。知本之義，已在其中。所争者，「此謂知本」二語本相粘而離之，以下句之上有缺文，以上句接「聽訟」爲衍文爾。若實做朱子格物工夫，自與知本無二；實做知本工夫，自與朱子格物無二。非今日之古本與朱子無異指，乃朱子格物原與古本無二指也。

曰：李見羅先生之揭「知本」，何若？

曰：陽明先生復大學古本，而於「知本」之義未之及也；李先生徹悟「知本」，而於「知至」之義未之及也。其曰「止爲主意，修爲工夫。格致誠正，不過就其缺漏處檢點提撕」云爾，似於「知本」「知至」相粘處，却看輕格物也。大學以「知本」爲知至，正以物格而「知本」，此開關啓鑰最先下手處，故曰「知所先後，則近道矣」。就明、新言，則明德爲先；就明德言，則格物爲先。此處蹉過，必無入門；此處受病，必有異症。虞廷之精一，孔門之博約，千聖傳心，一脉遞授，大學之本文自明也。

附録　先儒復大學古本及論格致未嘗缺傳

方氏希古題大學篆書正文後曰：大學致知格物傳之闕，朱子雖嘗補之。讀者猶以不見古全書爲憾。董文靖公槐、葉丞相夢鼎、王文憲公柏皆謂傳未嘗缺，特編簡錯亂而考定者失其序，遂歸經文「知止」以下至「則近道矣」以上四十二字於「聽訟，吾猶人也」之右，爲傳第四章。以釋致知格物。車先生清臣嘗爲書，以辨其説之可信。太史金華宋公欲取朱子之意補第四章章句而未果。浦陽鄭君濟仲辨受學太史公，預聞其説而雅善篆書，某因請以更定次序書之，將刻以示後世。

舊説以「聽訟」釋本末，律以前後之例爲不類，合爲一章而觀之，與孟子「堯舜之智不徧物」之言正相發明，其爲致知格物之傳，何惑焉。

蔡氏虚齋曰：竊謂董葉諸公所定亦未安。看來當先以「物有本末」一條，續以「知止」一條，續以「聽訟」一條，終以「此謂知本，此謂知之至也」，如此則繇粗以及精，先自治而後治人，亦古人爲學次第也。

王氏陽明疑朱子大學非是，遂斷以戴記本爲孔門古本，而曰大學止爲一篇，原無經傳之分。格致本於誠意，原無缺傳可補。

湛氏甘泉謂：大學古本「自天子至於庶人」兩條後，有「此謂知本，此謂知之至也」二句。蓋以修身申格物，見格物乃以身至之義，而非聞見之知也。

魏氏莊渠謂：大學格物傳雖亡，而實不亡。「知本」云者，正教學者第一步功夫，優入聖域，發足在兹。

王氏心齋謂：大學是經世完書，喫緊處只在止至善。格物却正是止至善，「自天子以至於庶人」數句，是釋格物致知之義。

蔣氏道林謂：大學之道，必先知止，而其功則始於格物。格物也者，格知「身、家、國、天下之渾乎一物也」；格知「身之爲本，而家國天下之爲末也」；格知「自天子至於庶人，壹是皆以修身爲本也」。

羅氏念菴謂：莫非物也，而身爲本；莫非事也，而修身爲始。知所先後，而後所止不疑。吾與天下感動交涉通爲一體，而無有乎間隔，則物格知至，得所止矣，知本故也。

羅氏近溪謂：大學原是一章書。

李氏見羅謂：大學一經，論主意只是教人止於至善，論工夫只是修身爲本。「淇澳」「烈文」二條，皆明「知本」義也，教人以知止之法也。「聽訟」一條，正釋「知本」義也，示人以止之歸宿也。故次「止於信」下。

顧氏涇陽謂：大學原不分經傳，董蔡諸君子表章「格物傳」最爲有見。但「自天子」以下二條，正發「物有本末」之義，不合遺却。「知止」一條，明係「止至善」，又不合混入。

愚按：大學自程朱考訂而後百有餘年，先儒紬繹所及，亦既知古本之爲是矣；亦既知經傳之不分矣；亦既知知本之釋格致矣。顧仍原本則費解説，正錯簡則涉安排。仍原本者，不知淇澳諸條附「誠意」之後，文義截然，强之而不可合也；正錯簡者，不知淇澳諸條移「知本」之前，旨趣躍然，味之不可窮也。兩簡互易，殘經遂完，千古塵埋，一朝光復。崔先生見及此，天啓之矣。

附録　洹詞

崔氏後渠名銑曰：大學，其作聖之的乎！莫先於本末之知，莫急於誠欺之辨。是故知本之當先，故推平天下者必原於格物；知末之當後，故充格物者斯極於平天下。約之，皆修身也。淇澳烈文，格物之序也；仁、敬、孝、慈、信，物之目也；康誥諸文，徵諸古以列其次也，新民而明明德之體全矣。挈古本引淇澳以下，置之誠意章之前，格物致知之義焕然矣。實乎此者，誠也；岐乎此者，欺也。

愚按：崔氏所云「挈古本引淇澳以下，置之誠意章之前，格物致知之義焕然矣」，此不易之説也。其他釋義，似未自然。越一年，又見高氏中玄問辨録所正大學古本與崔氏同，其釋義更直截明快。千古人心同然，於是乎在。

説　類

困學記

吾年二十有五，聞令公李元沖名復陽與顧涇陽先生講學，始志於學。以爲聖人所以爲聖人者，必有做處，未知其方。看大學或問，見朱子説「入道之要莫如敬」，故專用力於肅恭收斂，持心方寸間，但覺氣鬱身拘，大不自在。及放下，又散漫如故。無可奈何。久之，忽思程子謂「心要在腔子裏」，不知腔子何所指，果在方寸間否耶？覓注釋不得，忽於小學中見其解曰：「腔子，猶言身子耳。」大喜，以爲心不專在方寸，渾身是心也，頓自輕鬆快活。適江右羅止菴名懋忠來講李見羅「修身爲本」之學，正合於余所持循者，益大喜不疑。是時只作知本工夫，使身心相得，言動無謬。

己丑第後，益覺此意津津。憂中讀禮讀易。

壬辰，謁選。平生恥心最重，筮仕自盟曰：「吾於道未有所見，但依吾獨知而行，是非好惡，無所爲而發者，天啓之矣。」驗之頗近，於此略見本心。妄自擔負，期於見義必爲。冬至朝天宮習儀，僧房静坐，自覓本體，忽思「閑邪存誠」句，覺得當下無邪，渾然是誠，更不須覓誠，一時快然，如脱纏縛。

癸巳，以言事謫官，頗不爲念。歸嘗世態，便多動心。

甲午秋，赴揭陽。自省胸中理欲交戰，殊不寧帖。在武林與陸古樵名粹明，廣東新會人，潛心白沙先生主静之學吴子往名志遠談論數日。一日，古樵忽問曰：「本體何如？」余言下茫然，雖答曰「無聲無臭」，實出口耳，非由真見。將過江頭，是夜明月如洗，坐六和塔畔，江山明媚，知己勸酬，爲最適意時。然余忽忽不樂，如有所束，勉自鼓興，而神不偕來。夜闌别去，余便登舟，猛省曰：今日風景如彼，而余之情景如此，何也？窮自根究，乃知於道全未有見，身心總無受用。遂大發憤曰：此行不徹此事，此生真負此身矣！明日於舟中厚設蓐席，嚴立規程，以半日静坐，半日讀書。静坐中不帖處，只將程朱所示法門參求，於凡「誠敬」「主静」「觀喜怒哀樂未發」「默坐澄心」「體認天理」等，一一行之。立坐食息，念念不舍，夜不解衣，倦極而睡，睡覺復坐，於前諸法，反覆更互。心氣清澄時，便有塞乎天地氣象，第不能常。在路二月，幸無人事，而山水清美，主僕相依，寂寂静静。晚間命酒數行，停舟青山，徘徊碧澗，時坐磐石，溪聲鳥韻，茂樹修篁，種種悦心，而心不着境。過汀州，陸行至一旅舍。舍有小樓，前對山，後臨澗。登樓甚樂，手持二程書，偶見明道先生曰「百官萬務，兵革百萬之衆，飲水曲肱，樂在其中。萬變俱在人，其實無一事」，猛省曰：原來如此，實無一事也。一念纏綿，斬然遂絶。忽如百觔擔子頓爾落地，又如電光一閃透體通明。遂與大化融合無際，更無天人内外之隔。至此見六合皆心，腔子是其區宇，方寸亦其本位，神而明之，總無方所可言也。平日深鄙學者張皇説悟，此時只看作平常，自知從此方好下工夫耳。

乙未春，自揭陽歸。取釋老二家參之。釋氏與聖人所争毫髮，其精微處，吾儒具有之，總不出「無極」二字；弊病處，先儒具言之，總不出「無理」二字。觀二氏，而益知聖道之尊。若無聖人之道，便無生民之類，即二氏亦飲食衣被其中而不覺也。

戊戌，作水居，爲静坐讀書計。然自丙申後數年，喪本生父母，徙居婚嫁，歲無寧息。只於動中煉習，但覺氣質難變。甲辰，顧涇陽先生始作東林精舍，大得朋友講習之功。徐而驗之，終不可無端居静定之力。蓋各人病痛不同，大聖賢必有大精神，其主静只在尋常日用中。學者神短氣浮，便須數十年静力，方得厚聚深培。而最受病處，在自幼無小學之教，浸染世俗，故俗根難拔。必埋頭讀書，使義理浹洽，變易其俗腸俗骨；澄神默坐，使塵妄消散，堅凝其正心正氣，乃可耳。余以最劣之資，即有豁然之見，而缺此一大段工夫，其何濟焉。所幸呈露面目以來，纔一提策，便是原物。

丙午，方實信孟子「性善」之旨。此性無古無今，無聖無凡，天地人只是一个。惟最上根，潔清無蔽，便能信入。其次全在學力，稍隔一塵，頓遥萬里。孟子所以示瞑眩之藥也。

丁未，方實信程子「鳶飛魚躍」與「必有事焉」之旨。謂之性者，色色天然，非由人力，鳶飛魚躍，誰則使之？勿忘勿助，猶爲學者戒勉。若真機流行，瀰漫布濩，亘古亘今，間不容息，於何而忘？於何而助？所以必有事者，如植穀然。根苗花實雖其自然變化，而栽培灌溉，全在勉强問學。苟漫説自然，都無一事，即不成變化，亦無自然矣。

辛亥，方實信大學「知本」之旨（具别刻中）。

壬子，方實信中庸之旨。此道絶非名言可形，程子名之曰「天理」〔一〕，陽明名之曰「良知」，總不若「中庸」二字爲盡。中者停停當當，庸者平平常常，有一毫走作便不停當，有一毫造作便非平常，本體如是，工夫如是。天地聖人，不能究竟，况於吾人，豈有涯際。勤物敦倫，謹言敏行，兢兢業業，斃而後已云爾。困而學之，年積月累，厥惟艱哉，而不足以當智者一笑也。同病相憐，或有取焉。（甲寅孟秋記）

山居課程

五鼓擁衾起坐，叩齒凝神，澹然自攝。眉批：先生自言耳。實人人可遵而行。天甫明，小憩即起，盥漱畢，活火焚香，默坐玩易。晨食後，徐行百步。課兒童，灌花木，即入室，静意讀書。午食後，散步舒嘯。覺有昏氣，瞑目少憩，啜茗焚香，令意思爽暢，然後讀書。至日昃而止，趺坐盡線香一炷。落日銜山，出望雲物，課園丁秇植。晚食淡素，酒取陶然。篝燈隨意涉獵，興盡而止。就榻趺坐，俟睡思欲酣，乃寢。

〔一〕「天理」，底本作「天地」，明儒学案、朱國楨朱文肅公集、景逸高公墓志銘等節録此句，皆作「天理」。

復七規

「復七」者，取大易「七日來復」之義也。凡應物稍疲，即當靜定七日以濟之，所以休養氣體，精明志意，使原本不匱者也。先一日，放意緩形，欲睡即睡，務令暢悦，昏倦刷濯，然後入室，炷香趺坐。凡靜坐之法，喚醒此心，卓然常明，志無所適而已。志無所適，精神自然凝復，不待安排，勿著方所，勿思效驗。初入靜者，不知攝持之法，惟體貼聖賢切要之言，自有入處。靜至三日，必臻妙境。四五日後，尤宜警策，勿令懶散。飯後必徐行百步，不可多食酒肉，致滋昏濁。卧不得解衣，欲睡則卧，乍醒即起。至七日，則精神充溢，諸疾不作矣。食芹而美，敢告同志。

龍正謹按：「萬法歸一，一歸何處」？此千古神奇語，亦千古疑難事。若平平看破，只須曰「原非有一，一復何歸」？啞然而一笑耳。禪家參話頭，千蹊萬踁，不出此類。彼原謂「以妄息妄」，但知參之者爲妄用，不知所參者原屬妄設也。終日終年參無理之話，真是勞而無功，故程子謂「天下莫忙如禪客」。先生反其意而用之，使人且於靜中體貼聖賢切要之言，可謂開百世之群蒙矣。大抵釋氏立靜坐一法，與孟夫子「平旦之氣」一段話頭，意思儘覺相近。吾儒不廢其所長，往往用以入門。程子歎善學，陽明補小學，皆借用。先生體貼要言，是反用。

靜坐說

靜坐之法，不用一毫安排，只平平常常，默然靜去。此「平常」二字，不可容易看過，即性體也，以其清靜不容一物，故謂之平常。畫前之易如此，人生而靜以上如此，喜怒哀樂未發如此，乃天理之自然。須在人各各自體貼出，方是自得。

靜中妄念强除不得，真體既顯，妄念自息。昏氣亦强除不得，妄念既净，昏氣自清。只體認本性原來本色，還他湛然而已。大抵著一毫意不得，著一毫見不得，纔添一念，便失本色。

由靜而動，亦只平平常常，湛然動去。靜時與動時一色，動時與靜時一色。所以一色者，只是一個平常也，故曰無動無静。學者不過借静坐中，認此無動無静之體云爾。静中得力，方是動中真得力；動中得力，方是静中真得力。所謂敬者，此也；所謂仁者，此也；所謂誠者，此也，是復性之道也。

書静坐説後

萬曆癸丑秋，静坐武林弢光山中，作静坐説。越二年觀之，説殆未備也。夫静坐之法，入門者藉以涵養，初學者藉以入門。彼夫初入之心，妄念膠結，何從而見平常之體乎？平常則散漫去矣，故必收斂身心以主於一。一即平常之體也，主則有意存焉。此意亦非著意，蓋心中無事之謂一，著意則非一也。不著意而謂之意者，但從衣冠瞻視間，整齊嚴肅，則心自一，漸久漸熟，漸平常矣。故主一者，學之成始成終者也。（乙卯孟冬志）

示學者

静中觀喜怒哀樂未發時，湛然太虚，此即天也。心、性、天總是一個，故孟子曰：

「盡其心者知其性也，知其性則知天。」

凡人之所謂心者，念耳。人心日夜繫縛在念上，故本體不現。須一切放下，令心與念離，便可見性。放之念，亦念也，如何得心與念離？放退雜念，只是一念，所謂主一也。習之久，自當一旦豁然。學者不識痛癢，便謂自家已是了。何不從靜中體認，已湛然虛否？無昏無散否？動中體察，已斬然直否？無將無迎否？若猶未也，豈可不大愧恥，大發奮迅，忍自瞞昧，虛過一生乎！

古人何故最重名節？只爲自家本色，原來冰清玉潔，着不得些子污穢，纔些子污穢，自家便不安。此不安之心，正是原來本色，所謂道也。今人却將道做一件物事安頓了，自家以外一切不管，反把本色真性弄得頑鈍了，不知這個道是甚麼道。

古人何故最重讀書？書是古人所經歷，欲後人享現成：昧者以之明、疑者以之決、怯者以之勇、躁者以之和、殘者以之寬、局者以之宏、競者以之恬、貪者以之廉、漫者以之莊、忮者以之公、惰者以之勵，正如跛者之杖、盲者之相、病者之藥。自姚江因俗學流弊，看差了紫陽窮理，立論偏重，遂使學者謂讀書是徇外，少小精力虛拋閒過，文士不窮探經史，布衣只道聽塗説；空疏杜撰，一無實學，經濟不本于經術，實修不得其實據，良可痛也。

讀書法示揭陽諸友

聖賢之書，不是教人專學作文字，求取富貴，乃是教天下萬世做人的方法。今人都不曾依那書上做得一句，所以書自書，我自我，都不相關，都無意味。學者讀書，須要句句反到自己身上來看。如看大學，便思如何爲明德，在自己身上體認明德如何模樣，我又如何明之，如何能新民，如何爲至善，我又如何止之，都要在身上認得親切。若見未真，行住坐卧，放在心裹思量。又如日用[一]之間，聖人分明説「入則孝」，便思量去盡孝道；説「出則悌」，便思量去盡悌道。説「言忠信」，便説話要忠信；説「行篤敬」，便行要篤敬。但依那書上勉强做得一兩句，便漸漸我與書相交涉，意味漸漸浹洽。一面思索體認，一面反躬實踐，這纔是讀書。今人終年看書，不曾記得一句，明年又重看，到老亦只如

[一]「用」，底本作「月」，康熙本、四庫本作「用」，宜從。

此，其實不曾有一句透徹、一句受用。若依此法去看，只須看得一書，其他便迎刃而解，終身不忘，更是人人做得個人品。

如今第一要緊的是這一個心，迺萬理統會，萬事根本。今人終日營營，閒思妄想，此心不知放在何處，如此，豈有與聖賢之書相入之理。諸友若肯相信，今日回去，便掃一室，閉門静坐，看自己身心如何。初間必是恍惚飄蕩，坐亦不定，須要勉强坐定，令浮氣稍寧，只收斂此心向腔子裏來。若奈何這浮思邪慮不下，只向書中求聖賢所以治〔一〕心之法，孟子説「求其放心」「存其心，養其性」「操則存，舍則亡」「思則得之，不思則不得」，孔子又都不説心，只説「君子不重則不威，學則不固。主忠信」「居處恭，執事敬，與人忠」，于此類者，尋個入頭。若更不得，再于性理中周程張朱所論存養處討个方法，便依法力行，如此自然有所得，只旬日之間，便見功效。果能存得這个心，何書不可讀、何理不可明、何事不可行？至於文詞，不過寫其胸中所自得。若心定理明，自然不待用力而能，不待求其繢飾而工矣。

〔一〕「治」，底本作「事」，據四庫本改。

天下萬事皆有个本源，從其本而求之，則雖難而實易；從其枝葉而求之，則雖易而實難。義理無窮，學問亦無窮，此是言其讀書入頭處。諸友若誠實用力，則旬日之間便各有所疑，學以能疑而進，有疑而師友決之，便沛然矣。眉批：惟無志者不可藥，惟無疑者不可藥。

格言（三月十五日）

朱文公先生曰：「惟心麤一事，乃學者之通病。横渠説顔子未至聖人，猶是心麤。一息不存，即爲〔二〕麤病。要在精思明辨，使理明義精，而操存涵養無須臾離、無毫髮間，則天理常存，人欲消去，其庶幾矣哉。」

好學説

嘗思聖人自視無知無能，下至不爲酒困，亦不自居，其所自居者，忠信好學而已。千古以下，想見聖人，不過一個樸實頭孶孶學問人也。然不知其如何好學，及觀其自言其爲

〔二〕「爲」，康熙本、四庫本、光緒本作「是」。朱子語类卷十二是條亦作「爲」。

人忘食忘憂忘老，聖人於學，直是滋味如此。然不知其所好何學，及觀若聖與仁章。然後知聖人所學，聖與仁而已。一部論語，其自爲的不過聖與仁，誨人的不過聖與仁。人但見其日用常行隨人問答，不知其皆聖與仁也，故聖人須自説破。然則聖與仁與忠信是一是二？曰：此正見學之可好矣。忠信[一]只是人的真心，此一點真心，蓋天蓋地，亘古亘今，只看人學問何如。若學之不已，此一點真心，愈廣大愈肫切，這便是仁；學之不已，此一點真心愈微妙愈通明，這便是聖。此中境界無窮，階級無窮，滋味無窮，非實修實證者，不知聖人所以憤而樂，樂而不知老之至也。聖人於乾卦言之矣，曰「忠信所以進德，修詞立誠，所以居業」，進德修業，直上達天德，不過這個忠信。

爲善説

雞鳴而起，孳孳爲善，是吾人終身進德修業事也。然爲善必須明善，乃爲行著習察。何謂明善？善者，性也；性者，人生而静是也。人生而静時，胸中何曾有一物來？其嘗

[一] 底本原無「信」字，康熙本、四庫本、光緒本有。據諸本及文義補。

營擾擾者，皆有知識以後，日添出來，非其本然也。既是添來，今宜減去，減之又減，以至於減無可減，方始是性，方始是善。何者？人心湛然無一物時，乃是仁義禮智也。爲善者，乃是仁義禮智之事也。明此之謂明善，爲此之謂爲善。明之以立其體，爲之以致其用。感而遂通者，原是寂然不動，本無一物也。以此復性，以此盡性，故曰「易簡，而天下之理得矣」。

知天説

人莫要於知天。知天，則知感應之必然。今人所謂天，以爲蒼蒼在上者云爾，不知九天而上，九地而下，自吾之皮毛骨髓，以及六合内外，皆天也。然則吾動一善念而天必知之，動一不善念而天必知之，而天又非屑屑焉，知其善而報之善，知其不善而報之不善也。凡感應者，如形影然：一善感而善應隨之，一不善感而不善應隨之，自感自應也。夫曰自感自應，而何以謂之天？何以謂天必知之也？曰：自感自應，所以爲天也，所以爲其物不貳也。若曰有感之者，又有應之者，是二之矣。惟不二，所以不爽也。然則人之爲善乃自求福，爲不善乃自求禍，故曰「禍福無不自己求之」。知此，則爲善去惡之意必誠，惡浄而善純，人乃天矣。

余觀聖人之教最先格物。格物者，格至善而已。至善者，天而已。一徹永徹，一迷永迷，此吾人聖狂界口，生死關頭。

身心説

明道程先生曰：「人於外物奉身者，事事要好，只有自家一個身心，却不要好。到得外面物事事好時，自家身心蚤已不好了也。」所謂外物奉身者，如宫室之美、妻妾之奉，飲食、衣服、器用、玩好皆是。欲一事好時，費多少精神。若事事要好，自家全副精神都到那邊去了。終日營營擾擾，一個身心弄得委瑣齷齪，不覺醉生夢死過了一生，豈不可哀。若能移這精神歸向學問，探討自性自命，當知吾性自有尊爵、吾性自有安宅、吾性自有膏粱、吾性自有文繡，儘風光、儘受用。得此滋味，回視一切外物，直是性命斧斤、身心寇賊，不但有所鄙而不屑爲，抑亦有畏而不敢爲、恥而不忍爲者矣。

洗心説

食無求飽，居無求安，不作居食想；彼以富，吾以仁，彼以爵，吾以義，不作富貴想；不怨天，不尤人，不作怨尤想；用則行，舍則藏，不作用舍想；眉批：鍼砭俗腸，近泰山巖巖意象。行一不義，殺一不辜，得天下不爲，有甚動得我；知之囂囂，不知亦囂囂，有甚苦得我；非仁無爲，非禮無行，有甚恐得我；江漢濯之，秋陽暴之，有甚染得我；鳶則於天，魚則於淵，有甚局得我。既唤做個人，須是兩手頂天，兩脚拄地，巍巍皜皜，還他本來面目。一洗世界，萬里無塵，此之謂洗心。

中説

儒者須守十六字宗傳，以中爲本。人心，人之心也，有此人即有此心。自知誘物化以來，皆爲五官四體之欲，攻取萬端，危孰甚焉。道心，心之道也，有此心即有此道。雖根於仁義禮智之性，而發於氣拘物蔽之餘，乍明乍晦，微孰甚焉。精者，精明不昏昧也。一者，純一不散亂也。惟此心精明純一，則允復於喜怒哀樂未發之中，而人心皆道心矣。

未發説

昔朱子初年，以人自有生即有知識，念念遷革，初無頃刻停息。所謂未發者，乃寂然之本體。一日之間即萬起萬滅，未嘗不寂然也。蓋以性爲未發，心爲已發。未發者即在常發中，更無未發時也。後乃知人心有寂有感，不可偏以已發爲心。中者，心之所以爲體，寂然不動者也，性也；和者，心之所以爲用，感而遂通者也，情也。故章句云「喜怒哀樂，情也。其未發，則性也」，二語指出性情如指掌矣。王文成復以性體萬古常發，萬古常不發。以鐘爲喻，謂未扣時原自驚天動地，已扣時原自寂天寞地。此與朱子初年之説相似，而實不同。蓋朱子初年以人之情識逐念流轉，而無未發之時；文成則以心之生機流行不息，而無未發之時。文成之説微矣，而非中庸之旨也。中庸所謂未發，指喜怒哀樂言。夫人豈有終日喜怒哀樂者？蓋未發之時爲多，而喜怒哀樂可言未發，不可言不發。文成所謂發而不發者，以中而言。眉批：文成以先生爲未來之益友。中者，天命之性，天命不已，豈有未發之時。蓋萬古流行，而太極本然之妙，萬古常寂也。可言不發，不可言未發。中庸正指喜怒哀樂未發時，爲天命本體，而天命本體，則常發而不發者也。情之發，性之用也。不可見性之體，故見之於未發。未發一語，實聖門指示見性之訣。静坐觀未發氣象，又程門指示初學者攝情歸性之訣。而以爲無發時者，失其義矣。

心性説

心之與性，謂之一則不可混，謂之二又不可分。心之用可言，心之體不可言。性者，心之體也，可言者仁義禮智耳。仁義禮智之可言者，惻隱、羞惡、辭讓、是非耳，皆心之用也。佛氏之所謂性與聖人不同者，於用處見之。曾有一禪者問余曰：「儒家言性，與佛同否？」余曰：「不同。」曰：「性豈有二耶？」余曰：「上人，了悟人也，又解儒書，請以二則質。顔淵死，門人欲厚葬之，其厚同列之意甚美，夫子何以深嗟重慨曰『非我也，夫二三子也』，禪家如此否？」曰：「否也。」「子疾病，子路使門人爲臣，其尊師之意甚美，夫子何以嚴詞切貶曰『行詐』、曰『欺天』，禪家如此否？」曰：「否也。」余曰：「儒家之言性如此，禪者不知所謂也。聖人之學，所以異於釋氏者，只一『性』字；聖人言性，所以異於釋氏言性者，只一『理』字。理者，天理也。天理者，天然自有之條理也。故曰天序、天秩、天命、天討。此處差不得針芒。先聖後聖，其揆一也。明道見得天理精，故曰：『傳鐙録千七百人，若有一人悟道者，臨死須尋一尺布裹頭而死，必不肯削髮胡服而終。』此與『曾子易簀』意同。了此便知『厚葬』『爲臣』二則。此理在拈花一脉之上，非窮理到至極處，不易言也。」

氣心性説

氣也、心也、性也，一也。然而天下學術之岐，則岐之于是。老氏氣也，佛氏心也，聖人之學乃所謂性學。老氏之所謂心、所謂性，則氣而已。佛氏之所謂性，則心而已。非氣、心、性有二，其習異也。習之而氣則氣，習之而心則心，習之而性則性矣。性者何？天理也。天理者，天然自有之理，非人所爲，如五德、五常之類，生民欲須臾離之不可得，而二氏不知也。外此以爲氣，故氣爲老氏之氣；外

眉批：透禪理，窮禪弊，明道以來未見。

此以爲心，故心爲佛氏之心。聖人氣則養其道義之氣，心則存其仁義之心。氣亦性，心亦性也。或者以二氏言虚無，遂諱言虚無，非也。虚之與實，有之與無，同義而異名。至虚乃至實，至無乃至有。二氏之異，非異于此也。性，形而上者也；心與氣，形而下者也。老氏之氣，極于不可名、不可道；佛氏之心，極于不可思、不可議，皆形而上者也。眉批：異端之心始服。二氏之異，又非異于道器也，其端緒之異，天理而已。儒者以佛氏外君親，然其教未嘗不先忠孝。吾獨謂二氏足以亂教者，夷善惡是非，而曰平等、而惡分別。眉批：仙却不然。彼固曰「無分别心，有分别性」，吾則曰「有分别性，亦無分别用」。天下，是非善惡而已。聖人因物付物，處之各當，而我無與焉，所以經世宰物，萬物各得其所。佛氏于蜎飛蠕動，無不慈愛，顧使天下善惡是非顛倒錯亂，舉一世糜爛蠹壞之不顧，而曰清净無爲也。嗚呼！其亦不仁而已矣，此所謂無理也。眉批：真見爲爾，不關强合，不顧人疑。或曰：「老氏長生，其神長存，儒者能乎？」曰：「無極而太極之謂長生。」曰：「佛氏無生，出離生死。儒者能乎？」曰：「太極本無極之謂無生。」夫佛氏斥斷、常二見，先儒謂人死則滅，反墮其斷見，何也？張子曰：「大易不言有無。言有無，諸子之陋也。」故曰：「大哉易也，斯其至矣！」

理義説

伊川先生曰「在物爲理，處物爲義」，此二語關涉不小，了此即聖人艮止心法。胡氏廬山輩以爲心即理也，舍心而求諸物，遺内而徇外，舍本而逐末也。嗚呼！天下豈有心外之物哉？當其寂也，心爲在物之理，義之藏於無朕也；當其感也，心爲處物之義，理之呈於各當也。心爲在物之理，故萬象森羅，心皆與物爲體；心爲處物之義，故一靈變化，物皆與心爲用。體用一源，不可得而二也。物顯乎心，心妙乎物。妙物之心，無物於心。無物於心，而後能物物。故君子不從心以爲理，但循物而爲義。不從心爲理者，公也；循物爲義者，順也。故曰「廓然大公，物來順應」，故曰「聖人之喜怒在物不在已」。八元當舉，當舉之理在八元，當舉而舉之，義也；四凶當罪，當罪之理在四凶，當罪而罪之，義也。此之謂因物付物，此之謂艮背行庭，内外兩忘，澄然無事也。彼徒知昭昭靈靈者爲心，而外天下之物，是心爲無矩之心，以應天下之物，師心自用而已。與聖賢作處，天地懸隔。

氣質説

性者，學之原也。知性善而後可言學，知氣質而後可言性，故論性至程張而始定。張子曰「形而後有氣質之性」，天地間性有萬殊者，形而已矣。以人物言之，人形直而靈，獸形横而蠢。以人言之，形清而靈，形濁而蠢。匪直外有五官之形，且内有五臟之形。故吴王濞有反骨，而高祖先知其反；安禄山有反骨，而張九齡先知其反。王莽之鴟吻、商臣之蜂目、越椒熊虎之狀、伯石豺狼之聲，皆形也。形異而氣亦異，氣異而性亦異。非性異也，弗虚弗靈，性弗著也。夫子曰「性相近也」，習染未深之時，未始不可爲善，故曰相近。然而質美者習於善易，習於惡難；質惡者習於惡易，習於善難。上智下愚，則氣質美惡之極，有必不肯習於善、必不肯習於惡者也。故有形以後，皆氣質之性也。天地之性，非學不復，故曰「學以變化氣質爲主」。或疑天地之性、氣質之性不可分性爲二者，非也。論性於成形之後，猶論水於净垢器中。道着性字，只是此性；道着水字，只是此水，豈有二耶？或又疑性自性，氣質自氣質，不可混而一之者，亦非也。天地之道，爲物不二，故性即是氣，氣即成質。惡人之性如垢器盛水，清者已垢，垢者亦水也。明乎氣質之性，而後知天下有自幼不善者，氣質而非性也。性善之説始定，而變化氣質之功始力。所謂變化氣質者，正欲人知得性善，雖惡人可齋戒沐浴事上帝云爾。故曰：「氣質之性，君子有弗性者焉。」弗性氣質之性，則形色天性矣。蓋一明性善，隨他不好氣質，當下點鐵成金。

寅直説

眉批：此説一出，遂使「寅直清」與「精一執中」之訓竝昭日月

虞廷十六字，萬古以爲心學宗祖矣。至「夙夜惟寅，直哉惟清」，第謂秩宗交神明之道，不知其爲心學之要也。夫人心所以不清，繇不直，所以不直，繇不寅。寅直者，敬以直内之謂也。寅在一元則人物開闢，在一年則三陽交泰，在一日則平旦清明。萬感未接，一念未起，湛然寂然，此真敬也。敬則直矣，直則清矣。一有作意，即非寅、非直、非清，故曰「惟寅直惟清」。惟者，惟此真體，更無纖塵；惟此真色，更無纖染，此人心所

以合天德也。有訣焉：伊尹稱湯「昧爽丕顯」，昧爽者，寅也。孟子亦曰「平旦之氣」，平旦者，昧爽也，真心莫顯於此。於此悟入，則作聖之基；於此混過，則負天之牖。聖人言寅直，微矣哉。

因爲箴曰：天地之先，惟斯一氣。萬有大生，人爲至貴。人生於寅，是謂厥初。有如嬰兒，至静而虚。其心之靈，以氣之直。上際下蟠，與天無極。故惟寅直，乃性真體。其性來復，其心則洗。是曰惟清，纖塵無滓。人配天地，配者在此。勿謂一日，異於一元。昧爽之際，氣反其原。敬以直之，不加毫毛。且晝勿梏，謂之曰操。日新又新，存存成性。性性不已，以至於命。眉批：曰敬、曰洗心、曰操存、曰至命，皆身至而後言之。

愛敬説

孟子曰：「君子以仁存心，以禮存心。仁者愛人，有禮者敬人。」君子存心只是仁禮，仁禮只是愛敬。所以期至於法今傳後之聖人，斯二者而已矣。斯二者何從來也？從孩提來也。孩提知愛，稍長知敬，莫知其所以然而然，所以爲良知良能，是人之本心也。聖人因之，故曰：「因親教愛，因嚴教敬。」其教不肅而成，其政不嚴而治，所因者，本也。愛親者不敢惡於人，敬親者不敢慢於人，天子以此得萬國之歡心，諸侯、卿大夫、士、庶以此得一家之歡心，是以災害不生，禍亂不作，天下和平，道如此其大也。故曰：「立愛惟親，立敬惟長。始於家邦，終於四海。」聖人所以治天下如運之掌者，得其本也。世人致禍之道，其事非一，而其大端皆繇慢人惡人，故心不和平，災害竝至，卒之虧體辱親，成大不孝。眉批：不自反不知，不歷世亦不知。君子有終身之憂者，憂不仁、不禮、不愛、不敬也，有終身之憂，則無一朝之患矣。

好惡説

近見世局紛紜，此一是非，彼一是非，因而推其故，原來只在「好惡」兩字。不是這兩字上差，差在心上；不是心上差，差在仁不仁上。世間那一個人是没好惡的？但各人等第不同，一等人便是一等人的好惡，二等人便是二等人的好惡，三等人便是三等人的好惡。其等愈下，其人愈多，其好惡相同愈多。彼見其同，便以爲公好公惡，便是[一]謂能好能惡，不知聖人説「惟仁者能好人，能惡人」，若果如此，世間何仁者之多也！若是猛然自省，我還是仁者否？仁至難言，只把此篇聖人言仁處自家查對，眉批：好惡處亦只反躬。如「久處約而無怨，久處樂而無淫」，「志仁無惡」，「欲富貴而不處非道，惡貧賤而不去非道」，「終食不違仁」，「好仁而無以尚，惡不仁而不使加身」，諸如此類，一一合否？若是未合，未可自謂仁者，自謂能好惡也。

或曰：「兩邊好惡，必有一邊是的，是的就是仁否？」曰：「也難説。又有一勘法，我這好惡，還從吾君吾民上起念否？」還只在自家意見上異同、軀殼上通礙、交游上生熟起念否？此亦勘得大概。眉批：又就好惡上一反。要之肯回頭查勘，惟恐自陷于不仁，只此念，已向仁路上來，不患其不能好惡矣。眉批：又説个無所不反的心事。若只鹵莽滅裂去，無論不是的一邊，即是的一邊，君子而不仁者有矣夫。

[一]「是」，康熙本、四庫本、光緒本作「自」。

乾坤説

凡了悟者，皆乾也；修持者，皆坤也。人從迷中忽覺其非，此屬乾知；一覺之後遵道而行，此屬坤能，眉批：乾知坤成，上通孔聖宗旨，洛閩所未發。皆乾坤之倪而非其體。乍悟復迷，乍作復止，未足據也。必至用力之久，一旦豁然，如大畜之上九，畜極而通，曰「何天之衢」乃如是乎，心境都忘，宇宙始闢，方是乾知。知之既真，故守之必力，細行克矜，小物克謹，視聽言動，防如關津，鎮如山嶽，方是坤能。無乾知則無坤能，無坤能亦無乾知。譬之於穀，乾者陽發生耳，根苗花實皆坤也。蓋乾知其始，坤成其終，無坤不成物也。故學者了悟在片時，修持在畢世。若曰「悟矣」，一切冒嫌疑、毀藩籬；曰「吾道甚大，奈何爲此拘拘者」，則有生無成，苗不秀，秀不實。惜哉！

乾彖説

聖人之彖乾而言元亨也，繼之曰「大明終始，六位時成，時乘六龍以御天」，明言人道矣。言利貞也，終之曰「首出庶物，萬國咸寧」，明言人道矣。故朱子別之曰：「此爲天道之元亨利貞，此爲聖人之元亨利貞。」渾而言之〔一〕，今別而言之，讀者不能無疑。然非別言天人，聖人彖文何以交錯如是也。蓋積疑久之。一日恍然曰：有是哉！聖人自釋之矣。曰「乾元，始而亨者也；利貞者，性情也。乾始能以美利利天下，不言所利，大矣哉」，此申言「元亨利貞」也。曰「大哉乾乎！剛健中正，純粹精也。六爻發揮，旁通情也。時乘六龍，以御天也；雲行雨施，天下平也」，此申言「大明」「首出」以下語也。六爻發揮，六龍時乘，非人乎？天下平，非萬國寧乎？統之曰「大哉乾乎」，皆乾道也。其以人道而爲乾道也明甚，則其以乾道而爲人道也明甚。所以交錯其文者，蓋四德有終始之義，故六爻有時成之位。非御天者之雲雨，則元亨不能成利貞之功，而萬國不寧。皆乾道也，皆人道也，聖人正恐人二之也。

吾於是沛然於錢啓新先生象像之説，而知其有功於易者大也。象像之説曰：「爲乾爲坤，天地之象也。上天下地，則人之像也。六十四卦，其象，卦也；其像，人也，缺一，

〔一〕 疑有脱字，疑作「易渾而言之」。

非人像也。」夫聖人不云乎「君子行此四德者，故曰乾，元亨利貞」，明言乾之爲人也；「柔順利貞，君子攸行」，明言坤之爲人也。豈獨聖人有之？明言人人自有之也。人人自有之，而以歸之天地，歸之聖人，歸之易書者，何也？

乾彖釋

萬物資始，元也；品物流行，亨也；各正性命，利也；保合太和，貞也，此乾道之大明終始也。有四德之終始，故有六位之時成；有六龍之時乘，故有四德之終始。乾元統天而首出庶物，六龍御天而萬國咸寧矣。

大象

易者，象也。乾者，天行之象也。君子自强不息，則乾之像也。以者，非法其如此而如此之謂也。六十四卦，一易而已；生道者，一易而已。天得之爲天，地得之爲地，人得之爲人，皆此也。以此自强不息則謂之乾，以此厚德載物則謂之坤。眉批：即易是心，曰

「以」。非此，則更有何者而可以自强不息、厚德載物乎？故易者象三才之爲一像也。

三勿居説

客問高子曰：「何謂浩然之氣？」

高子曰：「性也。」

曰：「性也安得謂之氣？」

曰：「養成之性也。性者，生理也。如草木焉，惟有性，故忽而根荄，忽而幹葉，忽而花實也，實則成性而復生。或稿之，或戕之，則靡然萎矣。人之於性也，亦然，養之暢茂條達，則其氣浩然塞乎天地，而性乃成。浩然者，人之花而實者也。今天下之於性，人人能言之，然自幼而壯而老，不知性爲何物，何怪乎與年俱盡，靡然爲腐草朽木也乎哉。」

「養之何如？」

曰：「直而已矣。直之謂集義，直之謂有事，直之謂勿正、勿忘、勿助長也。忠餘鄒子以『三勿』名其居，而問説於龍，謹以對客者對。夫鄒子之以是名居，是有志於性者也，是不忍於自稿而自戕者也。夫然，請自勿忘始，勿忘而後知所謂有事，所謂正、助矣。」眉批：一針入穴，人便好下手。

夕可説

濳江宜諸歐陽公，既致其潁州兵使者而歸，朝命再辟，堅卧不起，乃得佳壤於豹湖之濱而穴之，曰：「此予之所歸也。」築室焉，顔曰「夕可」，杜門體道于中。使友人問「夕可」之説於某。某曰：噫嘻！予未朝聞，焉知夕可？且予方有疑於周元公也。其説太極而以死生之説終，何耶？死生之説在始終之故矣。若何原，若何反耶？爲之研味者累月。一夕夢有儒衣冠者，以爲元公也，前而叩焉。公曰：「夫一動一静者，天地之生死也；一死一生者，群生之動静也，此所謂易也。」怳然而寤，於時明月在室，萬籟咸寂。予乃整襟端居，一靈炯然，如月斯淨；衆緣脱落，如籟斯寂。久之而笑曰：此物何動何静、何生何死耶！噫嘻！我知之矣。死生，道也，譬之於漚，起滅一水也，寂然不動者也。眉批：道不可説，聞不可説，説其爲道者。吾欲復其寂然者，豈遺棄世事，務一念不起之謂哉？君君臣臣、父父子子，萬象森羅，常理不易，吾與之時寂而寂，時感而感，萬感萬寂而一也，故萬死萬生而一也。聞道者，非耳也，至於今而後，恍然知向所爲道，其爲物乃如此也。吾未之聞而且繇焉，朝於斯，夕於斯，必有至也，至之日則吾聞之日，聞之日則吾可之日也。謹以質之于公，以爲可否。

輔仁説

夫子曰「爲仁由己」，而曾子曰「以友輔仁」，何也？仁，人也。仁也者，與人爲體者也；人也者，與仁爲用者也。胥天下之人而於仁之中也，猶之胥天下之木而於春之中也。春不可見，而見之於木；仁不可見，而見之於人。仁之於人，無一膜之隔；人之於仁，若萬里之阻。何也？各己其己也。是故胥天下之謂仁，執一人之謂己。推己而人之則仁，執人而己之則不仁。故爲仁者莫妙於人己之間，吾之所不得而知也。相觀相摩，相習相薰，忽不覺其執者化、推者通而仁矣，故曰輔仁。輔仁者，友也。以者孰以之？爲仁由己也。

馬銘鞠諸君知於文中求友，友中求仁。爲作輔仁說。

觀兩先生所參春遊記請益

若拈本體，更無可說。才涉言說，盡屬工夫。觀其會通，其一非二。鄒先生意思多在本體上指點，顧先生意思多在工夫上防閑。鄒先生多說放下，顧先生多說操存。要之，真放下乃真操存，真操存乃真放下。若謂放下者非操存，操存者不放下，則觸語生礙矣。要知伊川先生心存誠敬，乃真放下。心存誠敬，至於死生不動，更有何物不放下耶！若謂心存誠敬，胸中有誠敬則拳拳服膺，胸中有一善乎？本體本無可拈，聖人姑拈一「善」字；工夫極有多方，聖人爲括一「敬」字。重本體者欲掃念頭，并掃「善」「敬」字面；重工夫者欲顯實理，并掃「虚」「寂」字面。兩者之偏雖小，兩者之害則殊，又不可不察也。若說本體了，則立地便了；若說工夫休，則無時可休。至於本體有不透工夫，工夫有不透本體，全在各人自痛〔一〕自知。如靠言語，孤負兩先生矣。敢爲兩先生闡其大指，

〔一〕「痛」，四庫本作「病」。

并以請正。

龍正謹按：非千休無一念。所休者，妄想也。以妄想對誠敬，則惟放下而後爲操存。若欲放下其戒慎恐懼之念，即東坡所云「打破敬字」矣。因打破，故云敬，敬又何打破之有？則惟操存可以該放下。古來遯逸高人固有放下世間一切，而未知操存者。兩先生之説，畢竟涇陽爲密。

辨類

陽明説辨一

君子於人之言也，必有以得其人之心，盡其人之説，體之於吾身，真見其非，而後明吾之是以正之，務可以建諸天地，質諸鬼神，以俟之後聖，而後無愧其人。若陽明之攻朱子也，果爲得朱子之心，而有當於其説乎？吾觀其答顧東橋之書曰：「朱子所謂格物云者，是以吾心而求理於事事物物之中，如求孝之理於其親之謂也。求孝之理，果在於吾之心耶？抑在於親之身耶？假果在於親身，而親没之後，吾心遂無孝之理與？見孺子之入井，必有惻隱之心，是惻隱之理果在孺子之身與？抑在吾心之良知與？是可以見析心與理爲二之非矣。」果若斯言也，朱子可謂天下之至愚，叛聖以亂天下者也。夫臣之事君以忠也，夫人知之，而非知之至也。孟子曰：「欲爲臣盡臣道，法舜而已。不以舜之所以事堯〔一〕事君，不敬其君者也。」夫不敬其君，天下之大惡也。苟不如舜之所以事君，則已陷于天下之大惡而不自知焉，則所以去其不如舜，以就其如舜者，當無不至也。子之事親而當孝也，夫人知之，而非知之至也。孟子曰：「事親若曾子者，可也。」夫至于曾子之事親而始曰可也，不然猶爲未能事其親矣。則所以去其不如曾子，以求其如曾子者，又當何如也！此人倫之至，天理之極，止之則也；此爲格物而至於物則，物理盡者也，所謂因其已知之理而益窮之，以求至乎其極也。今人乍見孺子將入井，皆有怵惕惻隱之心，此何心也？仁也。格物者，知皆擴而充之，達之於其所忍，無不見吾不忍之真心焉。一簞食，

〔一〕「堯」，底本作「君」，據孟子改。

一豆羹，生死隨之，而行道不受嘑爾，乞人不屑蹴爾。此何心也？義也。格物者，知皆擴而充之，達於其所爲，無不見吾不爲之真心焉。此之謂格物而致知。故其心之神明表裏精融，通達無間，而更無一毫人欲之私得藏於隱微之地，以爲自欺之主。故意之所發無不誠，心之所存無不正也。吾所聞於程朱格物致知之説，大略如此也。未聞其格孝於親之身、格忠於君之身、格惻隱於孺子、格不受不屑於行道乞人也，以是而闢前人之説，譬如以病眼見天，而謂天之不明，則眼病也，於天何與？是可百世以俟聖人乎？

陽明説辨二

君子非立言之難，言而不得罪於聖人之爲難。夫聖人之言，順性命之理而已。後之求聖人之言者，順聖人之言而已。陽明之説大學也，吾惑之。大學曰「致知在格物，物格而後知至」，陽明曰「所謂致知格物者，致吾心之良知於事事物物也」「致吾心良知之天理于事事物物，則事物各得其理矣」「事物各得其理，格物也」，是格物在致知，知至而後物格也。又曰「物，事也；格，正也」「但意念所在，即要去其不正以全其正」，又曰「格物者，格其心之不正，以歸於正」，是格物在正心誠意，意誠心正而後格物也。整菴羅氏所謂「左籠右罩，以重爲誠意正心之累」，顧氏所謂「顛倒重複」，謂之陽明之大學可矣。詩云「無易由言」，天下大矣，萬世而下，不尚有人也夫！

陽明説辨三

凡人之言合者，必二物也。本離而合之之謂合，本合則不容言合也。天下之物有萬，而理則一，無體用、無顯微、無物我、無内外，一以貫之者也。告子之義外，不識性也。故亦不識義而外之，非求義於外也。凡人之學謂之曰「務外遺内」、謂之曰「玩物喪志」者，以其不反而求諸理也。求諸理，又豈有内外之可言哉？在心之理，在物之理，一也。天下無性外之物，無心外之理，猶之器受日光，在彼在此，日則一也，不能析之而爲二，豈待合之而始一也。陽明亦曰：「理無内外，性無内外，故學無内外。講習討論，未嘗非内；反觀内省，未嘗遺外也。」誠是也，則奈何駁朱子曰：「以吾心求理於事物之中，爲析心與理爲二也。」然則心自心，理自理，物自物，匪獨析而二，且參而三矣。是陽明析而二之，非朱子析而二之也。陽明又曰：「若鄙人之致知格物，是合心與理爲一者也。」心與理本未嘗不一，而非陽明能合而一之也，猶之乎其論知行矣。夫知行亦未嘗不合一，而聖人不必以合一言也。故有時對而言之，則知及仁守是也；有時互而言之，則智愚賢不肖之過不及，而道之不行不明是也；有時對而互言之，則知至至之、知終終之是也；有時偏而言之，則夫子歎知德之鮮、孟子重始條理之智、傳說「非知之艱，行之惟艱」是也；有時分而言之，則「知及而[二]不能守」，「有不知而作者」是也。吾故曰：聖人不必合一言之也，而知行未嘗不合。惟其未嘗不合，故專言知而行在，專言行而知亦在。大學之先格物致知也，以其求端用力言之。然豈今日知之，明日行之之謂哉？必欲以合一破先後之説也，則大學之言先者八，言後者八，皆爲不可通之説矣。凡若此者，總是强生事也。

[二]「而」字下，四庫本有「仁」字。

陽明説辨四

陽明以朱子之致知也爲聞見之知，故其爲宗旨也曰「良知」。吾則以大學之致知，本非不良之知，非自陽明良之也。朱子爲聞見之知與？否與？前乎吾者知之，後乎吾者知之，吾則烏乎敢知？雖然，聖人之教不爾也。夫子不曰「多聞從善，多見而識」乎？不曰「多聞闕疑，而慎言其餘；多見闕殆，而慎行其餘」乎？不曰「多識前言往行，以畜其德」乎？此爲初學言之也，知之次也。夫聖人不任聞見，不廢聞見。不任不廢之間，天下之至妙存焉。舜聞一善言，見一善行，若決江河，沛然莫之能禦也。非聞見乎，而聞見云乎哉？

異端辨

乙巳仲夏，余遊武林，寓居西湖。見彼中士人半從異教，心竊憂之。問其所從，皆曰蓮池。問其教，出所著書數種，多抑儒揚釋之語。此僧原廩於學宮，一旦叛入異教，已爲名教所不容，而又操戈反攻。不知聖人之教何負於彼，庠序之養育何負於彼，而身自叛之，又欲胥天下而叛之，如此之亟也。因摘取其言，各剖破之。又有竭力專詆朱夫子者，另爲一書，尚未得也。

竹窗隨筆内一條　辨良知者曰云云

堯舜之道，孝弟而已。孟子指出孩提愛敬是最初最真處，以是爲妄，何所不妄！仁義智禮樂，其實只事親從兄二者，二者既妄，五者皆僞，人道盡滅矣！幾何而不胥爲禽獸也！真常寂照，將焉用之。

正訛集内一條　辨佛書多才人所作曰云云

佛説多端，約其大義，只「無聲無臭」四字足以蔽之。聖人在人倫庶物中，物還其則而我無與焉，終日酬酢萬變，實無一事也。畏天命，悲人窮，汲汲皇皇。那有閒工夫，在深山浚谷，大家團圞頭，共説無生話也。謂孔孟爲才人，謂佛經皆孔孟不及道，其小視孔孟甚矣。吾以爲孔孟道及處，學佛者不能知；其不肯道及處，學佛者不能知；其不屑道及處，學佛者不能知。

又辨三教一家曰云云

自有開闢以來，聖帝明王相繼爲治，地平天成，民安物阜，不聞有所謂佛也，不待有所謂佛也。聖人之道不明不行，而後二氏乘隙而惑人。昔之惑人也，立於吾道之外，以似是而亂真；今之惑人也，據於吾道之中，以真非而滅是。昔之爲佛氏者，尚援儒以重佛；今之爲儒者，且軒佛以輕儒。其始爲三教之説，以爲與吾道列而爲三，幸矣；其後爲一家之説，以爲與吾道混而爲一，幸矣。今且擯之爲凡、擯之爲外，而幼之、而卑之、而疏之。然則天下孰肯舍聖人而甘爲凡夫、舍尊長而甘爲卑小、舍親而就其疏也？嗚呼！用夷變夏，至此極矣！斯言不出於夷狄而出於中國，不出於釋氏之徒而出於聖人之徒，是可忍也，孰不可忍也。眉批：救之急，故大聲疾呼。

又辨三教同説一字曰云云

此説鄙陋之極，不必爲剖。吾且據其説佛者問之，一者何耶？以爲有物耶，無物耶？以爲有物，則不識一；以爲無物，既無物矣，又有何物超乎一之外乎？所見如此，而徒爲張大之説，以誑惑後生，罪可勝誅也耶！

與管東溟虞山精舍問答

翁語次深薄宋儒。

余曰：「先生必有所見，其灼然處何居？」

翁曰：「只一性字，宋儒便不識。」

余曰：「何謂？」

曰：「性者大覺。宋儒謂性即理也，認做一件鶻突的黑影子。」

余曰：「何以見之？」

曰：「彼以知覺爲心，謂理乃心所包之物，豈非包着一件不覺之物乎？」

余曰：「理有何形？因其心之發見，知其有如是之條理，故謂之理。若謂以覺包理，則理乃在外，宜乎今人以物理爲外，以格物之理爲徇外矣。」

翁曰：「此是公爲宋儒分疏，吾自二十歲時，已見宋儒骨髓。」

余曰：「不然！是老先生有得後看宋儒，故認得如此。若攀龍者，初時一無所見，從程朱夫子討出工夫曲折，一一依他做，並不見有如此癡學問也。」

翁曰：「公近釋正蒙，且論太和何如？」

曰：「張子謂虛空即氣，故指氣以見虛，猶易指陰陽以謂道也。」

曰：「即此便不是。謂氣在虛空中則可，豈可便以虛空爲氣？」

余曰：「謂氣在虛空中，則是張子所謂以萬象爲太虛中所見之物，虛是虛，氣是氣，虛與氣不相資入者矣。」

翁但曰「總不是，總不是」，余亦不敢與長者屢辯而止。因思學問從入之途不同，斷無合并之理。吾儒以秩序命討、自然之天理爲理，其自然之條理毫髮差池不得處，正是大覺。彼徒以此心之精靈知覺爲覺，宜其認理爲鶻突、爲黑影。端緒迥然，安可以口舌爭也。

聖賢論贊

先師

顏之仰鑽瞻忽，曾之江漢秋陽，思之敦化川流，孟之金聲玉振，宰我謂「賢於堯舜」，子貢、有若謂「自生民未有」，是皆智足知聖，未若夫子自言「知我其天」。天不可知，聖不可知，蕩蕩乎其孰能名之。

顏子

簞瓢陋巷是何胸次，博文約禮是何修持，不遷不貳是何力量，是之謂不違仁。識仁者當識顏子所以爲仁。

曾子

一貫者，子之悟道也；大學者，子之傳道也。絜矩，又何不貫之有？故格物者，格知天下之爲一物也，物格而一以貫之矣。

子思

非仲尼則堯舜之道不傳，非子思則仲尼之道不傳。所傳何道也，中庸也。非「未發」一語，則中庸之道不傳。一語爲千古知性之竅，知此之謂知性，復此之謂復性，盡此之謂盡性。

孟子

何以必道性善？是人人本色也。何以必稱堯舜？是性善實證也。試看不學良知、不慮良能，塗之人與堯舜，有針芒不合否？非七篇昭揭，則人人寶藏千古沉埋。

濂溪先生

先生三代以後之聖人乎！無轍迹可尋，無聲臭可即。無極太極，太極無極，是之謂易妙於未畫，聖人洗心退藏於密，以此。

明道先生

大學者，聖學也；中庸者，聖心也。匪繇聖學，寧識聖心？發二書之秘，教萬世無窮者，先生也。淵乎微乎，非先生，學者不識天理爲何物矣！不識天理，不識性爲何物矣！是儒者至善極處，是佛氏毫釐差處。

伊川先生

發育萬物，峻極於天，先生之道，通於天地。禮儀三百，威儀三千，先生之道，備於一身。釋有普賢，人知尊之。儒有伊川，人思議之，礙其欲也。人欲肆而防之者禮，學如先生，乃曰克己復禮。

横渠先生

洋洋乎盈眸而是者，何物也？易也。子輿以浩然名氣，先生以太和名易。浩然者，太和之充於四體；太和者，浩然之塞乎天地。匪是不爲知道，不爲見易。故曰：「周公才美，智不足稱。」

晦菴先生

删述六經者，孔子也。傳注六經者，朱子也。子以四教，文行忠信；子所雅言，詩書執禮。孔子之學，惟朱子爲得其宗，傳之萬世而無弊。孔子集群聖之大成，朱子集諸儒之大成。聖人復起，不易斯言。

高子遺書卷之三終

高子遺書卷之四

講義五十四章

小引

聖人之言多矣，而曰「欲無言」，明乎所言者，皆言其無言者也。而天下後世，卒未免求聖人以言。求聖人之言於聖人，若與我不相涉者然，此學之所以不可不講也。講學者，明乎聖人之言，皆言吾之所以爲吾也。夫吾之所以爲吾，果何如哉？知之一日而有餘，行之終身而不足者也。知者不知乎此，行者不行乎此，人各以其所知所行者言焉。其於聖人之言，多覿面失之矣，此學之所以不可不講也。

吾郡舊未有講學者，顧涇陽先生倡之，數十年來津津焉。秉彝之在人心，觸之而動，有火然泉達而不容已乎。不佞幸從諸先生後，不能無請益之言，實不敢求聖人於言，求聖人之言於聖人。然所言者，其所知所行也。懼其覿面而失聖人之言，聊舉以就正有道，求吾之所以爲吾者。【乙卯秋日】

六十而耳順二節 甲寅

人生只有理、欲二途，自有知識以來，起心動念俱是人欲了。聖人之學，全用逆法。如何爲逆法？只從矩，不從心所欲也。立者立於此，不惑者不惑於此。步步順矩，故步步逆欲。到五十而知天命，方是順境。故六十而耳順矣，七十而心順矣。繇此觀之，聖凡之判，只在順逆二字。凡人自幼與人欲日順一日，故與天理日逆一日；聖人自幼與人欲日逆一日，故與天理日順一日。天理者，人所固有，原是順的；人欲者，人所本無，原是逆的。此一點機括，只在學與不學。學而知其固有，故順還他順、逆還他逆；不學而不知其所固有，故順者反逆、逆者反順。吾輩要學聖人耳順從心，有兩句拙法，曰：「逆耳之言必深察，從心之事莫輕爲。」

不仁者不可以久處約章丙辰

今人將聖人説仁看作玄微道理，以爲非聖賢不能與於此，在自家身上是没要没緊的，不知其爲民生日用須臾不可離也。人生有身，必有所處，不處約便處樂。不仁之人，約也處不得，樂也處不得。即使暫處，斷不可久長，是此身無一處可著落也。然觀世人，窮約的他也混過一生，富貴的他自道受用一生，何以見其不可處？不可處者，聖人見之，彼不知也。其不知處，即不仁處也。今看約者日在愁苦中過日而已，樂者日在醉夢中過日而已，其中心何曾有安穩處？何曾有順利處？聖人謂不可處，真不可處也。然則可安可利者何物？仁而已。惟仁者能安之，惟知者能利之。論造詣，安仁者，大賢也，大賢以下，方是利仁者。然仁是人的本心，人能自識得本心，隨心應用，何利如之！隨人自得，何安如之！纔見仁之爲利，便是知者；纔見仁之爲安，便是仁者。吾輩不可將聖賢到頭處，諉於不可及。當從聖賢入頭處，信得人皆可爲。

安仁利仁，總在處約處樂上見，不可處約不可處樂，總在不安不利處見。聖人不説窮達順逆，説個「約樂」二字，自相對待，約者收斂之義，樂者發舒之義。仁者處約，愈收斂愈發舒；仁者處樂，愈發舒愈收斂。約而樂，不見不足在己；樂而約，推其有餘及人，便是本心之則，便是仁。不仁者愈約愈局，更無過活處；愈樂愈放，更無收煞處。然則聖人説仁，果是懸虛道理否？果是民生日用須臾可離者否？

富與貴章庚戌

此章，聖人就人情上點出天性來。欲、惡，情也。欲富貴、惡貧賤，人情之最切也。然試看同是不以道得之，一則不處，一則不去，何也？以情言，富貴好過，貧賤難過；以性言，處非道之貧賤反好過，處非道之富貴反難過。只這一點過得過不得處，便是仁。只不瞞昧了這點過得過不得處，便是不去仁，便是君子所以成名。繇此觀之，名便是仁，總是實心，不是外面妝得門面的；仁便是名，總是實事，不是裏面弄得虛頭的。只此「君子去仁，烏乎成名」二句，聖人便把千古以來不好名而不修行、好名而不根心的，都破盡了。

説君子不去仁，説到「終食」「造次」「顛沛」，已到至密處，何故却從富貴貧賤説來？蓋仁是人人具足的，只被那世情俗見封蔽了，不得出頭。今於富貴貧賤看得透了，心下方得湛然無事，方見仁的真體。有這真本體，方有真工夫。所以君子終食也在這裏，造次顛沛也在這裏，實落做得主宰，摇撼他不得，此方是了生死學問。若此處看不透，自家身子渾在世情俗見裏，却把些清明景象、行批：世情中有此耶？慈愛念頭、平坦心腸、玄虚見解當做仁，如何算得帳？即終食之頃，不知有幾多起滅，事變之來，手忙脚亂，如何支持得去。他日夫子稱夷齊「求仁得仁」，便是不處非道富貴的樣子；稱顔子「不改其樂」，便是不去非道貧賤的樣子。孔門求仁是學問真血脉，此章是求仁的真血脉。

我未見好仁章 乙卯

聖人論爲仁，此章至爲嚴密。人心只有好惡二者，自有知覺以來，無息不逐於外物，都離根去了。惟好仁惡不仁，方始反情復性。好仁惡不仁，總是一個仁。好之者，保聚之也，至無以尚之，方無一念夾雜；惡不仁者，防閑之也，至不使加身，方無一息間斷。尚即是加，夾雜處即間斷處。間斷處，渾身已不仁了。無加無尚，是全體至極、純一不已境界，故聖人未見，然却人人可到，何也？好惡之力，人人具足也。此力用之於外物，便有不足。幾見好富貴的都好得來、惡貧賤的都惡得去，可見有用力不得處。若用於仁，幾見有好仁而好不來、惡不仁而惡不去者，可見無不足之力也。一日用力，是人生大翻身處。將從前散漫精神，一切收拾轉向身來，豈但無不足，當日强日盛，亹亹而不能已。故聖人又爲疑辭，以決言其未見也。

吾輩今日只要窮究得無以尚之實理，人生以來除了這個仁，更有何物！今各人胸中營營擾擾的，子細推究，何者不是虛妄？即如此身，究竟終非我有，原其所始，反其所終，豈不是只有此仁，更有何物可以尚之？若一事不仁，一息不仁，自家性命即時喪失了。繇此觀之，天下之可好者，孰有甚於仁；可惡者，孰有甚於不仁。若實信得，自不患不用力矣。

一貫章 辛亥

此章是聖門傳心之要，不可只將道理來解説過了。如只解作一心貫萬事，人人能説，却與各人身上總無交涉。須要究到聖人所以能貫處，曾子所以能唯處。

所謂「一」，不是只説一個心，是説這個心到至一處。譬之於金，當其在鑛時，只可謂之鑛，不可謂之金。故未一之心只可謂之心，惟精之心方可謂之一。一便四方上下、往古來今一齊穿透，何所不貫！

曾子何以便拈出一個「忠恕」？假如人自爲謀是一樣，爲人謀又是一樣，便是不忠，不忠便不一了，如何貫得去？自待是一樣，待人又是一樣，便是不恕，不恕便不一了，如何貫得去？曾子平日三省：爲人謀不忠，省不一也；與朋友交不信，省不一也；傳不習，省不一也。精察力行，其心已到至一處，被夫子一點，當下便貫了。忠恕只是這個忠恕，但悟前只唤做忠恕，是下學人事；悟後便是一貫，是上達天德。若不是平日實做忠恕，如何當下唯得一貫。觀門人一時共聞，茫然不知所謂，可見矣。

曾子悟處，全在「而已矣」三字。平日還認夫子有甚高妙，到此方知只是如此，别無餘法。此之謂豁然貫通，此之謂涷解冰釋。

吾輩今日這個心，與孔曾當日的心是一個，竝無些子差池。然聖凡相去直如天淵，只争個一與不一耳。若從今煅煉去到得一處，便知夫子貫處、曾子唯處。

吾道一以貫之庚申

「一貫」二字，乃夫子自言其道如此。夫子所以自生民以來未有者，正在於此。自古聖人不及夫子者，行批：堯舜文周何如？只是貫不去，如孟子言「清」「任」「和」者是矣。二氏所以畔於吾道者，只是貫不去，如程子言「名爲無不周徧，實則外於倫理」者是矣。要知聖人一貫，只看中庸自「喜怒哀樂未發」，貫「達德」「達道」，「九經」「三重」，「篤恭而天下平」者是矣。曾子與門人指出忠恕即中庸之理，非有二也。吾輩當在日用間實體貼，如一念對不得上帝，便是天人不一貫；一事質不得鬼神，便是幽明不一貫；不可考三王、俟百世，便是古今不一貫；如此自待、不如此待人，便是人我不一貫；知攝其心矣，不致謹於威儀言動，知謹於行矣，不能徹身心性命，便是内外不一貫。諸如此類，不貫者總是不一。聖人只在一處求，故曰「非多學而識」。

已矣乎吾未見能見其過節庚申

尋常見能自知過而悔且改者，往往有之，聖人何以曰「未見」？又何以曰「已矣乎」，作絶望之詞？蓋緣粗看了聖人此語也。此正是「有不善未嘗不知，知之未嘗復行」。蓋見過於幾，不遠而復者也。

訟者必有個對頭，若無對，不成訟。人果能見得天理精明，方見得人欲細微。一動於欲，便礙於理。如兩造然，遂内自訟。一訟，則天理常伸，人欲消屈，而過不形於外矣。是默識默消，何等力量！顔子而下，便難語此。聖人所以重爲「已矣乎」「未見」之歎，與「今也則亡，未聞好學者」語意同。故曰「見性斯能見過，見過斯能復性」。若泛然知過能改者，是過已形於事，祇於悔者也，豈可同日而道[一]哉？

[一]「道」，康熙本、四庫本、光緒本作「語」。

十室之邑節甲寅

若論本性，則人性皆善，何以云「十室之邑，必有忠信」？若論生質，則聖人之質，創古一見，何以云「十室之邑，必有如某」？蓋常人所以高視聖人者，見得聖人聰明睿知，絶世無比，以爲聖人是天生的，决不可學，不知聖人却看得這聰明睿知在各人用得如何。桀紂之不善，原未嘗無絶人之資，全算不得帳。常人所以卑視自家者，見得自家質朴老實，無知無能，以爲這是没用處的，如何做得聖人。不知聖人却看得這是天生人的原來本色，隨他大聖大賢，不過是還他本色，原不曾有别樣伎倆。世間人便懷巧利的，果是難與入道；質朴老實的，果是十室而有。聖人便曉得，這個〔一〕忠信若不學，便逐日澆散，若不好學，也不能究竟堅固的。所以終日孜孜，如饑食渴飲，如救焚拯溺，一生只做得一件事，不過是這個忠信。非是把忠信做個基本，忠信之外，又有甚學問也。於此見聖人所爲聰明睿知者，只是認得這忠信真，做得這學問徹，其不可及者乃在此。若使十室之忠信有

〔一〕「個」，底本作「是」，從康熙本、四庫本、光緒本改。

肯回頭猛省的，豈不是絶世聰明睿知！

人之生也直章 己未

聖人直指人心，無如此語；直指人性，無如此語。信得此語，本體工夫一齊俱到。如何信得？只當下體認，人生何處有一毫不停當？何處有一毫不圓滿？自家做得不停當、覺得不圓滿，皆是有生以後添出來勾當、添出來念頭。原初本色何曾有此？子細勘破，真可啞然一笑。但一直照他本色，終日欽欽不迷失了故物，便到聖人地位，也只如此。若迷失了，便唤做罔。罔者，冥然罔覺，悍然不顧之謂。人若罔了，真似投火之蛾，投網之魚，撞來撞去，至死後已。其未死者，幸而免耳。總只在一念警醒上，警醒便直，不警醒便罔。生死關頭，所争毫末。危哉！危哉！一念不回，千古長夜。直字止如此。

知之者不如好之者章 庚申

知即是知此可樂者。若不是知此可樂者，如何能好而樂之。但其工力，則愈進愈妙耳。

吾輩今日且當共研可樂者果是何事。聖門論學，主於求仁，吾輩且當共研仁之可樂者果是何味。

要知樂，且將不樂反觀。不樂却是人時時有之，何以不樂？不樂者，皆生於對待也。如心便與境相對，一見有境，境安得處處盡如我心？所以生出種種不樂；已便與人相對，一見有人，人安得事事盡如我意？所以生出種種不樂。此是世俗上病痛。至細微處，更有聖凡相對，凡如何企得他聖？又有天人相對，人如何希得他天？種種懸慕，又生出種種不樂。此是道理上病痛，不樂處正是不仁處也。人心若仁，這對待的，便都一貫了。無境非心，有何通塞？無人非己，有何隔礙？無凡非聖，有何欠缺？無人非天，有何拘局？真是求其不樂者而不可得也。但不知則不能好，不好則不能樂。然不樂算不得好，不好算不得知。在各人自證自修，總不在言語上。

或曰：「君子終身之憂」如何？曰：正是憂不得此樂也。

中庸之爲德章 壬子

吾輩學問，譬如行路者，胸中必有個主意，要到何處去，方可上路走，若無個去處，出門罔罔，東西南北，何所適從。學者於中庸，正如行路者所欲到之處也。今人却認壞了中庸，俱就世情俗見上，以圓融委曲、不犯手脚、不惹是非的爲中庸。若如此中庸，世間稍稍乖巧者皆能之，何以曰「民鮮能久矣」？

中庸不是懸空説道理，是從人身上顯出來的。學者要識中庸，須是各各在自家身上當下認取。何者爲中？即吾之身心是也；何者爲庸？即吾之日用是也。身心何以爲中？只潔潔浄浄、廓然大公便是。身心不是中，能廓然無物，即身心是中也。日用何以謂之庸？只平平常常、物來順應便是。日用不是庸，能順事無情，即日用是庸也。到這裏一絲不掛，是個極至處。上面更無去處了，故曰「中庸其至矣乎」！此是人生來天然本色，古如是、今如是、聖如是、凡如是，停停當當，個個如此。

然人却生來個個迷昧了，何故迷昧了？緣有兩種病：一是只向外不向裏；一是只知增不知減。此兩種病，生出千病萬病。賢智之過，愚不肖之不及，都坐此病，所以「民鮮能久矣」。然則中庸遂爲絶德乎？非也，只去得病痛浄盡，還他原來本色，便是中庸，初無難事也！夫子曰「中庸其至矣乎」，分明説此是天地間第一件事；曰「民鮮能久矣」，分明説世人俱將第一事丟去了。有志之士，不要做世人所共能者，須要做世人所鮮能者。

志於道章己酉

人生只有個念頭，自生至死，瞬息無停。這個念頭，爲賢爲聖也是他，爲禽爲獸也是他，只看人安頓何如。若安頓在人欲上去，便把聲色、貨利、官爵等項結果了一生。目前自謂快樂，不知喪失了自家性命，千秋萬古却在一生壞了；若安頓在天理上去，便把聲色、貨利、官爵等項一切擺脱。目前雖覺平淡，却全復了自家性命，這一生做却千秋萬古的事了。所以聖人教人，志必於道、據必於德、依必於仁、游必於藝，這志、據、依、游是人的念頭，道、德、仁、藝便安頓在天理上了。所謂攝心以復性也。

道不在玄遠，舉目皆是，舉步皆是，活潑潑在這裏。人莫不飲食，鮮能知味。知味與不知味，直是天壤懸隔。故朱子下個「知此而心必之焉」，「知」字最重，是夢覺生死關；據於德，德就是這道。不志道，便迷失了。繇迷失而得，所以爲據；依於仁，仁就是這德。不據德，便不仁了。繇不仁而仁，所以爲依；游於藝，藝就是這道、德、仁。但有本領的人看這藝，便都是道、德、仁。以之養心，不以之汩心，所以謂之游。没本領的人看這藝，只是藝。不是沉溺喪志，便是粗心玩忽，不可謂之游。

聖人舉此四者，一項有一項工夫，一層有一層滋味。取要言之，只在吾人現前一念不瞞昧自家，實實落落在人倫日用間，是者知其爲是，非者知其爲非，是者決定去做，非者決定不去做。只這一念，更無二念，志道者此、據德者此、依仁者此、游藝者此。到得此念至純至粹，便是上天之載，無聲無臭。自凡夫做到合德天地，不過這一個念頭爾。

自行束脩以上二章庚申

聖人不是無主意的學問，故看書不可作無主意的解説。如今説誨，便是誨行束脩以上者，啓便啓其憤者，發便發其悱者，復便復其以三隅反者。此所謂無主意的解説也，不知聖人所誨者何事，所啓、發、反復者何事。

聖人爲著此道，急急皇皇，欲呼世人之寐者而醒之。自行束脩以上，皆向道而來者，聖人未嘗不即引之大道，無奈學者皆看作泛泛教誨，不自敏求，故不憤、不悱、不以三隅反，聖人亦遂無如之何也。憤、悱、三隅反，説盡求道者精思力踐模樣，皆專專在一處求，聖人亦專專在一處開之。憤是無罅縫可入，心懣悶之甚；悱是明明看得在眼前，心欲言而口不能達；三隅反是平日用力既深，聖人舉著一隅，便知三隅皆是此物。若無此三樣，是不知當人有一件大事，未嘗一日用其力，何從啓發而復之？可見誨在聖人，學須自學。方及門之人，未嘗不可入道，在門牆之久，至道不可得而聞也。

葉公問孔子章 甲寅

子路所以不對葉公之問，不是以葉公不足言，亦不是以聖人難言。孔門自顔子以下。實見不得聖人要領處。葉公忽然問著，子路茫然罔措，不知所以對也。夫子於子貢、子路每每時切提醒，此處又更透露，曰「女奚不曰」，責之者深矣；曰「其爲人也」，示之者深矣。夫子明見得天下莫有知其爲人者，須索自説，然原自説不得的，須索人自見。説個「發憤忘食」，必有一件大幹當的事在；説個「樂以忘憂」，必有一件大受用的事在；説個「不知老之將至」，必有一件進進不已的事在。

顔子則便默識。子路若會疑也，須問夫子爲著甚事，而終不能也。夫子見他不能對，直代之對，令他思而再問。子路便道只教他對葉公者如此，依舊耳中過了。

今日當大家窮究，聖人所以能忘食、忘憂、忘老者爲著甚事，若不知此事，即不知聖人爲人；不知聖人爲人，即不知自家爲人。

二三子以我爲隱章甲寅

當時門人亦不是疑聖人有所隱，而不以誨人，只是認聖人人倫日用是一件，神化性命是一件。謂聖人所可見者，非其至也，其至處，則隱而不可見也。審爾，則忽略現前，懸慕高遠，不成學問了。故聖人提醒之如此。「吾無行而不與二三子者」，是一句極活的話，意在言表，要看個「者」字，謂「爾以我有隱乎爾」，則我平日這「無行而不與二三子者」，又是何物？此即是某也，爾又於何者求某乎？此無他，只一個道理而已矣。但這道理從聖人身上發揮出來，便如天工變化，神妙不測，所以顔子曰「仰之彌高，鑽之彌堅，瞻之在前，忽焉在後」。顔子便悟得，此不是在聖人身上求的，只求諸己，卓然便在這裏。今日要認是某也都不離自己，認得自己真，方信聖人真無隱乎爾。

仁遠乎哉章乙卯

人心、道心非有兩心。一撥轉，便天壤懸絶。聖人於此，常示轉換法。如欲富貴、惡貧賤，人心也，而轉之爲不處、不去之仁；欲立、欲達，人心也，而轉之爲立人、達人之仁。論語中兩説「欲仁」，仁如何欲？又如何至？此是即刻可驗。夫欲者，人之心也；仁者，心之道也。以心欲道，却成兩個了，不知只是這個心，逐物而外馳便是欲，反躬而内斂便是仁。繇馳而斂，却如繇外而至者然，故曰「我欲仁，斯仁至矣」。此是聖人教人點鐵成金、超凡入聖最捷法，念頭撥轉向裏便是。

或曰：「人心内斂，如何便爲仁？」曰：「仁是生生之理，充塞天地，人身通體都是，何曾有去來、有內外？自人生而靜以後，誘物爲欲，遂認欲爲心，迷不知反耳。若一念反求，此反求者即仁也，別尋個仁即誤矣。」曰：「如此，不幾認心爲性乎，何以言心不違仁？」曰：「心、性不是兩個，但看人所達何如。程子謂『人心反復入身來，自能尋向上去，下學而上達者也』。心是形而下者，仁是形而上者，達則即心即仁，不達則心只是心，看人看得如何。心不違仁者，其心常仁，如目常明、耳常聰之謂，人心常收斂，即常仁矣。此一轉念，是生死關頭，千聖都從此做成。」

學如不及猶恐失之 癸丑

嘗疑聖人之學汲汲孜孜，如有所追求焉，要及這一件物事，眉批：物事已說明白，不曾說得工夫，要人自思。如有所奉持焉，惟恐失這一件物事，不知是甚物事？子細研究，原來只是這一個心。但孔門心法極難看，竝不是懸空守這一個心，他只隨時、隨處、隨事、隨物各當其則，須合一部論語來看，方見。蓋這個心不是別物，就是大化流行，與萬物爲體的。若事物上蹉失，就是這個蹉失。聖人亦別無勞攘，只順事無情，物各付物，但無走失爾。所以曰「逝者如斯，不舍晝夜」，此所以爲天德。學者不知本領的，只去事物上求，却離了本；知得本領的，要守住這個心，又礙了物，皆謂之不仁。這裏見得，方知聖人所謂「學如不及，猶恐失之」。

達巷黨人章

達巷黨人稱「大哉孔子」，誠然其大也；稱「博學」，誠然博學也；稱「無所成名」，誠然無所成名也，句句説着夫子。然稱其大也以博學，稱其博學也以無所成名，句句説不着夫子。夫子以其似是而非，故説破，見學有所執以成名者，射御之數而已。然則聖人所以爲聖人者，如何？如太虛然。四時自行，百物自生，無所不有，實無所有，此所謂天理也。聖人於世間人欲病痛，能去得凈盡，不能於天理本分上加得毫末。吾輩擇者擇此，執者執此。不然，是擇射御之擇、執射御之執而已。

絶四章辛亥

吾輩學問，只要復性。吾性蕩平正直，合下與天地同體。自有軀殼以來，便有個我，便將極廣大的，拘局做塊然一物；將極靈妙的，障蔽做蠢然一物。從我上起出意來，只會要長要短，順之則喜，逆之則怒；只會見長見短，同之則喜，異之則怒。終日起來但是作好作惡，偏黨反側去了。從我起意，從意成我，中間遞生固、必，只此四者，滚過一生。自家真性時時現前，如隔千山，了不知爲何物也。

聖人直下便絶此四者，何以絶之？只一個「毋」字而已。此「毋」字只是個「醒」字，一醒便毋了。何者？今人錯認這意是我的心，故終身沉迷而不返。若猛然自醒，這個不是，便當下豁然，這個「毋」字方是我的真心。眉批：心體原虚，虚之謂正。必須體認得這個明白，方立得主宰，方得心君出頭，所謂立天下之大本也。聖門「四教」「四絶」同是教法，「毋」，正所以絶之，正要人下工夫。若作「無」，便不是了。從古無現成的聖人，故聖人無現成的説話。絶而用毋，聖人原做常人的工夫，但毋而便絶，常人到不得聖人本體耳。夫子自言「無可無不可」，孟子稱夫子「可以仕則仕，可以止則止，可以久則久，可以速則速」，正是絶意、必、固、我處。或曰：中庸言「固執」，何也？曰：毋意、必、固、我，所以擇善也，眉批：善原無物，執得個太虛之體，方謂能執，方識誠之之本旨。擇善而拳拳服膺，更不入於意、必、固、我，所謂固執也。擇善固執，方是絶四，故曰「無適、無莫，義之與比」。

夫子聖者與二章癸丑

此兩章，聖人一自以爲無能，一自以爲無知。天下萬世視聖人不可及者，以其無所不能，聖人却自以爲不過少賤之鄙事；以其無所不知，聖人却自以爲不過鄙夫之兩端。然則聖人所知所能者何事耶？曰：但看赤子，有伎倆否？有知解否？其所知能，不過孩提愛敬已耳。聖人亦然，不過盡得孩提愛敬已耳。故曰「大人者，不失其赤子之心者也」。若聖人果在多知多能，真不可學；若不在多知多能，豈不人人可爲？人人有聖人知能，却自埋没了。終身矜己誇人，不過就聖人所鄙者，拾得一二而已，豈不棄家珍而襲臭腐乎！

顏淵喟然歎章辛亥

此章書，向來爲注中「高、堅、前、後，語道體也」一句所疑，更理會不來。若説道體是人人具足，處處充滿，雖曰神化無方，然却冥會即是，以顏子默識默成，於此豈有間隔？若云仰、鑽、瞻、忽，是顏子於道體全是恍惚想象了，況竭才之後，止見卓立，尚未與道爲一；卓立之後，又歎末繇，是終身與道爲二，豈成個顏子？以此懷疑不信。及味程夫子之言，乃始躍然。程子曰「此顏子深知孔子而善學之者也」，蓋喟然之歎直歎夫子，不是歎道體。道體是古今聖凡所同，夫子是古來聖人首出，故仰之彌高，無階可升；鑽之彌堅，無門可入；在前在後，無定本〔一〕可據。當時只有顏子能知之，亦惟顏子能學之。蓋顏子與夫子止差得一間，故一直要學夫子，却是聰明才智一毫使不著。幸得夫子循循善誘，博之以文，約之以禮，方知夫子雖神妙，也從這裏來。這便是夫子的階梯，夫子的門

〔一〕「本」，四庫本作「體」。

户，夫子的定本〔二〕。博約得一分，見得夫子一分；博約得十分，見得夫子十分。至竭才之後，夫子真面目、真精神徹底呈露了，一個夫子卓然立於吾前矣！然見得愈親切，覺得愈神妙。雖欲從之，末繇也已。此所以爲「仰之彌高，鑽之彌堅，瞻之在前，忽焉在後」也。末節是申明首節，「竭才」正是「仰鑽」，「卓立」正是「瞻前」，「末繇」正是「忽後」也。

此章書爲一部論語的門户。夫子是生民以來第一個人，顔子是善學夫子的第一個人。如今就論語中求夫子，真是彌高彌堅，在前在後，無可下手。幸得顔子提出這個法門，周子所謂「發聖人之藴，教萬世無窮者」在此。但博文約禮，近世都説向心境上展轉玄虚去，令學者止是作弄而無實功。考究孔顔當時，博文只是詩書禮樂，約禮只是躬行實踐。吾輩今日將經書熟讀深味，就是博文；將聖賢所言一一體之於心，見之行事之實，就是約禮。至於所謂日用動静之文，洗心退藏之約，自在其中，不必言也。

〔二〕「本」，四庫本作「體」。

子在川上章 己未

生生之謂易，無刻不生，則無刻不易，無刻不易，則無刻不逝，所謂造化密移是也。在天地如此，在人身如此，在物物如此。但不可得而見，可見者無如川流，故聖人指以示人，云「如斯夫」者，正謂物物如斯也。此是人的性體，所謂天德，人自迷失了。如何迷失了，自有生以來，此個真體變做憧憧妄念，一般流行運用，不舍晝夜，遂沉迷不反。學者有極親切工夫，但猛自反觀，此憧憧者在何處？了不可得。妄不可得，即是真也。緣真變妄，故轉妄即真，如掌反覆，反覆皆此掌也。若欲滅去此妄，別求真性，如何可得？故程子曰「若說有不好的性，請將好的性來，換了此不好的性」，正謂此也。朱子「欲學者時時省察，不使毫髮間斷」，不是教人將省察念頭接續不間斷，此真體原自不舍晝夜，人間斷他不得，但有轉變耳。時時省察，不令轉變，久之而熟，乃爲成德也。

衣敝緼袍章 甲寅

當時夫子看得子路甚鄭重，曰「其由也與」，眼中真不多見也；引詩贊得甚鄭重，曰「何用不臧」，直是可立躋聖地也。何也？夫子之學，下學而上達，即學即達，不離當下。如子路這樣胸襟，潔净峻偉，一達便是，更無階級，所以夫子每每提醒他，如「是知也」「知德者鮮矣」之類是也。到此又直揭他真本領出來，令他自認自家寶藏，而子路却把做兩句詩諷誦起來。記者下個「終身」字，大妙。這一誦，便是子路一個終身了。夫子曰「是道也，何足以臧」，不要看死煞了。聖人言語如化工造物，豈有死死煞煞便説何足以臧之理。蓋借詩言，又轉一個端緒，若曰「是道也，所謂何用不臧者，果何足以臧乎」？使子路深思之也。子路之病，不在自足，在於自昧。若不自昧，真可自足。日進無疆之道，原在識得自家本無不足也。今人往往好説當下，不知習心習氣，一團利欲膠固窒塞，知他當下是甚麼樣。必如子路不忮不求，却當下便是矣。

子貢問師與商也孰賢章 庚申

子張之學是闊大的，於細密處有不足焉；子夏之學是謹細的，於闊大處有不足焉，二賢正相反。子貢善方人，故舉以爲問，非是欲評定人品，正欲辯明學術。夫子一過之，一不及之，而曰「過猶不及」，蓋言都不是也。於此極可窺見聖人之學，聖人之學，中而已矣。過者求之高遠，蹉過去了；不及者局於近小，見不及了，所以一般迷失。若欲求師之過，俯而就焉；就商之不及，企而及焉，兩下補湊以爲中，豈有是處？

然則吾輩將何以求中？非直窮其源不可。中庸説「喜怒哀樂未發謂之中」，此真窮源矣，然猶未也。此中從何而來？維皇上帝，降衷於下民，民受天地之中以生。一降衷，一受中，此中之所從來也。然何以謂之中？要知天地間，一太和之氣而已。易曰「天地氤氳」，此所謂太和也。人之生也，得此以爲生，既生也，得此以爲心。渾然在中，通徹三極，情識未動，純是此體，故喜怒哀樂未發謂之中，眉批：安知中反出於和。及在人心，則和出於中。發而中節，不失此體，故謂之和。一切學問，不過保合此而已。有這體方有這用，故能動静云爲無過不及之差。聖人精一之心乃其體也，學問迷源，只做得師商之學。吾輩何敢輕視師商，然辯學則須開眼。孟子曰：「皆古聖人也，吾未能有行，乃所願，則學孔子。」

回也其庶乎章丁巳

程、張二夫子俱將「屢空」作「心空」，若顔子之心屢空，則是頻復也，何以爲顔子？朱夫子作「數至空匱」，其味無窮。能數至空匱，略不經心，其心還有不空者否？此方是真空。至於子貢貨殖，又爲不善看者説壞了。顔子屢空，全不算計，此爲受命。子貢未免算計，不至屢空，此便是「不受命」。受命者，生死一聽於命，如夫子「明日遂行」「在陳絶糧」之類，惟顔子能之。子貢貨殖，但未能受命耳。夫子看得他徹骨徹髓，原見他不是以貨殖累心的，其心虚明，能「億則屢中」。「億則屢中」，緊根上句説來。顔子中道，故能屢空；子貢貨殖，止於屢中。中道則不可云「屢」，亦不可云「億」。億則雖云「屢中」，未可云「庶」。二賢品第，只在屢空、貨殖上判，「貨」字稍未脱體，「命」字遂不到手。聖人「不受命」三字，點出萬世人沉冥痼疾，亦便指授萬世人換骨靈丹。

克己復禮章乙卯

聖門以禮教門弟子，皆使繇禮求仁。禮與仁皆性也，何以禮之不即爲仁也？曰：克己與不克己耳。何以謂之己？人在大化中有個身子，如大海中一冰。此冰是到死不化的。若化，方知與含生之類同一海水。不克己，即使能約禮，禮只是禮，故曰「博學於文，約之以禮」，僅可不畔於道，未知其仁也。克己復禮，則禮即仁矣。此是聖人無我之學，一直上達天德事，惟顏子可以語此。夫子恐其易視之，故曰「一日克己復禮，天下歸仁焉」。克復於一日，天下即歸仁於一日，如呼吸然，最可以觀仁。夫子又恐其難視之，故曰「爲仁繇己，而繇人乎哉」，「繇己」是旋乾坤的力量，却是決江河的機括，全看根器何如。如顏子言下便決矣，所以略無疑滯，便問其目。何以問目？顏子是極沈潛的人，極細密的學，他便知己之蟠根固，漏竇多，正在節目細微，點滴不漏，方得根株永拔。此是何等見識！何等精神！夫子告以非禮勿視聽言動，是禮在視聽言動之先，與視聽言動爲一，非此即勿之，非簡點於視聽言動之謂也。

大綱上克己，手勢重；細目上復禮，工夫密。綱如開創，目如守成。顏子問目，正問守法，得視聽言動之説，便刻刻有事了。故曰「請事斯語」，聖門爲仁法程如此。

仁者其言也訒章 甲寅

只看聖人説「仁者其言也訒」，便把仁者一個欽欽翼翼的形像畫出來，便把仁者一段欽欽翼翼的心事顯出來。司馬牛乃曰「其言也訒，斯謂之仁矣乎」。聖人是説仁者之言，司馬牛是説言者之訒，何啻天地懸隔，凡聽言不會意者類如此。若今人便對他説言者是何物，訒言者又是何物，都點在虛靈知覺上去了。聖人便質質實實説「爲之難，言之得無訒乎」。這「難」字不是謂天下事難做，故言不輕説。此一「難」字，是千古聖人的心體。聖人看得天下事無一件是我能的，看得君子躬行之事無一件是有於我的，其難其慎，爲也如此，言也如此。輕浮恣肆之意融化無存，厚重凝密之體造次不失，這便是仁。凡論語言仁，都是朴實頭如此，可見爲仁只在言行上，別無玄妙，識仁只在此識。

君子而不仁者有矣夫章己酉

讀此章書，爲之竦然深懼。夫謂之君子，是天地間有數的人，其於小人判若白黑矣，而猶有不仁者，何也？聖人説「未有小人而仁」，小人定是不仁，不仁就是小人。然則君子而不仁，其去小人寧有幾何？豈得不懼？

聖人於當世之士，自顔子而外，未嘗輕下一「仁」字。子文之忠而仁曰未知；崔子之清而仁曰未知；由、求、赤之才而仁曰不知；原思之守而仁曰不知；即以仲弓德行而仁曰不知。繇此觀之，君子安得以影響冒認這仁？然聖人曰「爲仁繇己，而繇人乎哉」，是不待求人的；曰「有能一日用其力於仁，未見力不足者」，是人人可做的；曰「我欲仁，斯仁至」，是刻刻可做的。繇此觀之，小人何至遽自絶於仁？蓋既是小人，定不肯去求，此所以爲小人。若夫君子，各因其性之所近，守其節之一偏，往往自以爲是，不知不覺渾過了一生，真是可惜！

夫仁者，人也，仁就是這個人，人只有這個仁。天地間無論身外之物與我無干，即七尺之軀終非我有，只這個仁是我。天之尊爵，貴莫貴於此矣；人之安宅，富莫富於此矣；朝聞夕可，壽莫壽於此矣；所以聖人曰「民之於仁也，甚於水火」。聖人看得如此緊要，此是何故？涇陽先生曰：「聖人説『有矣夫』三字，有無限警動，有無限關係。自觀人者言之，『有矣夫』者，寛詞也，曰斯人即有是，然而君子也烏得遽夷之於小人。自自脩者言之，『有矣夫』者，危詞也，曰吾誠有是，是小人也，豈不貽羞於君子。寛之者。扶之也；危之者，亦扶之也。聖人之扶陽也如是。」愚謂爲世所寛，其危甚矣，是以君子以務學爲急。

莫我知章丙辰

自顔子亡，而聖人天德之學無有知之者。行批：曾子不知耶？子貢雖不能知，而可與知之，故發此歎，以啓其問，因其問而直告之也。「不怨天，不尤人，下學而上達」，正聖人天德之學也。非謂吾之學如是，故人莫我知，正謂人莫知其如是之學也。三句皆是天理自然，如此極平常事，然惟聖人能之，人安得而知之，故曰「知我者其天」。一部中庸，聖人只此三句道盡，上天之載，原來即吾人喜怒哀樂；喜怒哀樂，原來即可位天地育萬物。眉批：天人二句，如此渾洽否？然則何處更有天而容怨？何處更有人而容尤？何處更有玄妙奇特而可舍下達上？

君子修己以敬章戊申

吾輩須各各自認得個「己」。這個「己」靈於萬物，竝於天地，不可輕看了他。他原生來一私不染，萬理具備，天然完全，何故要修？只緣有生以後，爲氣稟所拘，自家局小了他；爲物欲所蔽，自家污壞了他，失了他原初本色，故須要修。然修之之法，却甚簡易直截，只争個敬不敬爾。敬則此心便在這裏，耳便聰，目便明，四體便恭謹，應事便條理，這個「己」便是修的。不敬心便不在，耳便不聰，目便不明，四體便頹放，應事便乖謬，這個「己」便是不修的。只争這些子，當下便分聖凡，何啻天淵相隔！

聖人説個「修己以敬」，徹上徹下，全體在此，大用在此，只要人見得透，信得及。子路便信不及，便曰「如斯而已乎」？是看得這個「己」小了，看得這個「修己」輕了。

不知聖人把握宇宙，樞紐萬化，都在於此。人也以此去安，百姓也以此去安，充其分量，就是堯舜也做不盡的。這個道理只在眼前，平常到極處，故人人明白，人人不明白。大要先看透，天下萬事除了修己，更無別事，若不修己，更無一事可做。若真真實實修了這「己」，一正百正，一了百了，何處更要費一點閒心腸，枉一點閒氣力。

今之談學者，多混禪學，便説只要認得這個「己」，他原自修的，何須更添個修？原自敬的，何須更添個敬？反成障礙了。此是誤天下學者，只將虛影子騙過一生，其實不曾修，有日就污壞而已。若是實修，須是整齊嚴肅，著不得些怠惰放肆；須是主一無適，著不得些胡思亂想；須是無衆寡、無大小、無敢慢，著不得些輕忽厭倦。其初雖不免用力，到習之而熟，自有無限風光。今人又多錯認了這個敬字，謂纔説敬，便著在敬上了，此正不是敬。凡人心下膠膠擾擾，只緣不敬，若敬，便豁然無事了。豈有敬而著個敬在胸中爲障礙之理？如今大會中，大家雝雝肅肅，心下潔潔净净，便是修己以敬的樣子。一刻如此，便做了一刻君子，一日如此，便做了一日君子。詩曰「聖敬日躋」，只要日日躋陞去。

知及之章庚戌

聖學繇知而入，這「知」字却最關係，學術之大小偏正，都在這裏。惟聖人方有全知，一徹俱徹，知之所及，即仁、即莊、即禮，一以貫之。自聖人以下，便要處處著力。仁不能守，是知及上帶來的病，見不透也；蒞之不莊，是仁守上帶來的病，守不固也；動之不以禮，是莊敬上帶來的病，養不熟也。而統宗會元，則在知之一字，此處透一分，以下病痛便輕一分，所以謂知之一字，關係最大，古今學術，於此分岐。何者？除却聖人全知，便分兩路去了。一者在人倫庶物、實知實踐去；一者在靈明覺知、默識默成去。此兩者之分，孟子於夫子微見朕兆，陸子於朱子遂成異同，本朝文清、文成便是兩樣。宇內之學，百年前是前一路，百年來是後一路。兩者遞傳之後，各有所弊。畢竟實病易消，虛病難補，今日虛症見矣。吾輩當相與稽弊而反之於實，知及仁守，蒞之以莊，動之以禮，一一著實做去，方有所就。

予欲無言章戊午

道一也，天理之自然曰天道，人事之當然曰人道。人道者，求復天道之自然。除却天道，别無人道；除却人道，亦别無天道。聖人只言人道，凡下學處皆人道也，凡上達處皆天道也。不學，於何上達？不達，成何下學？門人只述聖人言語去爲學，多不知所學者何事，故聖人直指天道示之。天道不可言，故以「欲無言」示之。以子貢智足以知此，故特於子貢發之。

「四時行焉，百物生焉」，現前皆是也。人人同在時行之中，同爲所生之物，人人覿面不知。若知得，則聖人終日所誨，此也；學者終日所學，此也。若不知得，只是述聖人言語而已，故曰「予欲無言」，蓋轉子貢聽言語的心路，令默識乎此也。如何要默識乎此？此所謂善，博學、審問、慎思、明辨、篤行皆擇執乎此，了此便徹上徹下。

仲尼焉學章丁巳

此子貢既聞一貫之後，原以多學而識示人也。學在明宗，宗未明，要多學而識；宗既明，仍要多學而識。若識得一以貫之，觸處是道，無小無大，總是學；無賢不賢，總是師。不是多學而識者是一道，一以貫之者又是一道也。如曾子一生用力忠恕，唯前如此，唯後亦如此。但唯前之忠恕與唯後之忠恕，天人之隔，霄壤不侔耳，子貢之多學而識亦然，故曰「莫不有文武之道焉」，此一語便是子貢一貫處。

然必說文武之道者，何故？此正是宗傳。夫子曰「文王既没，文不在兹乎」，故易曰「周易」，禮曰「周禮」，寤寐欲行者，周公之道。子思贊仲尼曰「憲章文武」，孟子叙道統曰「繇文王至於孔子」，當時文武宗傳在夫子。夫子見滿天下人俱在文武道中，故觸處玩味，觸處茹納，真如大海與百川相灌相注。所謂一以貫之，亦何嘗不多學而識？

如今吾輩何所師？何所學？繇孔孟而來，宗傳在周程張朱，昭代憲章，即在周程張朱，滿天下都是此道。道德性命，即賢者識其大；傳注文義，即不賢者識其小。莫不有程朱之道，即莫不有孔孟之道，要在能一貫不能一貫耳。

天命之謂性章丁巳

孔門宗傳，「中庸」二字而已。子思子恐後世之失其傳，故作中庸以傳道也。此章首釋「中庸」二字之義，全篇皆推明此義也。

中庸者何也？人之性也。性者何也？天之命也。在大化上説謂之天，在人身上説謂之性，性即天也，若天命之者然，故曰天命。率此之謂道，修此之謂教。率者，率循其自然，天之道也；修者，求循其自然，人之道也。然則道也者，性而已矣。性即人之性也，豈有須臾離人者哉！試看不睹不聞時何如，耳目有時離形聲，人無時可離道，君子所以戒謹恐懼也。不睹不聞，説時亦可，説體亦可，不睹不聞之時，純是此體也。玩「乎其所」三字，便見不睹不聞不落空，戒謹恐懼非著相矣。此天下之至隱也而莫見焉，至微也而莫顯焉，所謂獨也。

獨者，獨自之獨，各人自知之、自慎之而已。無他，即人之喜怒哀樂未發者之謂也，即喜怒哀樂發而中節者之謂也。未發謂之中，何隱微如之；中節謂之和，何顯見如之。大本達道，總只在此。慎獨者，慎此者也，慎之所以致之也。此天地所以爲天地，故致之而天地位；萬物所以爲萬物，故致之而萬物育。一念不慎，中不中、和不和，而天命幾乎息矣，故握要只在慎獨。

仁者人也丁巳

各在當人之身認仁，已極親切，而味未盡也。須知天地間這許多人，總是一團生理，各之則不仁，一之則仁，故曰「仁者人也」。大著眼看這「人」字，八荒只一個字，所以爲仁，其最肫肫處，則親親爲大耳。試看九經，親也、賢也、大臣、群臣、庶民、百工、遠人、諸侯，總是這個人；試看五達道，君臣、父子、兄弟、夫婦、朋友，總是這個人。若不開得這眼，各人其人，便是不仁。如何行五達道？如何行九經？行處只此一處，故曰「所以行之者一也」。如此看來，不知人，真不可事親；不知天，真不可知人。只看這天，還有兩個否？然則許多人的心，還有兩個否？將天字看人字，何等明白！將人字看仁字，何等明白！

天一也，無窮之天即昭昭之天，然井中之觀非井外之觀。學未豁然者，即在當身體貼，猶屬昭昭之天。故余爲此説，以盡「人」字之味。舉似葉參之，參之曰：「仁者人也，在衆人身上説，固見大同。在一人身上説，亦無不盡。蓋一人即千萬人，千萬人即一人也。夫子語意渾涵，原無所不該，非必合許多人看，方見是仁。其實一人體仁，便能通天下之志，而道德九經一以貫之矣。所謂知人者，知此；知天者，亦知此，非有二也。泥兄之意，恐不善理會者，謂各在當人之身者，猶未足盡仁。必大著眼孔，知天地間這許多人總是一團天理，方完得這仁字，則失之遠矣。」參之此説，又不可不知。

不動心章丙辰

此章是聖賢定志之學。人心原是不動的，所以動者，道義不足以貞其志，志不足帥其氣也，故不動心全在志氣上。志是個主意，主意一定，匹夫亦不可奪，但看北宫黝、孟施舍可見。雖萬乘、三軍，皆不足以奪之。孟子説個「守」字，便是志；説個「勇」字，便是氣；說二子，便隱然見告子所以不動心；說曾子，便隱然見自家所以不動心。不動心之道，已竭盡無餘矣，下特因問明之。告子大主意，只是不求，不求者，不起一念也。他也不要持志，也不要養氣，一直恁地去，未嘗不是不動心，却全不是道義了。其病皆從不知義來，故其心爲蔽陷離窮之心，其言爲詖淫邪遁之言，其害至滅裂於政事，而爲大亂之道。

孟子知言，精義之學也。此義何從來？天地之間，道者，體也，義者，用也，道義者，天地之志也，行批：此語何所本？所以帥剛大之氣。剛大者，天地之氣也，所以配道義之志，故集義乃生氣也。「集義」，集字取鳥集於木之意，集於義，更〔一〕搖撼不動，即志即義，即義即氣，非别有氣生也。「義襲」，襲字取衣襲於外之意，若不能集義，縱有一事兩事偶合於義，却如義來襲於我，而我掩取之，合於此又不合於彼，其不合處，仍不慊於心而氣索然矣。既謂之義，故必有事焉，必有事者，勿忘之謂也，勿正心者，勿助長之謂也。眉批：直截。除却告子以爲無益而舍之，又有一等助長以害之者，其爲不知義，一也。

〔一〕「更」，四庫本作「便」。

孟子精義之學，又從何來？從孔子來。「自有生民以來，未有盛於孔子」，正孟子知言處也；行批：知言，所談者廣。「乃所願，則學孔子」，正孟子定志處也。孟子如何學孔子，其謂「智，譬則巧」是矣。「可以仕則仕」四者，正孔子中紅心處，孟子知孔子，正在此處。此所謂義也，化裁於仕、止、久、速，而執極不移，所謂集義也，知一「義」字，所謂志者，此也；所謂氣者，此也；所謂持、所謂養者，此也。豈不爲守之至約至約〔二〕者哉！

孟子道性善章 庚戌

要識性善，只看「夫道一而已矣」，便是注脚。夫天地之道，爲物不二，只是一個，故古今聖愚别無兩個。此在人直下認取，吾與堯舜果是一是二？既是一個，這個果是善是不善？此可恍然悟矣。悟得這個，方知我平日的還不是這個，一切膠膠擾擾，做個甚麽？一向悠悠蕩蕩，成個甚麽？吾性原自充滿具足，無少欠缺；吾性原自潔凈精微，無

〔二〕四庫本不重「至約」。

點塵污。從此豁開兩眼，劄住兩足，看得世間更無一物入得我胸次，方是。學不知性，如行者無家，終無住處；如耕者無田，終無種處，故孟子開口便道這個。此事難在一信字，信了又難在一爲字。當時滕世子有二疑：一是聖凡之疑，謂自己是個凡人，如何做得去，故孟子將「成覸」三段破他；一是强弱之疑，謂自己是個小國，如何做得來，故孟子將「截長補短」破他。豈特世子，人人不上聖賢路，只此二疑，直將自己做得事，公然寫甘退，所以不但不如聖賢，漸次入於庸惡陋劣，將自己今日便做得事，要等待如何如何方去做，所以終身只不做。有此疑者便是病，病便須服藥。學者痛自參究，自家做個人，如何容他這等不明不白、不乾不净，混帳過了一生，如何是好？參來參去，急尋個出頭，必有一朝通身汗下，如死復生之日。此爲瞑眩，此爲病瘳。不肖同是病中人，正要共同志依方服藥爾。

大人者不失其赤子之心者也乙卯

孟子七篇，俱明性也。此章又指出赤子之心來，示人益明切矣。天下人那一個不從赤子來？那一個無赤子之心？赤子之心如何？無知無能者也。此無知無能者，乃良知良能也；此良知良能者，乃無不知無不能者也。自赤子以後，外誘於物，生出許多知能來。人認這是我的心，日充日長，却把原來的真心日湮日没，得此則失彼，直相背而馳了。若猛然警省，我今所認的心，千般萬樣，總從軀殼上起，軀殼六尺而已，豈不是小！當初赤子之心便即天地之心，豈不是大！「不失」兩字，不要看輕了，有多少工夫在！須是急急回頭，般般放手，到那一絲不掛時，猛然自省，依然還是個赤子，從此戰戰兢兢，惟恐失之，方能不失。大人一生，只照管得這個在，更别無一事。

人之所以異於禽獸者章丁巳

幾希者，差不多也。吾輩試研究，果在何處？文公先生曰：「知覺運動之蠢然，人與物同；仁義禮智之粹然，人與物異。」然仁義禮智者，五行之德，禽獸不能外五行而生，何能外五行之德爲性？其所以偏而不全、塞而不通者，何故？細看乃知孟子文字之微妙也。其下云「舜明於庶物，察於人倫」，人只有這一點明察，是異於禽獸處。明察者，何也？乃知覺運動中之天則，仁義禮智中之靈竅。知覺運動，固物之所同，這一點天則却不同；仁義禮智，非物之獨異，這一點靈竅却獨異。雖以舜之大聖，異處只此些子耳。謂之「幾希」，真幾希也。再看「行之不著，習矣不察」章，「庶民去之」，只在不著不察，所謂「幾希」，愈明白矣。

然這個明察人人具足，却在何處去了？知誘物化以後，都變作私智小慧，在世情俗見中，全不向人倫庶物上來，所以不著不察。然一轉頭，私智小慧又都作真明真察。這一轉，亦惟人能之，禽獸不能也。吾輩提出這明察，如日中天，其繇於仁義之途，如明眼人行於康莊，不若「行仁義」者，尚是盲人，待人詔告也。

天下之言性也章癸丑

孟子謂天下之言性者，何其紛紛也，只須道一個「故而已矣」。何謂「故」？原來故物也。就一人言之，自有生以來，原是如此的；就天地間言之，自有生人以來，原是如此的。千萬人也如此，千萬世也如此，聖也如此，凡也如此，不曾有些子差池。性原是拈不出的，只看這個「故」，便自了然，當下可認取，但不可造作壞了他，所以故者必以利爲本。利者，不鑿之謂也，鑿便造作壞了。今人皆以能鑿爲智，不知正是智之可惡處，這個智就是故。只以利爲本，但看禹之行水，當入江的還他入江，當入海的還他入海，此之謂行所無事，此之謂利，此之謂智。即如天之高，星辰之遠，今年的便是千歲以前的，一般是這個故。苟求其故，千歲日至，可坐而得，所以曰「天下之言性，則故而已矣」。

孟子此章最奇特，拈一個「故」字，便把有生來難描難畫的本色，和盤托出來與人看，更不須弄一些玄虛；拈一個「利」字，便把日用間無窮無盡的工夫，一口道出來與人做，更不須用一些伎倆。次節便是「利」字注脚，三節便是「故」字注脚，看得二字透，真所謂「易簡，而天下之理得矣」。

伯夷目不視惡色章 己未

此章正孟子願學孔子處。凡謂之聖人，皆純乎天理而無一毫人欲之私。同是盡性的人，如何有清、任、和、時之異？蓋未至大中至正處，猶未免稍有意在。稍有意在，便於全體有未滿處，於妙用有未圓處。

夫子一生自言，有兩語最要：曰「無可無不可」，曰「一以貫之」。「一以貫之」，其全體也；「無可無不可」，其妙用也。夫子曰「無可無不可」，孟子則曰「可以仕則仕、可以止則止、可以久則久、可以速則速」。夫子曰「一以貫之」，孟子則曰「金聲而玉振之者也」，金、玉亦八音之二耳，全重兼總條貫。金一聲而衆音翕然竝作，玉一振而衆音寂然俱止，舉金聲玉振，而八音一貫矣，故曰「始終條理」。聖人知在一處知，故萬理具備；行在一處行，故萬行具足。知聖巧力，一到俱到，更不分輕重。孟子以樂喻聖人全體，以射喻聖人妙用。

二節只説孔子聖之時，不涉三聖。三聖聲調自別，各自成家，不可謂是一音之小成，不可謂力有餘而巧不足。知到處自然力到，無力到而知不到者。孟子願學孔子，豈獨是一生志願，便是萬古法程。看來夷、尹、惠真學不得。

夫子之時，是人心同然天則。自古至今，自凡至聖，到這紅心處便俱對针，此所以自生民以來未有之聖，反是人人可學。吾輩若真發願要學孔子，畢竟覷着這紅心。這紅心何在？孟子固言之矣。人之所不慮而知、不學而能者是也。這便是極時的，只依著他，自然體無不備，用無不妙。

性無善無不善章壬子

道性善是孟子宗旨，此章正孟子所以道性善也。當時論性有三種，謂「可善可不善」，是認習爲性；謂「有善有不善」，是認質爲性，俱在粗迹上看，更不足道。獨告子實有所見，「無善無不善」，儘是玄妙，須要總看他論性處，識得他所認爲性者。「杞柳」謂他是個無雕琢的，「湍水」謂他是個活潑潑的，總是天生見成的，如食色然，生來便如此，豈是人學得的？這裏著不得個善不善，何處要人用甚工夫？仁義禮智，不過世間幾個好名目，逼迫人做的，反弄得人不自在了，此所謂外鑠也。

孟子則謂這個果然是天生見成的，但不是這等没頭没腦渾沌的物事，他極有條理、有典則，你看他當惻隱便惻隱，當羞惡便羞惡，當辭讓便辭讓，當是非便是非，這便唤做仁義禮智。不是别有個仁義禮智，在外面强逼人做個好名目也。

繇此觀之，只是這一件物事，各人認得不同。告子認是渾沌虛無的，孟子認是仁義禮智的，這一件是何物？生是也！心也是他，性也是他，情也是他，才也是他。若認是渾沌虛無的，便見是無善無不善，一直還他渾沌虛無便了，不須思、不須求、不須盡其才，所謂「不可與入堯舜之道」者，此也。若認是個仁義禮智的，便見是善，便須思、便須求、便須盡其才，所謂「人皆可以爲堯舜」者，此也。試看物則秉彝，豈不是善？豈不是天生見成的這個生？孟子、告子同在發出來處看，但孟子妙處，將惻隱等四者，換却他食色，便條理秩然。聖學異端，其分岐處只在毫釐間。

乃若其情三節戊午

孟子拈出「情」字證性之善，拈出「才」字證性之無不善，固矣。然人之爲不善，畢竟從何而來？爲即才也，「非才之罪」，是誰之罪與？曰：不思之罪也。思非今人泛然思慮之思，是反觀也。吾輩試自反觀，此中空空洞洞，不見一物，即性體也。告子便認作無善無不善，不知此乃仁義禮智也。何者？當無感時，故見其無，及感物而動，便有惻隱等四者出來，何善如之！隨順他天然本色應付去，何善如之！故曰「乃若其情，則可以爲善」，可以爲善者，乃才也。若不思，則人是蠢然一物，信著耳目口鼻四肢，逐物而去。仁義禮智之才，皆爲耳目口鼻四肢之用。才非性之才，則爲不善，豈才之罪耶？然則如何爲盡其才？曰：只於四端知皆擴而充之。

富歲子弟多賴章甲寅

此章喫緊在「聖人與我同類者」一句。凡同類者，無不相似。常人與聖人相似在何處？只一點心之同然處也。然心之所同然，不是輕易説得的。只看口之於味，必須易牙之味，天下方同；耳之於聲，必須師曠之音，天下方同；目之於色，必須子都之姣，天下方同。不然，畢竟有然者、有不然者，説不得同嗜、同聽、同美也。心之理義，何以見得天下同然？須是悦心者方是。即如今人説一句話，處一件事，到十分妥當的，方人人同然，稍有不到，便不盡同。所以理必曰窮理，義必曰精義，不到那至處，喚不得理義，不足以悦心、不足以同於天下。

夫人所以易於陷溺其心者，何故？只緣無悦心之物，故外物皆得勝之，而牽引萬端。若到得自家悦心處、人心同然處，便是聖人所先得處，此是凡聖對針合縫，更無毛髪差池。孟子所謂「性善」，所謂「人皆可爲堯舜」，俱在此處認取、此處下手也。

牛山之木章 乙卯

從古聖人未曾説氣，至孟子始説浩然之氣，始説夜氣，最爲喫緊，何也？天地間渾然一氣而已，張子所謂「虚空即氣」是也。此是至虚至靈、有條有理的。以其至虚至靈，在人即爲心；以其有條有理，在人即爲性。澄之則清，便爲理；淆之則濁，便爲欲。理便是存主於中的，欲便是梏亡於外的。

如何能澄之使清？一是天道自然之養，夜氣是也；一是人道當然之養，操存是也。操者何？志也，志，帥氣者也。操存愈固，夜氣愈清；夜氣愈清，操存愈固，此是天人相合處。平旦幾希，正見道心之微；操存舍亡，正見人心之危。若養之純熟，莫知其鄉之心便是仁義良心，更無出入可言；仁義良心便是浩然之氣，亦無晝夜之别矣。

雖存乎人[一]者節 己未

孟子養氣章以集義生氣，是氣生於心也；此章以夜氣存心，是心存於氣也。然則氣與心何以別之？天地間充塞無間者，惟氣而已。在天則爲氣，在人則爲心。氣之精靈爲心，心之充塞爲氣，非有二也。心正則氣清，氣清則心正，亦非有二也。孟子說不動心工夫在養氣，説養氣工夫在持志。持其志，便不梏於物，是終日常息也。常人無終日之功，須假終夜之息。夜氣者，氣以夜而息，息至平旦，稍稍清明，故曰「平旦之氣」。梏之反覆，則終夜不足以息之，故曰「夜氣不足以存」。然則息之義大矣哉！氣息則清，氣清則爲仁義良心，心存則爲浩然正氣也。

今人以呼吸爲息，大謬矣！息者，止息也。萬念營營，一齊止息，胸中不著絲毫，是之謂息，真能持志集義者，自能通乎晝夜而息也。眉批：朱子所謂息箴亦以噓吸爲息。

[一]「人」，四庫本誤作「仁」。

仁人心也章癸丑

世上人說著心，誰不曉得？終日思量算計的便是。孟子說這個不是心，「仁，人心也」。說著路，誰不曉得？終日行來行去的便是。孟子說這個不是路，「義，人路也」。世人個個曉得路，孟子看來却個個舍其路而不由；世人個個曉得心，孟子看來却個個放其心而不知求。然則動步就是差的，動念就是差的，迷昧顛倒，至死後已，豈不哀哉！

人有雞犬放，無有不知求者。做一個人，只有這一個心，却放而不知求，何邪？不知求者，不知其放也。他一個身子，隨著世間滚去，饑便思食、渴便思飲、見色逐色、聞聲逐聲，終日營營，非名即利，何處覺得有甚放心。所以全要學問，學問才曉得有這心，才曉得這個心放不放。如何爲放？不仁便是放。如何爲仁？不放便是仁。

曰：然則這思量算計的是何物？曰：這就是心，只緣放了。放如流放竄殛之放，必有個安置所在，或在聲色，或在名利，才知得放，便在這裏，所以曰「不知求者，不知其放也」。才知便是求，才求便是仁，故曰「我欲仁，斯仁至」。心一仁，這終日行走的便是義，非别有路也。只這些關捩子，聖凡相去直如霄壤，可畏哉！

徐行後長節丁巳

此是孟夫子指示人爲堯舜的訣法，至顯而易知，又至微而難察；至簡而易入，又易失而難久，非細心密意在日用煉習不可。試察徐行一步是何意思，不知不覺已是弟的心腸了，便在堯的路上行。疾行一步是何意思，不知不覺已是不弟的心腸了，便在桀的路上行。日用間種種，只是這個關頭。如作事占些便宜，便是疾行，肯吃些虧，便是徐行。非義之得，要便是疾行，不要便是徐行；非禮之色，視之便是疾行，不視便是徐行；非意之加，較之便是疾行，不較便是徐行。諸如此類，如在岐路口，一邊往堯，一邊往桀，間不容髮。認得路頭明，立得腳跟定，非能自得師不可，「歸而求之有餘師」，如何？曰：只這一點不敢疾行的，便是真師。

盡其心者三章丙辰

同是一個命，理一分殊。一者，千萬人、千萬世是一個；殊者，一人是一個。一者，心性也；殊者，壽夭、貧富、貴賤之類是也。一者，雖命於天，把柄却屬之於我；殊者，雖受於我，把柄却屬之於天。把柄屬之我，故雖有昏明强弱不同，却繇我自立；把柄屬之天，故雖隨遇可盡道，却聽天作主。今人所以營營擾擾，費盡了不當用的心腸，只緣不知聽命；所以悠悠蕩蕩，蹉盡了當用的工夫，只緣不知立命。

此三章，首章言立命，次章言順命，「求則得之，舍則失之，是求有益於得」，又言立命事也；「求之有道，得之有命，是求無益於得」，又言順命事也。其實只一個，知性便能立命，便能順命。夭壽不二，修身俟死，又是順命處，盡其道而死，又是立命處，原非兩事。知得順命，一毫心腸不閒用；知得立命，一刻工夫不浪廢，方得精神并歸一路。

萬物皆備章癸丑

萬物總是一物，故一物皆備萬物。我亦一物也，萬物一我也。即萬爲一，故藏密處不容一些散漫。人被物欲牽誘，却全散漫了，故須反身。反身而誠，即一即萬，取之逢原，何樂如之！即一爲萬，故推行處不容一些隔礙。人被物欲封閉，却全隔礙了，故須强恕。强恕而行，即萬即一，渾然同體，何仁如之！「反」字、「强」字，千觔萬兩。天地原是一闔一闢，故學問只是一闔一闢。眉批：二節闔闢不同，同歸用力。

人不可以無耻章戊午

孟子剔發人耻心，曰「人不可以無耻」，曰「耻之於人大矣」，又欲人以無耻爲耻，其鄭重如此，但不知耻是耻著甚事？孟子固明言之：耻者，「耻不若人」也。然「人」是何等樣人？「不若人」是不若人何等樣事？世人耻不若人，或耻技藝不若人，或耻富貴不若人，非但不足耻，且是不當耻。耻不若人，須認得這「人」字，人是一世萬世，一人萬人，對同一樣的，有不相似的，便是不若人。如孟子所謂「無惻隱之心，非人也」，「人之有四端，猶其有四體」之類。是人人本來如此，雖至聖人，原不曾加得些子，走了這樣，便不若人。若爲機變之巧，便與這個相背而馳。彼看得這個「人」全没些要緊，這個「恥」何處用得著，故曰「無所用恥」。蓋彼原不要若人，又何若人之有？

孟子兩處言「不若人」，此與無名之指同看更明白。人人手具十指，有不若人，便以爲惡；人人心具四端，有不若人，曾不以爲恥，何也？有能忽然以此之無恥爲恥者乎，便是超凡絶類的人，天下可恥之事，更不能加於其身矣。

君子所性仁義禮智根於心辛亥

孟子道性善，是言人人所同也。此言君子所性，言惟君子有之者也。性之所以爲善者，以仁義禮智。仁義禮智者，求則得之者也，惟君子能求而得之。四者之入於心，如木之於地，根深柢固，故能發榮滋長，暢茂條達，而生色也。不然，則何分定之有？分者，分也，天之生物，人人分與全副家當。分得爲分，本分之内，無纖毫欠缺，所以大行不加，窮居不損。若天分之，我不承受，此家當我却無分了。便至沿門持鉢，仰息他人，雖小小得失，能加損之，況大行窮居乎？

吾輩今將何以求之？孟子言之矣：「君子以仁存心，以禮存心」，是操存涵養的工夫；「凡有四端於我者，知皆擴而充之」，是體驗擴充的工夫。如此時時習去，方得根心生色。

士何事章戊午

若説士未得爲大人之事，止是尚志，則事與志爲二。事實志虚，必須大人而後有事也。王子問「士何事」，孟子正説士以尚志爲事。王子問「何謂尚志」，孟子正説以仁義爲事，除却仁義更無事，除却志更無仁義也。殺一無罪，豈必是殺戮？士君子一言之誤，貽害於人；一事之謬，貽害於人，皆殺無罪也。簞食豆羹，苟爲非義，皆取非其有也。然則日用間，住脚便是居仁，息息有事在；動脚便是由義，息息有事在。大人之事，不過如此，不曾加得毫末，士之事，不曾減得毫末，故曰「大人之事備」。備是體用完備於此，非預備之備也。

然則孟子何不曰「士以仁義爲事」，而必曰「尚志」？正謂「志」方是真仁義，「尚志」方是真爲仁義，如今人一切苟且，爲非仁非義者，總是志不立。若尊尚此個志來，便浩然常伸萬物之表，行一不義，殺一不辜，得天下不爲。孟子一生得力，只操持此志。

道則高矣美矣章 乙卯

孔子之門，以聖人所言皆易知易能，而疑隱其高者美者；孟子之門，以孟子之道高矣美矣，而欲示其淺者近者。此何以故？蓋夫子平生只說一「學」字，即說聖說仁，總是說學。世人不知「學」之一字是極微妙的，乃以爲淺近；孟子平生只說一「性」字，即說孝說弟，總只證性。世人不知「性」之一字是極平常的，乃以爲高美。是皆不知法度出於自然，非人所能爲也。

孟子所謂「繩墨」「彀率」者何在？如論道德必稱堯舜，論征伐必稱湯武，「乃所願，則學孔子」是也。學問窮到至處，方是繩墨，方是彀率，方是性。然此個道理亘古亘今，充天塞地，隨人具足，拈著便躍然當乎吾前，此所以爲中道，惟實用力者方知之，故曰「能者從之」。

孟子所謂「性」，便是孔子所謂「學」。若非孟子指其源頭，竭其分量，學者不輕視聖人之學，而別慕高遠，陷於異端；即誤視聖人之學，而安於卑近，墮入庸俗矣。

高子遺書卷之四終

高子遺書卷之五

會語 一百則

門人周彦文、祝可久同輯

程夢暘小引曰：「先生之學，主於復性。不以敬爲敬，而認敬即性；不以身爲身，而認身即天。蓋其得於窮理者深乎！」

通書曰「一者，無欲也」，程子云「心有所向便是欲」。可見程子之主一自周子來，「無適」即周子之「無欲」也。

朱夫子三樣入敬法：曰「整齊嚴肅」、曰「常惺惺」、曰「收斂不容一物」。今日吾輩胸中勞勞擾擾，千萬物俱容在此，豈止一物？若要免此，須是常惺惺；要惺惺，須是整齊嚴肅，三法又有次第。

凡事行不去時節，自然有疑。有疑要思其所以行不去者，即是格物。

人要于身心不自在處，究竟一個着落，所謂困心衡慮也。若于此蹉過，便是困而不學。

先生謂友曰：愁苦處能放得下，便有進道之機。須是討出個究竟，纔放得下，所謂窮至事物之理也。自古聖賢豪傑，多從困苦中得力，人若從此逼迫出，便可向道。

聖學正脉只以窮理爲先，不窮理，便有破綻。譬如一張桌子，須要四隅皆見，不然，一隅有污穢不知也；又如一間屋，一角不照，即躲藏一賊不知也。

彥文問曰：「静中何以格物？」先生曰：「格物不是尋一個物來格，但看身心安妥。苟身心稍不安妥，便要格之，因甚不安妥？」彥文曰：「若安妥時如何？」先生曰：「安妥便要認，認即是格物也。」

大學所重在知本，若不知修身爲本，格盡天下之物也没相干。

學問先要知性，性上不容一物，無欲便是性。

學問通不得百姓日用，便不是學問，所以孟子説「反經」二字。

真是爲善最樂！不要説一生平穩，即反思此身，乃父母所生，我不曾做辱親事，豈不至樂！此身乃天地所生，我不曾做欺天事，豈不至樂！人有生必有死，到瞑目時無累心事，豈不至樂！

主宰定，更無物可奪得。舊曾患牙、腹痛，不可忍，纔主得心定，其痛隱隱退去。稍怠，痛忽至矣。可見古之忠臣義士，只是一個主宰定，雖殺身也不知痛。

「無爲其所不爲」，是孟子道性善處。性中原無他物，因性中本無，故不爲不欲。若只在不爲不欲上求，吾人終日除不爲不欲之時，須有空缺。此空缺時作何工夫？如何説「如此而已矣」？

悟修二者，竝無輕重。即如仁義禮智四字，言仁智處皆是悟，言禮義處皆是修。悟則四字皆是修，修則四字皆是悟，真是半觔八兩。

麻城周中興問曰：「不肖生平習氣用事，見人是非，直言無隱，鼎鑊不顧，自謂只全得這點直性。」先生曰：「這只是直之一節，直字不可容易看。人之生也直，直便是性。易言『敬以直内』，必敬方能直。聖人下字極妙，『直』字便將個『罔』字對了，罔者，冥然無覺、悍然不顧，如投火之蛾、入網之魚，有不死者，乃幸而免耳。不罔便直。」又曰：「既知習，便可知性。不是除了這習，別有個性。即如喜怒哀樂，終日習于其中而不知。不知只是習，知得便是性。知者，知其未發也。未發的模樣，便是發的節。若喜怒哀樂發時，一如未發模樣，豈不太和元氣！所以吾輩工夫，只在未發培養深厚，令四者之來，搘曳不動，方是性學。」中興曰：「此道理真有兩條路，但須揀正路走。」先生曰：「只是一條路。學者是一個明眼的人，高低凸凹了了，行去不至蹶躓。常人却像盲者，小心的還知策杖而行，大膽的便墮阬落塹，只此一條路也。」

中興又曰：「今而後不肖知凡閒是閒非，俱不必管也。」先生曰：「爲學之人，何處非學，但入耳目，便非閒事。增何限觸發，何限警省，更無不關己事也。」

中興曰：「學問只是求心要緊。」先生曰：「孟子只說求放心，不說求心。此心充塞無間，放是梏于一處了。知其放，依舊停停當當。切忌騎驢覓驢。」

先生曰：「孟子『囂囂』二字，不得入手，全無受用處。苟無囂然於湯聘的心腸，早有翻然而改的行徑，未有不爲富貴所魔者。」頃之謂門弟子曰：「吾輩閒話且休說，人生一幾何，悠悠蕩蕩，今年是這般人，明年是這般人，心性不曾透得一步、經書不曾透得一部、好事不曾做得幾件、好人不曾成就得幾個，如何如何，不可不大家警省也。」

顏子用志不分，只在情性上學。不在情性上學，聖人不謂之學。身通六藝之人，豈不各有所好？聖人不謂之好學。

顏子之好學，不在怒與過上用功，只看大易便知。復卦初九一爻，惟顏子能當之。此一爻即乾元也，所謂「元者，善之長也」。夫子一生，「好學」二字惟自許、許顏子一人。

彥文問曰：「曾子聞一貫，其學亦微矣。夫子猶不許之好學，何也」？先生曰：「在聖門聞一貫，還是入門之學，非終身結果之學也。且曾子在聖門最小，聞一貫時纔二十歲外。」彥文曰：「曾子之聞一貫，是知大頭腦矣。纔知本領做工夫，到啓手啓足之時，學問結果矣。」先生曰：「然。」

彥文問曰：「夫子静中光景何如？」曰：「念頭頗少，但應接多了便浮氣不定。伊川先生云『定心氣』，心氣最難定。」

「一貫」是「忠恕」悟處，「忠恕」是「一貫」修處。

意、識、情俱是不好一邊。若誠其意、智其識、性其情，道理又只是一個。學問見了獨體，然後算得性學，不是念頭上見底。若念頭之獨，便有斷滅。見得此體，隨處是獨而無對也。若有古今、人我、內外，便是二。

靜以見性，見性自靜。言性則無窮，言才則有限。

人一身都是心，在目主視，在耳主聽，在心主思。心在前爲心官，心不在則爲耳目之官，非別有耳目之官也。夫子所謂九思，是言心官當位。心官在目則目自明，在耳則耳自聰。

當下孝弟之事不做，只管講孝弟，孝弟是甚東西？夫子云「親生之膝下，以養父母日嚴」，「孝弟」兩字不是聖人造作出來。見親生之膝下，有此真愛，便名之曰「孝」。又因漸長而日嚴，因嚴以教敬，有此真敬，便名之曰「弟」。人生何時能忘此愛敬？故隨處愛敬即隨處是孝弟，故曰「愛親不敢惡於人，敬親不敢慢於人」。

彥文問曰：「喜怒哀樂未發，便是敬以直內否？發而皆中節，便是義以方外否？」先生曰：「然。」

讀書如喫飲食，喫得又要消得。凡人有一副知見在胸，最難得入道。昔有人延一名師教其二子者，謂師曰：「二生長者有工夫，易爲力；次生全無工夫，須費力也。」先生試之，謂主人曰：「所云正相反，次者只須與之搬進去；長者還要搬出來了，再搬進去。」

吴心矩問：「『天下之言性也，則故而已矣』。故者何也？」先生曰：「故者，所謂原來頭也。只看赤子，他只是原來本色，何常有許多造作？」

「反身而誠」四句。先生曰：「近看來日用受用，只此二句親切。反身而誠，是無事時工夫；强恕而行，是有事時工夫。一不誠便不樂；一不恕便不仁。反身是立本之事，强恕是致用之事。終日如此，自當進益。」

動時工夫，要在静時做；静時工夫，要在動時用。動時差了，必是静時差，譬如吾人静時澄然無事，動時一感即應，只依本色，何得有差。

剥者剥落，剥而後復。人自孩提終日要長要短，到長大便要名利、要貨色，種種膠固，無出頭處。而今吾輩學問，正要逐漸剥去，使之剥盡，始有復機。然須一翻苦工夫，至九死一生中透出，方得力。譬如這個橘子，去皮纔見瓤，去瓤纔見子，子分兩瓣，兩瓣中間纔見一些子芽，這芽還不是，直等乾元一至，從芽中發出者，却無形可見，方是真體。

人只要自己知不善，即是善也。知不善而不復行，明善也，只要自己肯去明便好。師友只好説，説了不肯行，終没奈何。

學者静坐，是入門要訣。讀書、静坐不可偏廢。伊川先生曰「節嗜欲、定心氣」，静坐却是定心氣之法。

彦文問：「心與氣何以分别？」先生曰：「心之充塞爲氣，氣之精靈爲心。譬如日，廣照者是氣，凝聚者是心，明便是性。」

學者于理、氣、心、性，一一要分剖得明白。延平先生默坐澄心，便明心氣；體認天理，便明理性。

聖門言仁，只是説行處多。如視、聽、言、動，恭、寬、信、敏、惠五者行于天下，俱是説行。只如此體貼，便知爲仁之道。

彦文問曰：「聖人時時對越上帝，何又要三日齋、七日戒？」先生曰：「聖人雖無時不敬，平常不廢應接，至祭祀時皆謝絶，收斂精神以對鬼神耳。」

彦文問曰：「聖人臨死，順之乎？收斂精神乎？」先生曰：「此處如何着得收斂？」彦文曰：「近覺坐行語默，皆瞞不得自家。」先生曰：「此是得力處，心靈到身上來了，但時時默識而存之。」

孔子不言養氣，然三戒却是養氣妙訣。戒色則養其元氣；戒鬭則養其和氣；戒得則養其正氣。孟子言持志，戒即是持志也。

學問必須躬行實踐，方有益。如某人見地最好，與之言亦相入。但考之躬行，便内外不合，是以知虚見無益。

有友言體認與揣摩。先生曰：「體認者，是實有這件在此。若與人相會，已見其人，又細認之；揣摩者，是未見其人而想像之。朱子曰『因其所發而遂明之』，發處即是實有這件矣。但人都覿面蹉過，是見其人不知認也。」

學未有得，則敬以求之；既得，則敬以守之。即聞道者，主敬工夫與未聞道時一樣做。

有一人兄弟不和，至刻説帖，其人忿忿不平，訴之先生。先生曰：「兄弟相殘，大不祥！要之，釁端必自取。今不若只是認罪，無論其言之實者，即誣者，皆自認了。只説容我改過，即彼欲訴於鄉黨，亦聽彼自爲，略不與辯。從此急回頭、大翻身，方是活路。」

與光問先生著述。先生曰：「程子至中年始著書。著述之事，甚非學者所宜亟亟，不得已，乃言之耳。一生學問有得力處，若無人可授，豈忍自私？只得公之後世，總亦出于不忍人之心。若文詞何用？」

聖人取人之善，譬如今人善看文者一般，將他好處圈出來。即做文字的人，連自家還不知那一句好，被他圈出，便躍然，如何不鼓舞興起？

先生曰：「『適於義，適亦可。莫於義，莫亦可』此兩句，原因『義之與比』一句發，無適無莫，一味隨義而轉。」葉玄室先生曰：「『君子之於天下也』一句，極要體會。可見君子之所爲，直要通得天下人，纔行得。若守定一己獨見，雖真心爲國爲天下，也行不去。」先生曰：「此豈但衆人不從，即同志中也不從，須是天下人無論賢智愚不肖都通得，方可行也。」

先生謂周穉馨曰：「人生天地間，要思量一個究竟，此身何來？將來何去？太極圖引『原始反終』一句，却大關係。所謂太極者，原始也要原到這裏，反終也要反到這裏。」其爲物不二，只是一個道理。惟其一所以生物不測，惟不測故神，所謂易也，故程夫子曰：「其體則謂之易，其理則謂之道，其用則謂之神，其命於人則謂之性，率性則謂之道，修道則謂之教。孟子去其中又發揮出浩然之氣來，可謂盡矣。」中庸又説一個鬼神，以形容斯理之妙。所以説「如在其上，如在其左右」，只曰「誠之不可揜」，何等活活潑潑底。會得時，大好過日子，所以説「昊天曰明，及爾出王。昊天曰旦，及爾游衍」。繇是思之，天何常離人，人何常離天，故曰「道也者，不可須臾離也，可離非道也」。人居天中，如魚居水中。魚無水不活，人無天不生。人亦死在天中，蓋須自家生氣接得天着。至于養成浩然，則死生一矣。〔一〕

先生曰：「天在眼前，人豈不知？只爲説了天命，不知如何爲命，連天也不知了。天只是天，一落人身，故喚做命。命字即天字也。」彦文曰：「做人的有天命，如做官的有君命。一切行事，皆承君之命而行之。今做人的不知自家有天之命，却如做官的不知自

〔一〕「死生一矣」，四庫本作「死亦生矣」。

家有君之命也。」

易言「利用出入，民咸用之謂之神」。吾輩一語一默、一作一息何等神妙！凡民不知，胡亂把這神都做壞了。學者便須時時照管，念兹在兹。所謂「允執」、所謂「顧諟」、所謂「慎獨」只此一事。所以古人又説個「惟」字，曰「惟精」、曰「惟一」，不然不能凝結也。

人之靈即天地之靈，原是一個，却是個活鬼神。倏然言、倏然默、倏然喜、倏然怒，莫知爲而爲，非鬼神而何？

胸中無事，則真氣充溢于中，而諸邪不能入。

真元之氣生生無窮，一息不生便死矣。草木至秋冬凋謝，是霜雪一時壓住，彼之生生無一息之停也。不然春意一動，其芽何以即萌？人之爪髮，即草木之枝葉也。飲食是外氣，不過借此以養彼耳。其實真元之氣何藉乎此哉？人之借飲食以養其身，即草木之滋雨露以潤其根。

鼻息呼吸，乃闔闢之機也，非真元之氣。真元之氣，生生不息。以上三條非説養生，總闡明一「氣」字，與夜氣之論參觀。

王南塘先生言「可覩可聞皆氣也」，此句極妙，所謂「野馬」「絪緼」，亦云微矣。雖微，猶氣也。神則無形之可見，但一屬神即是感底朕兆，動之幾萌于此矣。「寂然不動」乃誠也，學問只到幾處可知，幾之上即不可知。

有友曰：「羅整菴先生言理氣最分明。云氣聚有聚之理，氣散有散之理，氣散氣聚，而理在其中。」先生曰：「如此説也好。若以本原論之，理無聚散，氣亦無聚散。如人身爲一物，物便有壞，只在萬殊上論，本上如何有聚散？氣與理只有形上、形下之分，更無聚散可言。」

有友論天人。先生曰：「天人原是一個，人所爲處即天。譬之命該做官者，必須讀書做文字，讀書做文是人，然肯讀書做文又是天。」彦文曰：「命之所有，先天也；人之肯爲，後天也。無先天不起後天，無後天不成先天。」先生曰：「然。」

希顔問易。先生曰：「易即人心。今人有以易書爲易、有以卦爻爲易、有以天地法象爲易，皆易也，然與自家身心不相干，所以書自書、卦自卦、天地自天地也。要知此心體便是易，此心變易從道者，便是易之用。所以六十四卦，聖人説六十四個『以』字。如君子自强不息者，以乾也；厚德載物者，以坤也。非乾而何能自强不息、非坤而何能厚德載物乎？餘卦又以『時』言之，君子所以如此者，以此『時』也。時者，易也，總是以此也。」

有言「以易洗心，是二物」，何如？先生曰：「此言固好，然須知易方是心，心未必是易。到得憧憧往來之心，變成寂然不動之心，渾是易矣，豈不是以易洗心！」

彦文曰：「近日吴覲華先生講繫辭，謂聖人作易，總只要人能變化，一部易只説得『變化』二字。」先生曰：「然。」彦文問夫子大象。先生曰：「此是夫子之易。夫子特地教人用易之方，故六十四卦，六十四個『以』字，繫辭内又總記兩個『以』字，看來讀易又只是以此齋戒，以此洗心耳。」又曰：「一部易只是説一個中字。」又曰：「不曾看過六十四卦，看不得繫辭，若不知得繫辭，却也看不得卦。繫辭是易原，若有入處，便可聞道。」

「直其正也」，何不曰「直其敬也」？「敬以直内」，何不曰「正以直内」？看來「敬」

字只是一個正字。伊川先生言敬，每以「整齊嚴肅」言之，「整齊嚴肅」四字，恰好形容得一個正字。

一部易原始要終，只是敬懼无咎而已。故曰「懼以終始」「无咎者，善補過也」。易中凡說有喜、有慶、吉、元吉，都是及於物處，若本等只到了無咎便好。

易是現前的物事，看繫辭首章可知。只平鋪著看尊卑貴賤、動静剛柔、吉凶變化自然而然，聖人說一部易，却像不曾說一般。

「以此洗心，退藏於密」，隨處是密，程子曰「密者，用之源」，顯諸仁即是藏諸用。譬如一株樹，春氣一動，抽芽發枝。枝葉都是春發出，是顯諸仁；然春都在枝葉，即藏諸用。夫子言仁曰「恭寛信敏惠」，可見仁都在事上，離事無仁。密不在寂然不動中尋，又不是舍寂然不動處有密，密只是藏諸用。

「鼓萬物而不與聖人同憂」，言聖人與天地都是一様，只這憂與天地不同。聖人吉凶與民同患，百姓之憂患，即是聖人之憂患也。

有友問太極。先生曰：「太極者，據易而言，天地間莫非易。易有太極，非易之外别有所謂太極也。且以吾身觀之，吾身是易，當下寂然，無些子聲臭，即是太極。周子云『寂然不動者，誠也』，誠即太極也。」

「不出户庭」與「不出門庭」兩爻，人時時用得著。如事之當做者不做，便是不出門庭之凶矣；事不當做而做，便是出户庭而咎矣。

先生曰：「詩必以小序爲準，國史明得失之迹，豈可不信？但首兩句是真，餘皆後儒附會。朱子不信小序，是連真者皆不信矣。將許多思賢詩，俱作淫辭解。如雞鳴丘中，皆思賢詩也。」彦文曰：「詩中多以美人喻君、喻賢者。」曰：「然。」

彦文問曰：「大學『至善』二字，即『中庸』也。」先生曰：「然。『中』字自虞廷來，到夫子只添個『庸』字。『中』字得個『庸』字，纔著實。」

論語形容夫子「温、良、恭、儉、讓」，從應接處形容；「子温而厲」還是動容處形容；至於「燕居」，乃是從獨處無事時形容。今日想像，真是一夫子宛然在目中也。鄒荆璵問曰：「夭夭二字如何？」先生曰：「就是桃之夭夭，純是一團生機。」

有友講「以約失之者，鮮矣」。先生曰：「約只是一個小心，約到至盡處，即道也。」

先生問諸友曰：「『德之不修』『出則事公卿』，看這兩章，夫子何等謙退。及『天生德於予』『文不在兹乎』『知我者其天乎』，看這數段，何等自任。何也？」劉本孺先生曰：「聖人時時以天自對，所以自信如此。若説工夫，便不敢易言之。」葉玄室先生曰：「正爲聖人日用工夫時與天游，故臨患難信得過。若常人平日不曾有這工夫，臨患難更〔二〕信不過。」先生兩然之。

「仁者先難而後獲」。先生曰：「天理必與人欲相逆。纔去做難的事，是向天理上行，然人欲隨之，又要獲了，『先難後獲』，方純乎天理。顔子克己，若紅爐點雪，不必言難。『天下歸仁』，反從獲上説。樊遲根器大不同，故曰『先難後獲』。」

「回之爲人也，擇乎中庸」一句，乃是中庸一書大關節處。學問思辨，皆是擇乎中庸。「得一善」，不是今日得一善、明日又得一善。從始至終，只此一善。又不是得一萬事畢，性道無窮，學問亦無窮，但得一善，拳拳服膺，便日新又新。

「有爲者譬若掘井」。先生曰：「注中説『及泉』云仁如堯、孝如舜、學如孔子，此是

〔二〕「更」，四庫本作「便」。

詣極的及泉。然入門便有入門的及泉，不得入門之泉，終無詣極之泉。周子言『誠者聖人之本』，即泉也。吾輩當下一念反觀，沖漠無朕，便是原泉。『九仞』特爲不及泉者言，掘井一仞而及泉，不可謂之棄井也。」

朱夫子之言，俱是用上說，使人可知可行。孔子教人，亦只是說用，所謂「吾無行而不與二三子者」。孔子後，孟子方說出心性。孟子後，秦漢學者俱在訓詁上求，更不知性命爲何物。至宋，周程夫子出，纔提出性命到微妙矣。朱夫子出，不得不從躬行實踐上說。若知孟子之言，便知孔子句句精妙；若知得朱子之言，便知周程語語着實。

五經四書注，俱是漢儒專門傳受，俱有一個來歷。後來宋諸大儒又費許多心思，逐句逐字稱觔估兩定下。肯細心咀嚼之，自有滋味，何必說出許多新奇？更不知今之所謂新奇，正先儒所剩下不用者。故文公先生嘗云：「四書注中，字字句句俱是某稱量過來。若人不曾用得某許多工夫，却也看某底不出。」其注書時與敬夫、伯恭兩先生往來書簡，雖有一字不安，辨論數番。後人未曾見到，反議論前賢，真無忌憚也。

薛文清、呂涇野二先生語録中，無甚透悟語。後人或淺視之，豈知其大正在此。他自幼未嘗一毫有染，只平平常常，脚踏實地做去。徹始徹終，無一差錯。既不迷，何必言悟？所謂悟者，乃爲迷者而言也。文公先生自七八歲時與群兒遊，端坐畫八卦，看孝經便書八字曰：「人不如此，便不成人」，是何氣象！氣節而不學問者有之，未有學問而不氣節者。若學問不氣節，這一種人，爲世教之害不淺。

彦文問漢末管寧何如人。先生曰：「高士也，未透性之曾子。」彦文問：「康齋與白沙，透悟處孰愈？」曰：「不如白沙透徹。」「胡敬齋先生何如？」曰：「敬齋，以敬成性者也。」「陽明、白沙學問何如？」曰：「不同。陽明與陸子静是孟子一脉。陽明才大于子静，子静心粗麤于孟子。自古以來，聖賢成就俱有一個脉絡：濂溪、明道與顔子一脉；陽明、子静與孟子一脉；横渠、伊川、朱子與曾子一脉；白沙、康節與曾點一脉。」彦文曰：「敬齋、康齋何如？」曰：「與尹和靖、子夏一脉。」又問：「子貢何如？」曰：「陽明亦稍相似。」

彦文曰：「告子，所謂强持者乎？」曰：「他也不强持，他倒是自然底。」彦文曰：

「近於禪乎？」曰：「非也，告子之學，釋氏所呵也。在釋門謂之自然外道。」

彦文問曰：「隋之文中子與漢之董仲舒，何如？」先生曰：「文中子更大，有聖人依歸，造就與顏閔同。」

參夫曰：「吾儒之學既透，不透禪，是欠闕否？」先生曰：「非欠闕也，禪之一宗，惟濂溪、明道兩先生真能知得。後來闢佛者，總闢他不服。」參夫曰：「整菴、陽明俱是儒者，何議論相反也？」先生曰：「學問俱有一個脉絡，即宋之朱、陸兩先生這樣大儒，也各有不同。陸子之學是直截從本心入，未免道理有疏略處。朱子却確守定孔子家法，只以文行忠信爲教，使人人以漸而入。然而朱子大，能包得陸子；陸子麤，便包不得朱子。陸子將太極圖通書及西銘俱不信，便是他心麤處。朱子將諸書表章出來，繇今觀之，真可續六經，這便是陸子不如朱子處。」

彦文問曰：「武侯『學須静』之静，何如？」先生曰：「他是胸中無事，閒居抱膝長吟，在軍中雖終日戰鬭，却如無事一般。胸中長安静，故思慮細密，而神化不測。」彦文曰：「與程夫子『百官萬務儘悠悠』意思何如？」先生曰：「也差不多。」

學問竝無別法，只依古聖賢成法做去。體貼得上身來，雖是聖賢之言行，即我之言行矣。我朝曹月川先生是理學之宗，看他文集，不過是依了聖賢實落行去，將古人言語略闡發幾句，竝無新奇異説，他便成了大儒。故學問不貴空談而貴實行也。

岳鍾尹問曰：「有言許魯齋不該仕元，何如？」先生曰：「文清稱魯齋無間言，云程朱後一人而已。又云魯齋有仕、止、久、速氣象。文清檢身極密，非見之真，决不輕言也。」頃之曰：「予亦非漫信文清者，蓋有道焉。魯齋所居之地，燕雲十六州，石晉時歸於契丹，至宋已三四百年。魯齋生于斯長于斯，祖宗已爲彼民久矣。況魯齋非有意仕元，竝無一毫功名富貴之念，每以師道自居。聘爲教官，曰：『此我可爲也。』聘爲祭酒，曰：『此我可爲也。』抗賓師之禮於太子，毫不假借，稍有不妥，拂衣而歸。其出處進退，綽綽然有餘裕也。」曰：「吴草盧何如？」先生曰：「草盧與魯齋大不同。草盧乃中國人，嘗爲宋貢士。宋貢士，我朝進士也。謂未當任而不死，亦當披髮入山，又可仕乎？且中國人爲天子猶不可，況夷狄耶？」曰：「未仕宋而仕之，可乎？」曰：「不可！元本夷狄，春秋謹華夏之辨，焉有中國人而仕夷狄者，若金華四先生，其法程也。」曰：「劉誠意先仕元而后忠太祖，何如？」先生曰：「焉有中國人爲天子掃腥羶，既抱大才而不輔之者乎？誠意之差，差在仕元。」

魯齋有用夏變夷之才，與子見南子意思同。有魯齋之志，有魯齋之德則可。不然，只學金華四先生爲安穩。

周、程、張、朱是爲天地幹蠱之人，白沙、康節是享現成家當者。若其間最苦心竭力者，又莫過朱夫子，於世上無一事不理會過。

彦文問：「王龍溪之辭受不明，必良知之學誤之也。」先生曰：「良知何常誤龍溪，龍溪誤良知耳！」彦文曰：「龍溪之差，恐亦陽明先生教處未加謹嚴。」先生曰：「我朝文清先生與陽明先生俱是大儒，第文清之學嚴密無流弊，陽明未免有放鬆處。」

程子云：「孟子才高，學之未可依據，且學顔子。」余則曰：「顔子才高難學，學者且學曾子有依據。」

彦文曰：「明道許康節内聖外王之學，何以後儒論學，只説程朱？」先生曰：「伊川言之矣。康節如空中樓閣，他天資高，胸中無事，日日有舞雩之趣，未免有玩世意。」

一向不知陽明、象山學問來歷，前在舟中似窺見其一斑。二先生學問，俱是從致知入。聖學須從格物入。致知不在格物，虛靈知覺雖妙，不察於天理之精微矣。知豈有二哉？有不致之知也，毫釐之差在此。

有一玄客至東林。先生曰：「東林朋友俱不知玄，雖然，仙家惟有許旌陽最正，其傳只『浄、明、忠、孝』四字。談玄者必盡得此四字，方是真玄。」其人默默。

參夫問曰：「開伊洛之源者，濂溪也。二程親得其秘，何不大闡發之？伊川又謂伯淳之學得之遺經，即太極圖通書，至朱子始爲表章，何也？」先生曰：「二程不過再見茂叔耳。教尋孔顔樂處，但指點其源頭。再見之後，各處做官，即太極通書似俱未見。伯淳曰『吾學雖有所受，天理二字却是某體貼出來』。謂大學孔氏遺書，謂中庸孔門傳授心法，常教人讀書必先語孟，不是程子表出四書，聖學真無入門。得之遺經，豈不信然！」

高橋別語 七則 門人魏大中録

乙丑被逮，以午日抵錫山，厥明，景翁先生艤別於高橋之滸，申以誨言，諄諄亹亹，爰次其略，用比韋弦。

雨露霜雪，總是造物玉成至意，須善承受。

富貴、貧賤、患難、夷狄諸境，禪家云一切惟識，性中無富貴、貧賤、患難、夷狄。

患難中容易透性，患難中一切萬緣都斷。

臨深淵，履薄冰，禪家過獨木橋，竝着不得第二念。

陸子静減擔法，減之又減，擔子自漸輕却。

嘗夜半腹痛，痛不可支。起坐，覺此心精明，痛亦隨止。尋偃息，痛復如初。仍起坐，達旦，不藥而愈。又一日在鎮江齒痛，亦以静坐愈。

禪子見峨冠偉衣裳者，接之頗倨。曰：「我南嶽神也。能生殺人。」禪子曰：「我見汝無異衆生，我見我無異汝，無我相、人相諸相，便是太虛。能生殺人，能生殺太虛否？」峨冠偉衣裳者拜，受戒而去。

初謁語　五則　門人陳𢿱録

讀書窮理，至於朱子可謂盡美盡善矣。須知所以讀書者，專爲治心。若因欲速而至煩躁，反是累心了。須守定朱子「讀前句如無後句，讀此書如無他書」之法，方可謂之讀書。

人心能疑，便是能知痛癢了，正好當下發憤用功去。當有豁然自信、安然寧謐之日。不可悠悠忽忽，錯過了一生。

叔幾亭問：「操存難久，奈何？」先生曰：「易曰『敬以直内，義以方外』，敬、義原非二物。假如外面正衣冠、尊瞻視，而心裏不敬，久則便傾倚了；假如内面主敬，而威儀不整，久則便放倒了。所以聖人説『敬義立而德不孤』。難久者，只是德孤。德孤者，内外不相養，身心不相攝也。今當從此着力。」先生又曰：「人心本無一物，所以紛擾者，只是外蔽。誠能一日反觀，物欲便廓然消化，所謂紛擾者安在？故一覺便是乾，一敬便是坤。」

夢中作得主張者，方是真學問，方能臨大事而不亂。

聖人之道，「中庸」二字盡之；天地之道，「易」之一字盡之。

高子遺書卷之五終

高子遺書卷之六

四言詩

水居　六首

微雨乍過，好風徐來。游雲斷續，衆峰皆開。歡然撫景，盡玆一杯。世事如積，亦已焉哉。

飯飽欣然，蕩槳菰蘆。菱蔓揺漾，蓮雲芳敷。今日何日，吾長五湖。其來徐徐，其去于于。

舉網得魚，摘我園蔬。烹魚煮蔬，載陳我書。酒中有旨，書中有腴。聊爾東窗，不樂何如。

薄暮登樓，四望遠疇。時雨既降，農人乍休。乳燕來止，鯈魚出遊。萬族有樂，吾亦無憂。

涉世愈拙，入山宜深。踽踽空谷，悠悠長林。支頤一卷，掛壁孤琴。游目閒雲，傾耳鳴琴。

清晝掃室，中宵擁衾。無象之色，希聲之音。咎譽可遠，陰陽不侵。雖乖通理，爰得我心。

五言古詩

静坐吟四首

我愛山中坐，恍若羲皇時。青松影寂寂，白雲出遲遲。獸窟有浚谷，鳥棲無卑枝。萬物得所止，人豈不如之。巖居飲谷水，常得中心怡。

我愛水邊坐，一洗塵俗情。見斯逝者意，得我幽人貞。漠漠蒼苔合，寂寂野花榮。潛魚時一出，浴鷗亦不驚。我如水中石，悠然兩含清。

我愛花間坐，於兹見天心。旭日照生采，皎月移來陰。栩栩有舞蝶，喈喈來鳴禽。百感此時息，至樂不待尋。有酒且須飲，把盞情何深。

我愛樹下坐，終日自翩躚。據梧有深意，撫松豈徒然。亮哉君子心，不爲一物牽。緑葉青天下，翠幄蒼崖前。撫己足自悦，此味無言傳。

幽居四樂

我愛管幼安，蕭然一木榻。詩書有餘閒，户庭無塵雜。四海方沸糜，吾獨深閉閤。辛勤海上歸，樂此舊井邑。徵書何爲者，莞爾笑不答。

我愛陶元亮，采菊東籬時。悠然南山意，怡悦心自知。北窗睡初起，讀書忽解頤。正爾得樽酒，日夕歡相持。

我愛陳希夷，神遊帝之先。空山石壁下，谷口飛泉邊。結廬傍叢竹，開户當情漣。麋鹿遊堂上，落花滿庭前。幽人在何許，松下方高眠。

我愛邵堯夫，緬懷發清吟。當其在百原，危坐必正襟。會此丸中理，寧受外物侵？心空百營息，氣静天根深。爰以風月談，聊見羲皇心。他人營息而心空，又次息營以空心。

謫居

余謫居揭陽，官舍幽清，庭有盆魚、有竹石。楹前榴花，灼灼不絶。樹間小鳥，交交弄語。長至後，謝病杜門，益無往來。終日静坐，讀易誦詩。月明静夜，活火焚香，援琴小弄，意興既極，恬然而卧。蓋從容乎樂也，賦詩志之。

自昔悲羈旅，局促詎非迷。丈夫志四方，高樓豈荆屏。昭曠苟在懷，憑運與委蛇。嶺海何必惡，四時有丹荑。我來一甲子，即事多所怡。華館絶塵鞅，水木澹幽姿。好鳥時一鳴，静藴流天機。縱心八極外，蟄心在幾微。歷覽千古書，此理不吾欺。被服誠無斁，真賞欣自如。持此以永念，可用忘棲遲。自非高堂戀，鹿門乃在兹。

考亭恭謁朱夫子

束髮自黽勉，所志非浮榮。辨途愼所之，擇術居其貞。巍巍雲谷翁，紹孔明六經。群書萬卷破，奇功一源并。自從子輿來，倬絶莫與京。如何取徑子，繁絃亂中聲。計身亦誠便，畔道非所寧。我來拜闕里，考亭爲南閩闕里。齋心矢其誠。歸軫探神奥，發軔謹門庭。董道而不豫，聊以拙自成。

夏日閑居

長夜[一]此静坐，終日無一言。問君何所爲，無事心自閒。細雨漁舟歸，兒童喧樹間。北風忽南來，落日在遠山。顧此有好懷，酌酒遂陶然。池中鷗飛去，兩兩復來還。

[一]「夜」，四庫本作「夏」，康熙本、光緒本作「日」。

水居詩

少敦詩書好，長嗜山水娱。一朝謝簪組，而來居菰蘆。青山當我户，流水繞我廬。窗中達四野，喜無垣壁拘。桃柳植長堤，菱荷被廣渠。徒侶有漁父，比鄰惟田夫。虚堂白日静，恍若遊黄虞。兀兀日趺坐，欣欣時讀書。會兹動静理，常得性情舒。恬然以卒歲，去此將焉如。

庚戌春日月坡初成

浩浩月初上，月坡正受之。以我無營心，當此獨坐時。爲籌世中事，無樂可代兹。長林寒風息，春氣藹如斯。萬族各萌動，我心豈不知。俯視方輿静，仰觀圓象馳。靈襟既無際，一形安足私。持以畀大鈞，榮悴非所思。

辛亥春至水居

宇宙何終極，吾念有所止。既罕百歲人，所營一樂爾。禽魚藹可親，湖山斐有旨。引酒召元和，觀書悟無始。在昔稱達人，往往契斯理。撫己常泰然，此樂庶可恃。

山居

城郭多塵事，入山意始豁。炎暑絶尋遊，芳園轉閒潔。拂簟卧看雲，漱泉滌煩熱。疏林來遠風，虚堂入新月。湛湛無交心，端居見超越。百營良有極，庶以善自悦。

湖上閑居季思子往適至

正爾山水間，念吾烟霞友。春風吹微波，日暮倚楊柳。我友惠然至，童僕喜奔走。相别歎經時，相逢慮非久。所歡得晤言，欲言仍無有。默默各自怡，一室閑相偶。夜深不能寐，明月在東牖。

讀書山中季弟攜具見過

山中讀易罷，臨風弄瑶琴。絲桐感憂思，無言對嶇嶔。有弟愛吾趣，挈壺遠相尋。翩翩求羊侣，林下成盍簪。火輪忽銜山，蘭地生清陰，祟雲疊布錦，皓月波流金。融融酒中意，悠悠塵外心。道勝迹自超，慮淡樂非淫。榮名有衰歇，清和良可任。

弢光静坐

偶來山中坐，兀兀二旬餘。澹然心無事，宛若生民初。流泉當几席，衆山立庭除。高樹依巖秀，修篁夾路疏。所至得心賞，終日欣欣如。流光易蹉跎，此日良不虚。寄言繕性者，速駕深山居。

遊玄墓〔一〕

春至百蟄作，吾亦難幽居。玄墓梅萬樹，兹遊豈當徐。出門日以遠，塵事日以疏。終日棲花間，志意常浩如。入俗苦不足，入山覺有餘。以此成荏苒，欲歸還躊躇。吾性最所適，終當期結廬。

遊静樂寺

杖策尋古寺，深山縱所如。古木連溪橋，修篁夾細渠。翳然見人家，茅屋庭除虚。緬懷於此中，坦腹哦詩書。良朋三五人，列塢南北居。興來相經過，直質返厥初。生與羲皇侶，殁與天地俱。

〔一〕「墓」字下，康熙本、四庫本、光緒本有「山」字。玄墓即蘇州玄墓山，東晋郁泰玄葬此。

遊雁蕩山

昔我愛丘山，名勝在夢想。去去三十年，塵事空鞅掌。兹遊愜始願，千里遂獨往。望山屢馳騖，入谷轉疑恍。仰觀秋瀑飛，俯聽潭流響。陽崖峙雄突，陰洞藏奇敞。幽尋碧澗底，遐矚紫霄上。春風蕩輕陰，百里見開朗。青丹未可圖，文翰誰能髣。棲心願止託，回首空悵怏。勝地古今存，浮生俄頃賞。安得結茅廬，於此一偃仰。

湖上

道人不識憂，隤然罕所慮。胸中有奇懷，常得山水助。時乘酒半醺，或值睡初寤〔二〕。獨往恣幽尋，欣若有所遇。有時深林行，穿徑忽失路。有時湖上還，看雲忘所務。凝目孤鳶歸，傾耳細泉注。所造趣未極，原陸任昏暮。非關耽清娛，曾是秉遠慕。閒心始造理，忙意多失步。嗟爾行道人，迫迫焉所赴。

〔二〕「寤」，據本作「卧」，據四庫本改。

輿中

輿中何所務，得已聊自娟。周道亦何遥，玄景去如騖。前途有佳人，麗服策名驥。輕風吹遠芳，望之不可企。遠望欲何爲，行行愼吾事。雲斂山氣佳，風定水容粹。所以至人心，貞吉在不二。妙處絶幾微，如醒半如醉。自得此中玄，萬事皆如棄。其玄本無色，君子以爲賁。

客途

旭日照輿中，仲冬藹如春。焚香玩羲易，瞑目怡心神。每入野店中，宛若家室馴。糲飯甘如飴，村醪白於銀。充然醉飽後，晏卧芻稾茵。但覺無事樂，不知客途辛。望望故園近，歲杪兒孫親。

采菊

天地有終極，人生豈常爾。年壽不可知，富貴焉足恃？昔爲春原荑，今隨秋草萑。四時更代謝，百年遞成毁。區區世人心，詎能违物理。所以采菊翁，悠然了斯旨。

異草

南山有異草，不逐衆卉榮。古淡無顔色，幽芳有餘情。結根千仞岡，似吸陰陽精。小物有至性，近垢不得生。嚴霜無遺秀，卓彼猶峥嵘。雖非松柏質，可結歲寒盟。世無知之者，含風以凄清。

黄龍菴訪超然上人

山深晝寂寂，樵語聲屑屑。一徑入青藹，竹木夏秀潔。有僧赤脚眠，長嘯天地裂。見我掇衣起，坦腹笑咥咥。任真無蓋藏，布懷不曲折。摘茗煮鮮泉，豆芋楚楚設。充然可供客，足已了不缺。引我看泉石，發興皆奇絶。揮手別之去，中心自怡悦。心中無事人，見亦悦，別亦悦。別後憶憶，便彼此非無事人，然或不及之，或過之者。

題吴之矩雲起樓

吾友搆高樓，上與南山友。推窗延諸峰，憑几揖群阜。樓中列萬卷，亦貯泉百缶。彝鼎皆商周，圖書悉蝌蚪。客來賞奇文，疑義相與剖。遞品陽羨茶，呼取惠山酒。或時自晏坐，淡然一何有。青山時出雲，白雲時入牖。倏忽曳作衣，亦或變爲狗。起滅千萬端，巧歷能算否。人生一如此，幻化安能久？借問天壤間，何者是不朽？

壽俞景梧六十

昔我少壯日，與君握杯酒。仰見明月光，邀之爲三友。一笑千古空，世事復何有。荏苒歲月疏，相看成白首。今吾持一觴，祝君無疆壽。借問此觴酒，還如少年否？與我同時人，半已成腐朽。而我幸與君，一觴還相偶。回首生平懽，轉覺淡可久。但醉莫復問，君歌我擊缶。

壽吴東溟先生七十

去日每苦多，來日每苦少。棲棲世中事，鼎鼎誰能了？所以達人心，擺落出物表。吾慕東溟翁，攝生得其道。投志西來宗，無念以爲寶。觀空覺諸妄，埋照淡自保。平生經苦辛，未嘗入懷抱。理得身世寬，戰勝顔色好。持此入無窮，長隨天地老。

送辰州守瞿元立

秋至林薄佳，幽人自怡悦。閒尋山中侣，偶坐松下石。一酌清冷泉，滌兹當午熱。自餘無一事，於性有至適。云胡同心人，簡書迫行役。我欲賦招隱，言念斯民厄。以君之操持，所至有膏澤。嚚訟可不聽，兇惡當斬絶。六言舊王章，勿惜時提挈。誠然振五品，何必恃三尺。郡齋有餘閒，即是林間客。得意且歸來，共泛五湖碧。

蔡觀察貽余禪衣成夜坐詩寄謝

長林寒風厚，斗室霜氣侵。珍重故人惠，有衣亦可衾。中夜每起坐，春温解重陰。明月入我户，流光照鳴琴。念彼世中人，異調難同音。頓使羔裘賢，難執遵路襟。思君三歎息，付之一悲吟。萬感既刊落，一息自深深。乃知人心妙，晝夜當温尋。感君衣被意，示我禪定心。獲此頷下〔一〕珠，不啻腰纏金。欲悉此中玄，何時來盍簪。

七哀詩

肅肅秋風深，漫漫秋夜長。中夜百感集，攝衣步空堂。俯聽蟲聲悲，仰視明月光。物色一如昨，舊人何茫茫。歲月日以疏，髣髴日以亡。一朝成永訣，千載空相望。静心易生哀，遺情難爲方。願從夢中路，柔身至其旁。

〔一〕「頷下」，底本作「領中」，據四庫本改。

程酒詩

尼父酒無量，天然中權衡。自非大聖資，剛毖宜服膺。云胡末世下，放飲斯得名。微醺憶堯夫，止酒見淵明。哲者以怡性，愚者以促齡。損此清明躬，受彼昏濁縈。吾以自深省，黽勉持法程。觴以九爲極，倍之洽親朋。上與日月誓，下與山水盟。以此茂對之，杯盡意有贏。世有善飲者，於焉知我情。

五言律詩

水居

到此情偏適，安居興日新。閒來觀物妙，靜後見人親。啼鳥當清晝，飛花正暮春。呼童數新笋，好護碧窗筠。

即事

乍雨洗庭柯，斜陽到薜蘿。讀書聊散帙，看竹偶經坡。鳥下山初暝，月來池欲波。幽情無着處，呼酒一高歌。

晚步

緩步到溪頭，相看事事幽。斷雲疏島嶼，落日豔汀洲。水静芙蓉夕，風生蘆荻秋。吴歌何處棹，驚起欲眠鷗。

庚子秋日同友水居静坐

兀兀何爲者，朝曦屬夕陰。六經疑處破，一氣静中深。霄漢孤懸榻，乾坤壯盍簪。五湖秋色滿，相守歲寒心。

丙午元夕

歲冗今朝静，閉門春色深。安居知帝力，觀物見天心。柏葉休辭醉，梅花已可吟。但於叢竹裏，日日聽春禽。

和許静餘先生閉户吟 三首

年來惟好静，始覺解天弢。山月閒相照，春風淡自陶。床頭儲濁酒，燈下有離騷。算盡人閒着，無如閉户高。

有竹已疏林，空齋貯碧陰。徑縈蘿薜遠，池帶荻蘆深。人静惟開卷，情閒或撫琴。幽居多樂事，剥啄莫相尋。

君平[一]嘗避世，仲蔚愛閒居。城市何妨隱，蓬蒿豈必除。榻留孤劍伴，人共一瓢餘。滌盡人間念，吾將返厥初。

〔一〕「平」，底本作「公」，康熙本、四庫本、光緒本作「平」。據諸本改。

秋月同張伯可吴子往泛溪

不作清溪泛，空令此月孤。寒烟浮欲出，遠嶼淡疑無。日月高鳧鵠，行藏長荻蘆。棲遲何必惡，秋色有吾徒。

戊午春月朔登子陵釣臺

桐江一片石，千古白雲横。世亂無寧宇，巖棲得此生。漁樵亦偶爾，富貴豈吾情。寂莫空山士，安知後世名。

五言絶句

水居飲酒詩三首

憂危不爲己，放逐豈忘君。但願常太平，把酒看白雲。

有弟知我好，致我長春花。花紅映酒紅，日夕飲流霞。
春氣暢人意，桃花滿村家。人如不爲樂，天却無此花。

齋中對菊

白日林中静，秋風此室閒。黄花無限意，相對一開顔。

玹光山中雜詩五首

開窗北山下，日出竹光朗。樓中人兀然，鳥雀時來往。
山黛濃於染，丹楓間翠竹。遠見白日[一]間，山僧結小屋。
寒風客衣薄，依巖曝朝旭。坐久不知還，山童報黍熟。
日暮山寂然，樹響棲鳥下。獨行深澗邊，野花摘成把。
時穿深竹坐，人境忽如失。落日照前山，松間一僧出。

〔一〕「日」，四庫本作「雲」。

白雲篇 二首

遥望白雲來，轉見白雲去。白雲去不來，不知散何處。

心隨白雲遠，亦隨白雲遲。欲隨白雲滅，白雲無盡時。

題畫竹

此君有高節，亭亭自孤植。總〔一〕多千畝陰，不礙青山色。

秋花咏 六首

菊

日暮有好懷，閒閒來田間。籬邊見黃菊，相對不知還。

〔一〕「總」，四庫本作「縱」。

芙蓉

芙蓉臨清水，露下顔色冷。山齋人未眠，獨步月中影。

秋葵

花開在今朝，花落不終夕。開落如君恩，丹心不可易。

蘆花

秋水不可極，月出寒山静。一夜孤舟邊，風吹蘆花冷。

芭蕉

山人晝掃室，焚香讀周易。泠然萬念空，芭蕉照人碧。

紫薇

小窗當北牖，日夕生凉風。最愛竹叢裏，忽摇一枝紅。

荻秋雜詠　四首

雪鷗閣

日夕水烟起，細雨漁舟出。草閣生微寒，主人方抱膝。

點瑟軒

曰狂我豈敢，聊爾混樵牧。閉門春色深，相看柳條緑。

巢居

遠村人語寂，幽人卧方妥。夜半聞清鍾，明月當樓墮。

班荆舘

無客長閉門，客來共心賞。去來亦何心，春風芭蕉長。

和西築咏八首

引泉

次第竹根來，相將得到家。鳥啼春雨後，流出滿山花。

種竹

自將山竹種，豈望便成林。一竿明月裏，聊爾步清陰。

負薪

采薪松巖下，日暮負盈肩。還思天際鶴，或恐避茶烟。

有客

偶隨白雲出，不掩白雲扉。有客坐來久，山僧歸未歸。

坐石

徘徊澗邊石，小憩一悠然。不知山月吐，已滿竹窗前。

步月

獨坐松堂下，參差静影來。西湖歌吹歇，推却小窗開。

枕流

春澗鳴幽鳥，春花欲滿山。不知人〔二〕世事，一枕石泉閒。

卧雪

山上雪連屋，山僧擁褐眠。下方來往絶，身在幾禪天。

六言詩

湖干四時歌八首

竹颯颯兮雪墮，梅寂寂兮月明。蘆洲動兮漁火，茅屋響兮書聲。
春風蕩兮柳緑，微雨灑兮桃紅。騁裘馬兮年少，惜芳菲兮老翁。
水溶溶兮林静，雲晶晶兮晝長。緑陰濃兮掃徑，黄鳥窺兮移床。

〔二〕「人」，四庫本作「塵」。

荷最妍兮朝旭，蟬何急兮晚風。有幽人兮兀兀，樂永日兮融融。
氣高徹兮遠天，蟲凄切兮清宵。人所悲兮蕭瑟，吾獨樂兮闃寥。
秋韻馥兮桂樹，秋色佳兮菊華。持巨螯兮沽酒，汲惠泉兮烹茶。
千山皓兮方曉，五湖冰兮復雪。盡大地兮無瑕，如寸心兮不涅。咏雪者，千秋上下，以此二語爲冠。
寒風凄兮墐户，淡日煦兮親人。君何慨兮歲暮，冬不久兮欲春。

水居漫興十六首

水緑山青自在，日來月往如斯。有味津津誰會，無言默默自怡。
柴門春掩寂寂，小樓卧起徐徐。朝來公事幾許，過橋東岸觀魚。
蟬聲參差高柳，荷香遠近芳塘。一榻凉風午睡，半卷殘書夕陽。
楊花點點上下，燕子飛飛去來。春色行看盡矣，山茶還有未開。
緑樹遮山有態，白雲過水無心。一窗半開半掩，四月乍雨乍晴。

黄葉疏疏門巷，寒風淅淅蒹葭。人在小樓隱几，夕陽忽度昏鴉。
桃花一叢爲佳，柳樹幾行足矣。行樂不務其多，人心自不知止。
小閣凭欄莞爾，匡牀擁被陶然。夜半人聲何處，蘆花隔浦漁船。
一點兩點村火，三聲四聲漁歌。半生得趣不少，百年好景無多。
山人別無妄念，三茶兩飯便足。種成百樹梅花，此是窮奢極欲。
靠山一畝種竹，近水兩畦栽花。客至莫愁下箸，二十七種菜鮭。
平沙漠漠兩岸，流水灣灣幾村。興至便呼葉渡，歸來不掩柴門。
臨水閒心便遠，見山塵慮都〔二〕消。此間益者三友，一琴一卷一瓢。
風來柳線轉媚，雨過桃花更妍。着履〔三〕繞堤散步，自言不減神仙。
山人作何功課，終日對山不語。問我此意何如，白雲自來自去。
赤日墮於西隅，白月升於東牖。我趁於此開樽，佩得金印如斗。

〔二〕「都」，四庫本作「多」。
〔三〕「履」，四庫本作「屧」。

七言歌行

鄭母壽歌

太孺人終日静默，言笑比於河清，其相夫子教子孫皆有法度，可謂協坤之静、安女之貞者矣。爲之歌曰：

天迴地迥浩茫茫，萬象昭列四氣翔。人生其中百念長，消鑠至靈空彷徨。持握徑寸壽無疆，專静沉默道之鄉。心遊至和迓百祥，有子賢哲孫枝昌。委運任遇神不傷，念中無營身輕康。春妍景淑日載陽，鶯鳴花發化無方。子孫拜上千年觴，心知和悦樂未央。

七言律詩

水居

有客風塵歸去來，兀然孤坐水中臺。九龍山似翠屏立，五里湖如明鏡開。春雨蕨肥菰米飯，秋風鱸美菊花杯。蒹葭白露伊人在，恣向江天亦快哉。

水居獨坐

獨坐孤亭四望寬，夜深明月浸溪寒。歸來山色如相許，老去秋風展[一]自安。萬里雲霄看燕雀，百年天地有金蘭。尸居未可言瓠繫，屈指山林事更難。

[一]「展」，康熙本、四庫本、光緒本作「轉」。

水居閉關

幽居無事不開顔，爲惜春光只閉關。眉批：他人惜春，必在關外。兩眼情親惟緑野，一生心契有青山。桃花灼灼鳥啼寂，柳絮飛飛人意閒。緩步溪頭看落日，月明深竹抱琴還。

即事

萬里迢迢晴色開，千秋[一]藹藹野芳來。孤舟最喜青山伴，倦眼多爲緑樹迴。邑里過時驚薄俗，衡門深處念時才。可憐無盡乾坤内，百念消歸一酒杯。

同許静餘先生遊山

新凉甘雨遍汀洲，況復山中桂樹秋。以我中年窺静理，知君晚節解閒游。喜看巖竹穿幽徑，愛聽松風上小樓。滿地夕陽收拾去，并將明月載歸舟。

[一]「秋」，四庫本作「村」。

同洪平叔遊武夷

連宵陰雨長春苔，方駕山中雲即開。峰勝正愁舟急過，灘高絶便首重迴。排雲巖竹山山出，映水春花曲曲來。薄暮天遊最高頂，可無呼月醉深杯。

次劉伯先閉關韻

在在名山寂寂峯〔二〕，淵泉深處有潛龍。非於太極先天覓，只在尋常日用逢。當默識時微有象，到名言處絶無蹤。洗心藏密吾曹事，長掩衡門獨撫松。

靜坐吟三首

静坐非玄非是禪，須知吾道本於天。直心來自降衷後，浩氣觀於未發前。但有平常爲究竟，更無玄妙可窮研。一朝忽顯真頭面，方信誠明本自然。

〔二〕「峯」，底本作「逢」，康熙本、四庫本、光緒本作「峰」。據諸本改。

一片靈明一敬融，别無餘法可施功。乾坤浩蕩今還古，日月光華西復東。莫羡仙家烹大藥，何須釋氏説真空。些兒欲問儒宗事，妙訣無過未發中。
一自男兒墮地來，戴高履厚號三才。未曾一膜顔先隔，何事千山首不回。一静自能開百障，老翁依舊返嬰孩。從今去却蒲團子，鯤海鵬天亦快哉。

戊午吟二十首

戊午吟者，謂是年所見然也。春氣動物，百鳥弄韻，人心至閒，自有無腔之韻悠然而來，足以吟諷。吟者不可謂詩，所吟者不可謂道，姑就行持，心口相念云爾。

聖賢止是學爲人，學不知天人未真。天在人身春在木，人居天内木涵春。萬殊精别方知義，一本窮研始識仁。試看天人無間處，不知天道豈知身。
莫爲爲者是真機，稍着安排便已非。桃自鮮紅李自白，魚能淵躍鳥能飛。不知本體原如是，安得工夫妙入微。看盡古今差謬處，只緣些子見相違。
千聖傳心一敬修，不知真敬反成囚。欲求一得且永得，須下千休與萬休。蔬水曲肱常浩浩，百官萬務儘悠悠。廓然天地渾無事，一物胸中豈足留。

中庸二字聖真詮，來自唐虞一脉傳。本體覩聞爲入彀，工夫戒懼是天然。但從庸行庸言裏，直徹無聲無臭先。此是人人真本色，可憐千古作陳編。

格物無端成聚訟，起於知本二言分。但知知本即知至，格致何曾有闕文。本在操舟方有舵，本迷亂國爲無君。只翻誠意一錯簡，滌蕩青霄萬頃雲。

知本繇來義最深，須從物理細推尋。一靈充塞皆爲物，萬象森羅總是心，心正涓流俱到海，身修點鐵悉成金。細窮物理無多事，只在兢兢顧影衾。

不將一事掛胸中，蕩蕩乾坤在此躬。恰似雲開天穆穆，更如冰泮水瀜瀜。因無邪妄名爲寂，豈謂虛無即墮空。履薄臨深緣底事，只愁無浪又生風。

吾儒窮理最爲先，理徹心空不入禪。窮是十分到底處，理須一物不容前。六經盡向躬行驗，一字不從文義牽。自有豁然通貫日，方知日用是真玄。

物物其來有定則，自然之則謂之天。但因在物付各物，一任紛然本寂然。隨處家庭堪作佛，無須巖壑始修仙。此機實在程門顯，何事廬山不細研。

聞道如何可夕死，死生原是道之常。不聞有晝可無夜，幾見無陰只有陽。道在何從見壽殀，心安始可等彭殤。更於此外求聞道，踏遍天涯徒自忙。

萬物同生形不同，犬羊人性豈相通。因觀物性明人道，始信人倫是聖功。仁義非於明察外，愚蒙偏蔽事爲中。雖云此理幾希甚，兩字金針是反躬。

天載無形觸目真，羲皇兩畫寫其神。六爻雖列上中下，一物强分天地人。讀去還知非汝密，悟來方始是家珍。試看爪髮生生處，何但枝頭可覓春。

見易更須知用易，聖人原只用中庸。剛柔見處幾先吉，中正亡時動即凶。能懼始終皆免咎，存誠隱顯悉成龍。莫言卜筮用爲小，動静須占是易宗。

人心偏倚道心中，凡念迴旋即聖功。精是不迷如日照，一爲不二與天同。篤恭爲執辰居所，未發爲中水不風。聖智聰明收斂盡，寂然不動感而通。

孝是修行無價珍，此身在處即吾親。一禽一草非時剪，五辟三千律可論。食德飲和供菽水，朝乾夕惕省昏晨。不分富貴與貧賤，大孝光天是守身。

事事精詳是與非，紫陽以此示全歸。初經勉强須堅苦，漸近天然妙入微。精義無過能擇善，入神還只是知幾。須知聖學無多法，尺寸基培萬仞巍。

言行須從擬議成，不從擬議失權衡。擬言本自三緘慎，議動繇於百煉精。率意豈真爲率性，争先或恐是争名。須知變化方爲易，變化原從擬議生。

朱陸當年有異同，祇於稽古稍殊功。存心自合先知本，格物無過要識中。六籍漫從鹵莽過，一靈那得豁然通。前賢指示皆精切，後學無訛是晦翁。

精氣爲軀造化功，遊魂爲變浩無窮。如何謂死爲滅盡，反落禪詞斷見中。神化自然稱不測，有無不着是真空。莫將空字謾歸佛，虛實原於微顯同。

學人須自立根基，三戒當先謹獨知。無分少壯老異境，一於財色鬬嚴持。鎮重常如五嶽峙，防危更似九河堤。大廷暗室心如一，玉粹金精體不虧。

至水居

何事驅車緇洛塵，歸來烟水味愈真。寒塘古岸五衰柳，落日秋風一老人。兀坐冥然天地古，觀書怳爾性情新。未須蒿目憂時事，聞道明君信直臣。

七言絶句

水居題壁

澗水泠泠聲不絶，溪流茫茫野花發。自去自來人不知，歸時長對青山月。

村居三首

日暖風微楊柳斜，桃花處處點村家。誰人此際能閒坐，載酒東臯醉落霞。

桂露瀼瀼欲濕衣，蚤乘殘月出柴扉。天清木葉隨風起，閒看流雲坐釣磯。

小屋深深堇北房，烹茶煨芋地爐香。主人曝背書軒下，一卷羲經至夕陽。

題畫

翠靄青峰欲上樓，緑楊一帶野帆幽。攜琴時向沙邊坐，閒對春風數白鷗。

洛南縣薛厚倫妻南氏殉夫烈節

峻如南嶽千盤秀，潔比中峰萬仞花。埋骨山中應化玉，飛魂天外亦成霞。老杜絶句，時有此體。

偶成

堯舜垂裳恭己時，天然真色復何爲。欲知性善無言妙，此處端倪尚可窺。

和葉參之過東林廢院三首

滿目蒿萊三徑荒，秋蛩吟處舊升堂。黨人不死傾葵藿，一飯君恩不可忘。

竹徑茅齋此日居，藤梢橘刺欲教祛。白雲片片溪流静，黄鳥聲聲樹影疏。

城頭曾築小方臺，四望長空萬象恢。今日荒墟惟草色，春風依舊有情來。

賞花

世事可虞〔一〕，得與諸公把酒看花，幸矣！更冀明年此日長共此花，詩以祝之。

春風無恙一登臺，猶見桃花滿徑開。無計可留花再住，明年花發約重來。

高子遺書卷之六終

〔一〕「世事可虞」，四庫本作「樂事難逢」。

高子遺書卷之七

疏

崇正學闢異説疏

萬曆二十年爲行人上，得旨允行

臣惟自古治天下者，未有不以教化爲先務，而教化之污隆，則學術之邪正爲之，所係非小也。是以聖帝明王必務表章正學，使天下曉然知所趨，截然有所守，而後上無異教，下無異習，道德可一，風俗可同，賢才出而治化昌矣。臣見四川僉事張世則一本，大略自謂讀大學古本而有悟，知程朱誤人之甚。謂朱熹之學專務尚博，不能誠意，成宋一代之風俗，議論多而成功少，天下卒於委靡而不振，於是以所著大學初義上獻，欲施行天下，一改章句之舊。

臣惟自昔儒者説經不能無異同，而是非不容有乖謬，是非謬則萬事謬矣。以程朱大賢，謂其學曰「不能誠意」，謂其教曰「誤人之甚」，是耶？非耶？議之於私家，猶爲一人之偏詖，而於聖賢無損；鳴之於大廷，則遂足以亂天下之觀聽，而於世教有害，臣有不容已於言者矣。

夫自孟子没而孔子之學無傳，千四百年而始有宋儒周惇頤、程顥、程頤、張載、朱熹得其正傳，而絶學復續，學者始知所從入之途，其功罔極矣。然是五賢者生於宋，而宋不能用其學之萬一。前則章惇、蔡京之徒斥之爲奸黨，後則韓侂胄之徒斥之爲僞學，貶逐禁錮，以迄於亡。恭惟我太祖高皇帝，天縱神聖，作民君師，即位之初，首立太學，拜許存仁爲祭酒，以司教化。存仁爲先儒許謙之孫，謙承朱熹正學，而存仁承上命以爲教，一宗朱氏之學。令學者非五經四書不讀，非濂、洛、關、閩之學不講，而天下翕然向風矣。我成祖文皇帝益章〔一〕而大之，命儒臣輯五經四書大全，而傳注一以濂、洛、關、閩爲主。自

〔一〕「章」，康熙本、四庫本、光緒本作「張」。

漢儒以下，取其同而删其異，别以諸儒之書類爲性理全書，同頒布天下。永樂二年，饒州儒士朱友季詣闕，獻所著書，專詆毁周、程、張、朱之説。上覽而怒曰：「此儒之賊也。」特遣行人押友季還饒州，令有司聲罪杖遣，悉焚其所著書，曰「毋誤後人」。於是邪説屏息，吾道中天矣。迨今二百餘年以來，庠序之所教，制科之所取，一禀於是。學者幼而讀之，老而不知一言爲可用者，固多。然而真儒如薛瑄、胡居仁、吴與弼、陳真晟、曹端、羅倫、莊昶、章懋、張元禎、陳茂烈、蔡清、陳獻章、王守仁諸人，彬彬盛矣！至一代之風俗，上有紀綱，下重名節。當變故之秋，率多仗義死節之士；值權奸之際，不乏敢言直諫之臣。賢士大夫之公評，士庶之清議，是非井然。一有不當於人心，群起而議其後。故至於今上下相維持，非祖宗教育之明驗與？不意今日乃有如世則，肆然斥之曰「誤人」、曰「不誠」，欲變祖宗表章之至意，率天下而盡背之也。

即世則所論程朱之學，亦可謂不得其門者矣。夫程朱之學，其始終條理之全，下學上達之妙，固未易言語形容。然其大要，則不出「涵養用敬」「進學在致知」二語，此非程朱之教也，孔子之教也。故「窮理」即「博文」之謂也，「居敬」即「約禮」之謂也。非孔子之教也，堯舜之教也。故「博文」即「惟精」之謂也，「約禮」即「惟一」之謂也。二者合一竝進，而主敬爲本。故理日明瑩，則心日静虚動直，而初非溺於詞章；心益定静，則理益資深逢原，而初不流於空寂，此聖學所以「允執其中」也。至大學一書，程子所揭爲「初學入德之門」，而章句之作，則朱子所爲一生竭盡精力之筆。後人學未造其域，豈容輕議？況古書皆有錯簡，古本安可盡信？

世則之言誠意，是矣，豈諸儒獨不教人誠意乎？誠者聖人之本，學之所以成始成終，功先格致，正所以誠正也。意有不誠，心有不正，即非所以爲格致也。若夫溺於記誦，徇外忘本，此俗學所以爲陋，豈大學格致之教哉？夫孔子之道，至程朱而闡明殆盡。學孔子而必繇程朱，正如入室而必繇户。世之學者，誠能虚心涵咏、切己體察，毋務新奇而先以一己之私意主張於前，毋務立説而取聖賢之言矯揉爲己之用，循循焉以周、程、張、朱爲四書之階梯，以四書爲五經之階梯，自得之而道可幾矣。故善學者默而識之，不言而信，述而不作，心逸日休。況今天下不患無論説，而患無躬行。就聖賢已明之道誠心而力行，則事半而功倍矣！何必嘵嘵焉必務自私用智，欲伸其一己之説爲也？

世則又以宋之不振，歸咎〔一〕於諸儒之學。噫！是何言也！人主不能用其道，雖以孔子之聖，生於魯而不能救魯之衰微，何疑於諸儒？宋之亡也，繇前而言，則壞於新法；繇後而言，則壞於和議。今不咎王安石、吕惠卿、蔡京、章惇、黄潛善、汪伯彦、秦檜、韓侂胄之徒，而咎諸儒之學，何心哉？夫所謂議論多而成功少者，非言者之罪，而用言者之罪也。自古芻蕘獻説，工瞽陳規，其議論豈不至多？然而上之人善於用中，則片言可折而盈庭可廢，天下見事功之實，而不見議論之虚；上之人漫無可否，則人持所見而邪正雜陳，徒滋耳目之煩，無補經綸之實耳。豈以人人緘默而後爲盛世乎？

世則又謂本朝持衡國是者無决斷之勇，分猷庶職者有模稜之風，庠序無真才實學之士，朝廷鮮實心任事之臣。此信有之，正不學之故也，奈何反以咎程朱之學也？抑臣有深憂焉。自世廟以前，雖有訓詁詞章之習，而天下多實學。自穆廟以來，率多玲瓏虚幻之談，而弊不知所終。笑宋儒之拙，而規矩繩墨脱落無存；以頓悟爲工，而巧變圓融不可方物。故今高明之士，半已爲佛、老之徒，然猶知儒之爲尊，必藉假儒文釋。援釋入儒者，内有

〔一〕「咎」，底本作「舊」，徑改。

秉彝之良，外有惟皇之制也。而其隱衷真志，則皆借孔孟爲文飾，與程朱爲仇敵矣。故今日對病之藥，正在扶植程朱之學，深嚴二氏之防，而後孔孟之學明。使世則之言一昌，天下之棄其仇敵也，不啻芻狗焉。於是人人自騁其私，淫詞充塞，正路蓁蕪，將二祖列宗之教蕩然掃地矣。

伏願陛下皇建有極，端本化人，身體孔孟之微言，首崇程朱之正學，必親經書以窮理，必收放心以居敬。朝乾夕惕，省察克治。思天之所與人，而人之所受於天，惟有仁義禮智四者。人君爲天之子，必克完天之賦予，而後永膺天之眷命。一念之發，一事之動，審其果合於仁、合於義、合於禮、合於智，則務擴而充之，力而行之。審其有不合者，則務遏而勿思，禁而勿行。如是日新又新，純爲天德，則萬化之源清，萬幾次第畢舉，聖主之精神一奮，天下之意氣維新矣！於是體二祖之意，振正學於陵夷廢墜之餘，明詔中外，非四書五經不讀，而不得浸淫於佛老之説；非濂洛關閩之學不講，而不得淆亂以新奇之談。學無分門，士無異習，人心貞一，教化大同。如是而人才不出、政治不隆者，從古以來未之有也。

臣入仕之初，適見世則之疏，不勝私憂隱慮，遂有此論辨。或曰：四方多事，何暇爲此清談？臣謂不然，此天下之大本，古今之命脉，危微之别，毫釐千里之差。千聖兢兢於此，而可以細故視之哉？故不避僭越之嫌，迂闊之誚，冒昧上陳，伏乞聖明采擇。

今日第一要務疏

萬曆二十年爲行人上，留中

臣觀今天下事勢，岌岌矣！賊虜既爲門庭之寇，而倭奴復爲堂奥之災。人情詾詾，識者寒心。所幸者紀綱未盡壞，人心尚在離合之間。誠得其要而圖之，則天心感格，民心悦懌，元氣一復，神氣即振，而天下可措於泰山之安。故不敢瑣聒，特揭其至要者二端上聞。

一曰「天下之大本」。臣聞天下之事有本有末，正其本者，雖若迂緩而實易爲力；救其末者，雖若切至而實難爲功。所謂天下之本者何？陛下之心是也。人君之心與天爲一，呼吸相通。一念而善，天以善應之；一念不善，天以不善應之。如影之隨形，纖悉不爽。

是以古之聖王終日乾乾，操持此心以對越在天。故曰：「昊天曰明，及爾出王。昊天曰旦，及爾游衍。」蓋自朝及夕，出王〔一〕游衍，無息不與天相對，故天理流行，人欲屏息，而能常凝帝眷於無聲無臭之表。然人心至活，倏忽之間起滅萬狀，未有無所事事而能懸空守之者，故必觀經書，以求聖賢存心養性之道；或觀史鑑，以求古今治亂興亡之原、君子小人立心行事之别。又必時召侍臣，相與講説討論，以求治國平天下之要。如是則一日之間，此心常止於義理，人欲不得而乘之。心有所止則静，心静則氣和，氣和則喜怒皆中節，而刑罰不過其則。聖心冲然和平，聖體泰然安舒，而後天地之和應之：七政循軌、雨暘時若、萬物茂盛、百姓阜成，所謂篤恭而天下平，蓋自然之實理也。我太祖高皇帝曰：「人心虚靈，乘氣機出入，操而存之爲難。」成祖文皇帝曰：「人君不可有所好樂，流而不返，則欲必勝理。朕每退朝，未嘗不思管束此心爲切要。」此二祖所以遠紹堯舜精一之傳，而聖子神孫所當萬世佩服者也。

臣少伏草茅，側聞陛下憂天時亢旱，布袍步行禱雨。陛下此心，何心也？畏天命、悲

〔一〕「王」，底本作「往」，徑改。

人窮，惻然不能自寧，故屈萬乘之尊，爲步行之勞而不憚也。然而靈雨隨車，天心格矣。當其時，臣見雖山童田叟，莫不舉手加額，歡欣鼓舞，謂聖天子舉動爲萬代瞻仰，是人心格矣。陛下一舉而天人交格如此，孰謂蒼蒼者不可知，而林林總總者不易化乎？伏願陛下常提此心，保而勿失，擴而充之，每事皆然。陛下今日如此，即今日之堯舜也；明日如此，即明日之堯舜也。堯舜之道，至易至簡，言之似迂闊，而行之實無難，故雖爲山九仞，苟一念怠荒，即前功盡棄也；雖未覆一簣，苟一念精進，爲之即是也。陛下何憚而不爲堯舜，使聖德光於海隅，休聲傳於萬世乎？此爲天下之大本，伏惟聖明留意，臣愚不勝惓惓。

二曰「天下之大機」。臣聞天下之事必有其機，故事機一握，則百年之業可底成於一朝，兆庶之情能轉移於俄頃，何則？機者神化之樞，得其機而化斯神也。臣觀今日内而百官、外而萬姓，所引領望於陛下，其最急者曰「除刑戮」「舉朝講」「用諫臣」「發内帑」。是四者，陛下爲之易如反掌，然而天下臣民所注向，忽快觀於一朝，如飢者之得食，渴者之得飲，觀聽遽新，精神頓聳，天下之事無不可爲矣！

夫上帝以生物爲心，天子以天心爲心，豈以仁聖如陛下而獨不然乎？臣固知必左右使令之人，懾於天威而舉動失措，故益動天怒而刑責太過耳。夫不安則傾，人極則變，理之常也。豈以睿知如陛下，不慮此乎？臣以爲慮之亦無益也。反之固甚易也。陛下誠自今日開誠諭之，許以更始，盡除刑戮，將見人心悦服皆如再生。聖主推心置人腹，而左右傾心戴一人，上下相安，永無意外之變，豈非挽回天心、奠安宗社之至計乎？是特在陛下一念轉移間耳。

所謂「舉朝講」，陛下即未能盡復其舊，或五日一舉，或十日一舉，稍省虚文，使聖躬不至厭倦，孰曰不宜乎？或以午朝，或以晚朝，預爲傳宣，惟聖意所便，孰曰不宜乎？或御便殿，時召輔臣，從容咨訪，相與經畫，天下人心豈不警策萬倍乎？

所謂「用諫臣」，非謂建言諸臣皆君子，而無小人參於其間也。夫天下固有沽名釣譽之小人，而必無同流合污之君子。故諸臣未必皆真，而真者出於其中。陛下容吏部從一時之望，精人倫之選，擢而用之，豈不彰天地無心之化，帝王從諫之美。今必使秉銓者畏罪不敢推，貶謫者以官爲禁錮，是使賢不肖皆無繇顯見，而天下後世謂聖人之朝以言爲禁，如聖德何？夫安居以享榮貴，自守以待遷除，豈非人情所甚便？諸臣明知其不利於己，而必慷慨論列者，無他，其一念忠君愛國之誠激於中，而有不能自已耳！爲人子諫於父母，逢父母之怒至於笞撻，及其事定之後，父母未有不思其言而矜其情者。臣固知陛下於諸臣，必有如父母之於子者矣。

所謂「發内帑」，臣非欲陛下盡捐内庭之積，爲天下之用也。臣觀古今善理財者無如周公，而周官所立泉府謂之曰泉者，欲其如泉之流而不滯也。記曰「有財此有用」，故財用相因，善用之則爲治平之道，不用則爲無益之物。臣以爲宜許户部得以通融出入，有事則暫借爲邊方之用，不致天下急賦斂而激生他變；無事則仍補還原數，以備不時之需。既明示天下以天子無私財，而實則府庫之財未有非其財者也。

天下之事，可言者不止於是，而四者其要機。伏惟聖明留意，臣愚不勝惓惓。以上二者爲今日第一要務，而聖心尤爲根本。必如是，則天心格而天下可無水旱之災，民心悦而率土益堅尊親之戴。陛下試行臣言，將見期月之間萬事改觀，邊方將吏勇氣百倍，何憂乎么麽之叛賊哉！不然，則上下之情日隔，天下之心日離，臣恐可虞之事，不獨在叛軍驕虜、海島不測之夷，而又有不可知者矣。伏願陛下擴天覆地載之弘仁，垂日照月臨之精鑑，慨然而俞之，毅然而行之，赫傳聖諭，示清秋朝講之期，再下吏、户二部議行臣説。使百官萬民窮年累月之望，一旦易爲歡騰踊躍之情，無論其他，即此中外之人情，亦足以感皇天而丕變四海矣。

聖明亟垂軫恤疏

天啓元年爲光禄寺寺丞擬，因臺臣李公疏先上，得旨允行，遂止

臣三十年前，官行人司行人，曾於嚴寒見窮民赤體行乞者，不勝怵惕，然間有之而已。

眉批：隔三十年，宜有十年之蓄，乃使貧民日增，政事何在？

今蒙聖恩擢用，載〔二〕至京師，則窮民赤體者遍滿街衢矣。每近日暮，皇城左右哀號之聲悲慘萬狀，臣往來過之，目不忍視，耳不忍聞，痛心刺腸，眠食俱惡。臣日在東門，恭進陛下膳羞，慨然歎曰：「滿目窮民，不過費陛下一朝之享而足也。」昔齊景公旹天大雨雪，景公衣狐白之裘臨朝而曰「不寒」，晏

〔二〕「載」，康熙本、四庫本、光緒本作「再」。

嬰進曰：「古之賢君，飽而念飢，煖而念寒。」景公悟，脱裘，發粟以與飢寒者。夫景公，一國諸侯，能行一善，名昭千古，況我皇上神聖，何善不能爲？在一舉念間耳！

景泰中，本寺寺丞王鍾奏，東安門外夾道中，日有窮民跪拜乞錢，四關無處無之，遇寒沍，必有凍死。乞敕户部等衙門勘審，人給布衣一身，米一斗。審其原籍，有親戚者待明年春煖，沿途給與口糧，遞送還家。其無親戚者，在京以没官房給之，仍行天下有司，遇有窮民，一體矜恤。得旨，户部議行。成化時，禮部尚書姚夔奏乞特敕巡街御史，督五城兵馬，拘審道途乞丐殘疾之人。有家者責親鄰收管，無家者收入養濟院，照例給薪米。其外來者亦暫收之，候和煖，量與行糧，送還原籍。有司一體存恤，務令得所，此亦調攝和氣之一端也。憲宗可其奏曰：「無問老幼男女有無家及外來者，順天府尹盡數收入養濟院記名，設法養贍，無令失所。」萬曆四十年，本寺少卿徐必達疏内有「請恤窮民」一款，云：「文王哀先煢獨，阿衡恥一夫不獲，奈何令輦轂下有此？邇之不能，遠於何有？」又言：「操臣丁賓署南光禄時，清理南京飯堂，籍闔城飢民姓名，逐坊約期給以錢米，具受實惠。眉批：丁司空隨地行實事，此見一斑。況六飛親御之地，何乃獨屯其膏？請敕令各城御史照二臣題准行，兵馬司按坊按鋪備核各飢民，給以火烙印牌，户部出米，御史按牌親給，夜則查空閒官房，分編字號，亦按牌投宿。」其法甚善，惜此疏留中不行。臣謂此一舉也，王政所必不容已，況陛下一元伊始，萬壽方新，今萬國執玉，九夷貢琛，而令赤子寒無一縷，赤身立骨，輾轉於塗泥之中，叫號於風雪之夜，豈盛世光景？可使四海九州萬目萬耳聞且見乎？

臣隱度之，此類窮民多不過千餘，目前最急者，當人與絮衣一身，米一斗。户、工部百孔千瘡之時，決不能及此。合無於本寺預借庫銀四百兩，倉米一百石，且爲千人卒歲之計。眉批：苦心設處，以求必行。容本寺臣涂喬遷等會同巡視科道，清查應節省錢糧，上請陛下允行，補還此數，可以不費陛下纖毫，而增聖德無量。如不以臣言爲謬，立發本寺庫銀四百兩，倉米一百石，委本寺堂上官一員，督精敏署官製衣，仍設法隨米給散，務令人受實惠。此係權宜，後不可爲例。更乞敕下户、工二部，如景泰、成化間王鍾、姚夔題准事例，及萬曆間徐必達題請事理，立爲可久之制，其於導和迎祥，豈曰小補？

破格用人疏

天啓二年爲光禄寺少卿上，得旨允行

臣觀今日之事，大不可測也！奴賊長驅與否，不可測也；山海關能堅守與否，不可測也；各邊口保無疏虞與否，不可測也；西虜保無乘虚與否，不可測也。而我所以備之者，泛泛然日復一日，無一可見之實事，則有坐待危亡而已。非常之時，豈當守尋常之格？臣以爲宜特設一防禦大臣，專理守戰，招豪傑，如協理詹事府事、禮部右侍郎孫承宗其選也，臣不識承宗，見其言論忠義懇切，絶無瞻避。詢之賢士大夫，皆謂豪傑之士，有爲之才，又素留心兵事，果其用之，當以學士兼尚書都御史職銜，如在外總督之任。於京師開府行事，與部院名位相竝，職事相通，庶幾行無窒礙。更别發帑金數萬，令其修舉庶務，不至支用各部，擔延日月。近奉旨練兵教射之董應舉、舊奉旨製造軍需之李之藻，皆當加以職銜，協佐承宗。此要着也。

夫守京師，非獨於京師也，四輔、八府中州近地，自巡撫各道至各府州縣，皆須得人。

今大計之後，豈其有不職者，顧或資性與武事素不相習，亟宜遷以善地，别選異才，布滿畿地，無事則練兵積穀，有事則率兵勤王，此要着也。

守禦之道，以人心爲本。民不知義，見難争避，不可守也；無賴惡少，瞥起搶劫，不可守也；奸細伏匿，乘危竊發，不可守也。治之之法，無踰保甲。諸臣既詳言之，皇上既申命之矣，然行之存乎其人。責府縣行，不能也；責五城御史行，不暇也。當專任一人行一事，巷至户到，巡行稽察，教以忠義，旌其良善，精擇壯丁，使習騎射，如兵部職方主事鹿善繼可任也。臣嘗一識其人，剛毅清約，真實任事。須以本部郎中帶御史職銜，令與五城御史事權相竝，與府縣職事相攝，方便振行法紀，支取用度，此要着也。

國家之事，束縛於格套，分歧於意見，摇奪於議論，所從來矣。雖以聖明之朝，無事不可爲，而有志之士無事可爲者，大率坐此。今日何日，尚可循沿積習乎？臣以腐儒越庖言事，罪以出位，夫復何辭！伏望皇上行臣之言，仍治臣之罪，臣之願也。

釋群疑銷隱禍疏

天啓二年爲光禄寺少卿上，報聞

臣觀今日中外人心，皆疑戚畹鄭氏，并及其昔曰所用之人，以爲奴賊奸細。伏陛下宫中，一朝寇臨於外，奸發於内，其禍有不忍言。臣從田間，久聞此語。今來都下，人言更甚。通國危疑，莫必其命，近且流言入於大内矣。臣伏而思之，人言胡爲而然耶？往者張差謀逆，實係鄭國泰主謀。差之供招具在，劉保謀逆實係盧受通謀，劉于簡供招具在，受亦鄭氏之人，不可掩也。則人言洶洶，有自來矣。然臣以爲祖宗功德甚厚，陛下福祚方隆，天地鬼神森列擁護，故張差、劉保先後伏誅。凡謀者必敗，敗者必誅，即天下至愚，不應復萌此念，况鄭養性等蒙三朝不殺之恩，正保守富貴之日，豈復更有邪謀，而無奈人心之積疑不解也。人心與國勢相爲存亡，人心疑則懼，懼則易動而不可固。雖有高城深池，堅甲利兵，其何以守？

臣以「奸細之説」不必論其事之有無，當思所以處之之道，不過從人心所積疑者而解之，非以害之，正使之遠害以自全也。故在鄭養性自爲計，不宜以人所共指之人自處危疑；陛下爲養性計，不宜以人所共疑之人密邇禁近。亟當使歸湖廣原籍，仍令帶俸，以示優厚者也。至於李如楨一家，交關鄭氏，計陷名將，殺百萬軍民，失千里土地，禍延至今，皆其兄弟所爲。劉于簡原招，明言李永芳約如楨内應，陛下不誅如楨，直是養虎遺患。所當亟正典刑，以除禍本者也。

至於崔文昇者，當先帝新喪哀痛，萬幾勞瘁，凡有疾病，其證必虚，雖至庸醫，亦能辨之。文昇故以泄藥，元氣一泄，不可復收，是明以藥弑也。在律，故違本方殺平人者皆斬，况於至尊乎？陛下不即誅夷，僅止斥逐，四海人心已憤鬱不平。今文昇復潛住京師，意欲何爲？亟當明正典刑，以全陛下父子至情，示天下君臣大義者也。蓋文昇素爲鄭氏腹心，特當時失刑，不及考訊，故不如張差、劉保蚤正謀逆之罪，其罪豈在張差、劉保下乎？

天下事當其可爲，則絲綸出納而有餘；當其不可爲，則斧斨破缺而不足。今事急矣，伏望陛下立賜乾斷，將鄭養性一家發回原籍，將李如楨、崔文昇即正典刑，則人心之危疑可釋，肘腋之隱禍可銷，國家之紀法一明，天下之神氣一振，然後戰守之事，次第可行也。事關安危大計，臣下皆可直言，臣不敢辭出位之罪。

恭陳聖明務學之要疏

天啓二年爲太常寺少卿上，得旨，罰俸一年

臣觀帝王之德，惟明而已。惟其明也，天下誦之曰「明明后」，雖以堯舜之聖，不過明其峻德爲明明后也，故明明后者，必明明德。明德者，何也？人之心也。人心本明，有不明者，何也？心本明，又須人自明之。故放於外則不明，復於身則明；着於欲則不明，循於理則明；動於氣則不明，安於止則明；荒於怠則不明，居於敬則明；騖於動則不明，主於静則明。其明與不明，在一念轉移間，如反覆掌，無難也。今陛下臨朝，百官肅肅於下，陛下肅肅於上，陛下之心無不明也；陛下臨祭，百執事肅肅於庭，陛下肅肅於位，陛下之心無不明也。然而未爲明也，何者？朝祭之頃，陛下之心無不明，陛下不自知其明也。必反而思，曰「此時心中不着一事，豈非心無爲以守至正乎」？是所謂心復於身也，循於理也，安於止也，居於敬也，主於静也；是所謂不放於外，不着於欲，不動於氣，不荒於怠，不驚於動也。故曰「思則得之，不思則不得」，得者，知吾心之明本來如是，非繇人爲造作也。然後陛下知吾心之無外，即天也；吾心之有主，即上帝也。故曰「上帝臨汝，無二爾心」，故曰「小心翼翼，昭事上帝」。此心一刻放失，即二其心，非所以事上帝矣。夫然後深宫之中，得肆之地，雖欲不凛然保之，不可得矣。至於深宫之中，得肆之地，凛然保之，而後爲明明德也。夫然後陛下讀聖賢書，知無一字不言心，無一字不言心之明，而津津有味焉。至津津有味於書，而此心之保不難矣。

自昔聖帝明王，未有不好讀書者。人主好讀書，未有不爲賢君令主者。人心易放而難操，舍讀書，别無操之之道。如大學一書，既講於經筵，入於聖慮，臣以爲即此書反覆玩味，明明德於天下，裕如矣。推而廣之，宋臣真德秀大學衍義不可不讀也。再推而廣之，先臣丘濬大學衍義補不可不讀也。陛下盡心於三書，而帝王心法治法無不具備。夫然後知若何行政，若何用人，若何理財，若何治兵；人臣若何爲正，若何爲邪；臣下之言若何爲是，若何爲非，若何爲似正而實邪，若何爲似是而實非。皆了然於聖心，而後爲明明德，而後爲明明后也。

如近日禮部尚書孫慎行「論舊輔臣方從哲」一疏，關係甚大，隄防甚遠。從哲之罪，非止「紅丸」，其最大者，乃在交結鄭國泰。國泰父子所以謀先帝者不一，始以張差之梃，繼以美姝之進，終於文昇之藥，而從哲力左右之，培植其爲鄭者，鋤擊其不爲鄭者，一時若狂，知有鄭氏而已。此賊臣也，討賊則爲陛下之孝，而説者乃曰「爲先帝隱諱則爲孝」，此大亂之道也，不可不明也。又如戎政尚書黄克纘論選侍一事，陛下念聖母則宣選侍之罪，念皇考則優選侍之禮，義之盡也，仁之至也，而説者乃曰「爲聖母隱諱則爲孝」。明如聖諭，以爲假捏；忠如楊漣，以爲居功。人臣避居功，甘居罪，君父有急，冷眼旁觀，此大亂之道也，不可不明也。一惑其説，孝也不知其爲孝，不孝也以爲大孝；忠也不知其爲忠，不忠也以爲大忠。忠孝大節皆可反黑爲白，何事不可指鹿爲馬？昔宋朝欲貶蔡確嶺表，宰執恐開端，朱熹歎曰：「使後世見無禮於君，拱手坐視而不敢逐，必此言矣。」今務隱諱而已，將何所不至哉！事有不辨於至微，貽禍於無窮者，皆若此類。在陛下多讀書，精義理，此心常明，自能辨之。果其辨之，則如方從哲、鄭養性，大義豈容不討？

何可一日復令居輦轂下耶？

臣蒙陛下擢於廢棄，玷於朝班，八閱月矣。伏見陛下真有爲堯爲舜之資，天下真可被爲唐爲虞之福，而禍亂未已，治平未臻。群臣之言鉅細畢具，然舉而措之，在陛下一人，所以回天地之運，握宇宙之樞，提挈綱維，兼總條貫，又在陛下一心。不然，如無舵之舟，無針之車，何所執持，何所適從乎？臣故舉要言之，必讀書以明理，明理以明心，明心以出治，始可弘濟於艱難，建中興之大業也。

臣非迂言。四十年體驗於身心，考究於經史，信其理之必然。食芹而美，曝日而温，以獻至尊。臣老矣，不能久事陛下，不敢不畢其所欲言。伏惟聖明少垂察焉。

辭免重任疏

天啓四年爲刑部右侍郎上，得旨，令遵新命供職

臣聞命而驚，俯躬而愧，臣嘗讀易曰：「德薄而位尊，知小而謀大，力小而任重，鮮不及矣。」臣蒙聖恩拔擢，貳于秋官，自揣逾分，方切循牆，况于都御史者，天下之事皆

得而言之，臣工之邪皆得而糾之。然而世習之漸靡，難言矣。臣子不真心爲國家，不真心修職業，悠悠忽忽，則有難振之氣；以請託爲固然，以貨賂相結納，則有難洗之習；升遷壅滯，仰屋書空，則有難定之志；謬同異爲是非，誤愛憎爲好惡，則有難清之見；無端而起畛域藩籬，無端而起弓蛇鬼豕，則有難調之情。所以難者，皆緣人心各有陰私，故各成隔礙。

必居此位者，自心先無陰私，而後可潛銷人之陰私；自心先無隔礙，而後可潛通人之隔礙。至于御史，簪筆朝端，公論之明晦繇之；持斧寓内，一方之安危繇之。必爲之長者，聯爲一體，萃爲一心，惟君國之是殉，毋身家之苟營，而後可弘濟于艱難。

今者大計在邇，巡方之使，當使循良之麟鳳悉耀光明，貪殘之豺虎皆投有北，庶幾困窮之四海，災荒之孑遺，尚獲少延喘息。不然，御史之失職，即都御史之失職。此之關係，何如重大！迺以臣之薄劣當之，是易所謂「覆餗」者也。況英賢滿朝，以臣視人，真皆勝己；以臣自視，真不如人。伏乞聖明亟收新命，任臣舊職，別選賢能，以當兹選。

糾劾貪污御史疏

天啓四年爲都察院左都御史上，得旨允行

臣惟御史回道考察，憲綱至嚴也，列聖之明旨，皇上之申飭，蓋諄復鄭重矣，迺不意有慢視憲規，恣行無忌，如巡按淮楊御史崔呈秀者。陛下不以臣爲不肖，使長西臺，豈非欲其是則是，非則非，無所婞阿隱默乎？臣初入院，適見有兩御史回道，一爲江西巡按御史謝文錦，一爲崔呈秀。臣心訝曰：「異哉！兩御史一時回道，一至清，一至濁，涇渭較然。」臣不別白，爲陛下明言之，是不忠之大者也。即發河南道考核，無何，河南道御史袁化中以所考核謝文錦者至，臣即以稱職考，奉旨回道訖。越二旬而化中始以所考核呈秀者至，化中蓋有難于言者矣。臣于去年奉差而出，今年復命而入，往來淮楊間，所見淮楊士民，無不謂自來巡方御史，未嘗有如呈秀之貪污者。强盜，地方大害也，每名得賄三千金輒放；訪犯，地方大惡也，每名得賄千金輒放。不肖有司應劾者，多以賄免；不應薦者，多以賄薦。至御史出巡，每有節省公費助國用者，呈秀到處，透支至一萬四千兩，各縣賠補，不勝其苦，彰彰於地方耳目。臣時以非職掌所關，不敢訪其主名何人，過付何人。至於舉劾失真，貪酷漏網，則有兩淮運司同知談天相在，是呈秀所薦也。呈秀甫離地方，而鹽臣樊尚燝、按臣劉大綬且臚其贓私入告矣，則又有霍丘知縣鄭延祚在，是呈秀所薦也。吏科都給事中魏大中且發其餽遺，奉旨提問矣，是賄而薦之實證也。

臣嘗竊笑人臣之負國，又自負也。受國家寵榮，若何而所爲者不務于可榮，皆蹈于至辱，御史巡方，寵榮極矣。如呈秀者，辱身辱國何如哉。臣聞其知談天相之貪，欲論劾也，天相稔其易與，奉之以千金求免劾，而卒免；天相益稔其易與也，又奉之以千金求薦，而卒薦。則是摇山撼岳之威，祇供其禦貨攫金之用，而墦間壟斷之賤，且冒居觸邪止佞之官，臣故謂其至辱，所當重處，以一洗巡方之辱者也。伏祈皇上敕下吏部議覆施行。

申嚴憲約責成州縣疏擬，未上

臣觀天下之治，端本澄原，必自上而率下；奉法守職，必自下而奉上，故朝廷膏澤，至州縣始致之民。州縣者，奉法守職之權輿也。州縣賢則民安，州縣不賢則民不安。顧天下之爲州者，凡二百二十有一，爲縣者，凡一千一百六十有六，豈能盡得賢者而用之？賢者視君爲天，不敢欺也，視民爲子，不忍傷也，奉法修職，出于心所不容已，非有所爲也；其次則有所慕而勉于爲善，有所畏而不敢爲不善；其下則不知職業爲何事，法度爲何物，恣其欲而已，是民之賊也。

故爲政者拔才賢、除民賊、約中人。天下惟中人爲多，約之于法，皆不失爲賢者。太守，約州縣者也；司道，約府州縣者也；撫按無所不約。約之使人人守法，如農之有畔焉而無越思，則天下治矣。臣謹條畫州縣所當持行者，令自撫按而下以遞相約。皇上不以臣言爲謬，謂可施行，仍乞天語申敕，令臣等刊刻成書，發各差御史，頒行天下。臣等按以覈天下州守縣令，并以覈約州守縣令者，庶幾皇上之仁恩得實究之民也，謹列款如左：

課農桑。須中心誠懇，欲開民衣食之源，賞勤警惰，使民興起。毋得徒事虛文。差人下鄉，反滋民害。

興教化。教化自身而出，非以彌文，故曰「民不從其令，而從其好」。爲人上者，敬以持身，廉以勵操，肅以御下，民自觀而化之。更須彰善癉惡，樹之風聲：孝子順孫、義夫節婦，必表揚之；鄉紳耆德，必尊禮之；邑中經明行修、令譽著聞者，必稽考其實，聞之巡按御史，疏薦于朝，以補鄉舉里選之廢典。而不孝不悌，及一切關人倫、傷風俗者，必寘之法。如是久之，而教化自興。

育人才。朔望臨學宫，必以聖賢明訓爲諸生諄切教誨，俊秀之士必令讀四書、五經、小學、近思録、性理、綱目，以端其心術，正其識見，爲國家有用之才。

鄉約爲教化内一要事，但縣官不以誠心行之，徒成虚文，而約正、約副等反爲民害。果有力行者，必敦請邑中德行鄉紳、或孝廉貢士爲民欽服者主其事，而約正、副等以供奔走。鄉約行，則一鄉之善惡無所逃，盗息民安，風移俗易，皆得之于此，有記善簿、記惡簿，又須有改過簿，許令自新。

鄉飲鉅典，不得濫及匪人。

社學，務選教讀得人。

學宫敝壞，即申詳修理。境内凡有古先聖賢及祀典所載山川祠宇敝壞者，即時修理。

完好者，仍要掃除潔净，關鎖祠門，不得容人堆積雜物，坐卧作践。四方過客瞻拜，有識者常以此占州縣官之品，何可忽也！

積貯，民之大命。豐無所儲，荒無所賑，尚可稱民父母乎？必須隨宜設法，使一縣積穀足備一縣賑濟。眉批：罚鍰原为积穀。豈獨活民？即以弭亂。州縣之功在蒼赤，慶流子孫，端係于此。

社倉，是救荒良法。各鄉勸縉紳及各家自造倉廒，自放自收，不可以官府與之。其法量人户種田多少，人口多少，以二分息，于青黄不接時借貸，又必二三十户連名保借，欠者即同保内人户攤賠。小荒減利，中荒捐利，大荒連本米下熟徵催，官府給與印信文簿，爲究治奸頑，使之可久。

境内有荒蕪田土，宜竭力開墾。流移人民，宜竭力招撫。

境内有陂池宜浚者，及時開浚。圩岸宜築者，及時修築。城垣積塌、橋梁毁壞者，及時整理。高原污下，所宜樹木，及時種植。

倉穀主守，須擇殷富謹厚者，量以禮待。每年交盤更换，勿令偏累傾家。但令接管者照數交收，勿令吏書參與，以滋需索。及時斂散，出陳易新，皆縣官躬親。

養濟院，近來竟成弊藪，煢獨不沾實惠，皆繇吏胥添揑詭名混冒。須是州縣官據其陳告者審實，給以面貌木牌，仍不時查核，分别革留。凡男婦犯重罪，或游蕩傾家，及有子孫壻姪可養者，不得混收，以妨無告。

州縣極貧待斃之民，大約可計。每歲動支預備倉穀，城中四門，擇寺觀寬綽者煮粥，每人米五合，即可苟延殘喘。自十月十五日起，正月十五日止。孤老有糧，不許混冒，約費米百餘石耳。設誠行之，利濟不少。所當委任得人，稽查出納，無成虚文。

錢糧，一縣大事，秋冬之交，必先算定，分派繇帖，使小民先知辦納之數。徵糧則總立一簿，算定人户額田數、田糧數、均徭里甲條鞭數，分爲十限，每月限完幾分。比較只用此簿，不得别立第二簿。完欠俱用實寫，不得用浮票。民間依限完者，即不聽比。過限不完，方拘其尤者。比責須是分數明白，如欠一兩而從來未完者，即從重究。欠十兩而完過七八分存剩者，即從寬處。毋得但論多寡，而不分全欠、零欠之别。催徵止用里甲，間于奸頑之户，行不測之威，票拿一二，無得遍差皂快，執牌下鄉，徒空雞犬，無益繭絲。

徵銀不加火耗，即頌聲遍地。此亦易事，何海内寥寥？信矣，立志高遠者之難，所宜猛省。

收銀，要不時取收頭法馬、等子查對，令解户親自敲針。

起解銀兩，須委佐二，不得用窮官猾吏，以致失事。

天下庫藏，未有不爲庫吏書侵欺者。查盤時那借支吾，非其實也。必須訪的監禁，即時變産完納者，貸其死，不完者，即申上司，置之法。一應收放，掌印官纖悉自封自判，勿復入其手。

無情之詞，十無一實。縣官貪取罪贖，輒多准詞狀，致原、被兩家同歸于盡。民之窮困，此其一端。爲民父母，當肫切勸化，令勿輕訟。事涉倫理而無大故者，即爲焚其狀詞，免其仇隙，其他苟無關係，概勿聽可也。

人命狀詞，尤不可輕准出牌。在城告人命者，縣官即至其家相驗，審問四鄰。誣告者重懲，情真者方准。在鄉者，必令帶尸到壇，帶四鄰到尸所，然後投狀。縣官即到壇中相驗，審問一如在城之法，則不真者自不敢輕告，非但官省事、民保家，以人命詐人者亦息，老穉之獲全其命者多矣。

佐二不得令擅受民詞，擅出牌票，衙役尤宜箝束。佐二之害民，即令之害民也。

勾攝止差里長，非真正强盗人命巨惡，不得濫差皂快下鄉，以滋詐擾，是造福小民第一義。眉批：原被各差千證似更簡便。

本縣人不得容棍徒在别縣赴告。除强盗外，關提者勿聽。

婦人非犯姦及人命，及被公婆夫男所訟，俱不許拘。

輕犯罪人，勿得輕送監鋪，致染瘟疫，及爲牢頭索詐。婦人不係大辟及勘合追贓家屬，雖娼婦亦勿濫禁。

罪犯，除大辟及引例充軍外，其祖父母、父母老疾，家無次丁者，照大明會典，發本州縣擺站做工，煎鹽哨嘹。在京無論軍民，發兩京府會同館擺站，各照徒流，年滿釋放。此刑罰中仁恩，不可廢而不行也。

獄中重囚，日間寬鬆，夜間當嚴禁獄門，不得容人出入，常以不測查點。

吏書門皂，嫿之縱之，皆縣令也。衆胥役分其利，一縣令受其名，愚者不爲。往往愚而不悟，何也？所宜猛省。

善人者，一方元氣。民間有孝子悌弟，其上矣；次則仗義好施者；次則終身自守，不作非爲者。必須訪實，各書所長，扁額表其門，免其雜泛差役，以爲民勸。

惡人者，良民蟊賊，蟊賊去而良民始安。凡天罡地煞、打行[二]把棍之類，訪其首惡重治，仍籍之于官，使禁其黨類。一有黨類詐害良民者，并其首治之。

訟師教唆起滅，破民家，壞民俗，一段機械變詐，無識者競以爲能，浸淫入于其術而不覺，不復顧天理人心爲何物矣！所當訪實，悉榜其名于申明亭，審出刁誣詞狀，追究寫狀之人，并拿重治。眉批：狀上寫代書人某，自不敢欺。

豪奴倚主人之勢，魚肉小民，莫可控訴。訪實惡端，申巡按御史拿治。

刑杖竹篦，不得重一斤，務要削平棱節，不許打在一處，不許打腿灣，拶指不得過兩時。非强盗人命，不許輕用夾棍，夾不得過兩時，敲杖不得過三十。

[二] 「行」，四库本作「降」。

堂上須要肅清，不得容吏書、皂快、門役擁立左右，致姦弊出于意外。

每日所行事，須立一簿，逐件登記，完者勾之，一月内事必于一月内了，使吏書不得延挨索詐，上司事亦不至沉閣取咎。

私衙要關防嚴密。多有清謹官爲妻子、僮僕、親戚所壞，交通衙役，私出官票，暗騙民財，時宜覺察。

縣官鄉里親戚，不得容留在寺院説事得財，以速官謗。

本縣每日供給，須照時價給現銀，與市民兩平易買，不得倚官減值，虧短賒欠。不得縱容買辦人索取鋪行錢物，佐二衙一併禁戢。

各役工食，按季放給，不得預放扣減。

生辰令節，不得受禮物，以長奔競。

不得假借巡緝查點，將不到人役，科罰銀穀。

不得稱貸富室，及至富室、監生家飲宴。

上司鋪陳，往往借用當鋪，江南則派糧長借辦，極爲擾害。須本縣節省公用，置辦着庫吏收領封貯，入查盤事件内，無令移用，以至缺少。

俵解備用馬疋，不得尅減馬價。

保甲，所以弭盜安民，今本縣開報保長時，既饜飽吏胥一番，而棍徒充當保長，又詐害良民無已，竟使善法皆成厲政，團練、鄉兵亦然，徒滋擾害而已。既不可懲噎而廢食，豈可不循名而責實？要在賢者着實舉行，周密防備。天下多事之時，二者實爲未雨綢繆之計，不可忽也。

武備，不但地方保衛，亦官府自身保衛。昔人作縣，猝遇大盜詐作承差，突入縣庭，拔刃劫庫。縣官給以庫銀，大錠不堪發用，爲批票取之大户。所僉大户，皆民壯之驍勇者，諸人知令有急，皆襁磚石而入，遂擒群盜。使非掄選平時，安能應變倉卒？故據各州縣民壯弓兵，汰其老弱，實其虛冒，儘足以募壯士，練精兵，備不虞也。

盜賊，地方大害，必有窩家，必與捕快交通。平日當密訪窩家及通盜捕快，置之于法。一有生發，即行嚴捕，必擒獲而後已。此等風采彰聞，自然盜賊屏息。乃不肖有司護盜如子，既欲邀盜息民安之譽，又避上司地方多盜之責，往往深怒失主呈告，反責捕快詐誣。

其甚者，與盜相通，納其貨賄，致盜賊以此縣便于行劫，縱橫無忌，失主不敢告，捕快不敢擒。釀成大亂，恒必繇之，所當痛以爲戒。

强竊盜到官，縣官即刻自審，勿輕用刑，只嚴急起贓，贓真，然後具招。勿輕信扳誣而容捕快先拷，勿先發佐二審問。

賭博爲盜賊之源，必須嚴禁。民間開場賭博者，責令兩鄰首告，不首者同罪。娼家爲盜賊之藪，不許容留城内居住。有居住者，兩鄰不首同罪。

白蓮、無爲等教，自古倡亂之首。務要密察訪、嚴驅逐，無致遺害地方。

州縣官表率一方，宜先簡儉，以挽侈靡之俗。即宴會名刺，不可以爲小事，漫從流俗。當照憲規刊刻小約，與本地縉紳彼此遵行。節財用于易忽，移風俗于不覺矣。

民間溺殺子女，最傷天地之和。有犯者重治，四鄰不首者同罪。

宰殺耕牛，粘網飛鳥，當設法嚴禁，亦仁政之一端。近江南有以鳥銃射彈飛鳥，一發輒斃多命，尤爲殘忍，所當嚴禁。眉批：魚鱉視飛鳥，同異如何？

自請罷斥疏

得旨回籍

臣于本月初八日奉旨，會同吏部尚書趙南星，看議御史陳九疇論新推山西巡撫謝應祥及文選司員外夏嘉遇與九疇互相奏辨事，隨具疏上聞。十二日，奉嚴旨處分矣。夫應祥之推巡撫、出豸臣真見，以爲他人遇缺干求，應祥恬靜自守，欲以此獎勸恬士，故與夏嘉遇言之，而特用應祥。會官推舉，衆論僉同，已蒙皇上點用。不謂陳九疇謂其昏耄，謂其圖謀，乃以誣不要錢不說事之吏科都給事中魏大中也。天地神明，昭布森列，九疇誤爲人使，以欺皇上，臣則何敢欺皇上，以欺天地神明。今大中、嘉遇俱已降斥，部院被含糊偏比、委曲調停之旨。臣愧死無地，自傷愚昧，不能仰當聖心，報皇上知遇之恩。又傷煩言亂政，致重干聖怒，虧皇上平明之理。

臣，諫臣之長，以諫爲職，當有顯諫。顧伏而思之，臣之事君，如子事父母，父母有怒，爲子者當虁虁齋慄，待親心之自明、親怒之自霽，何可更爲激瀆？

臣又伏而思之，九疇疏中有「背公植黨」之語，前代往往以「黨」之一字，空善類，傾人國，亦繇當時大臣過激，以速成其禍。今日何可別爲激濆？然而臣之職失矣。官以諫爲職，而失其職，則皇上何取失職之臣爲哉？伏乞即將臣罷斥，以爲人臣不盡其職者之戒。

遺疏

臣雖削奪，舊係大臣，大臣受辱則辱國，故北向叩頭，從屈平之遺則，君恩未報，結願來生。臣高攀龍垂絶書，乞使者執此報皇上。

揭

罷商税揭

伏見天津撫臺李懋明老先生疏内有「復商税」一款，攀龍不覺頓足歎曰：「何意斯言發於賢者！」夫神祖朝，群臣噭舌秃穎，請罷税而不可得。光考一朝罷之，海内歡呼，有若更生。光考一月仁政，千秋令名，此事最大。夫罷而歡呼，則復而怨咨，歡呼而誦光考之仁聖，則怨咨而謂皇上爲何如主耶？此一事耳，皇上子道所關，君道所關，今日輿人之口，即他年信史之筆。人臣縱不畏一身受譏讒，獨不畏君父蒙譏議乎？此而不畏，則王安石之「人言不足恤」矣！

今日定亂，以人心爲本，舉朝方惴惴，憂加派之失人心，而商税之失人心，倍蓰於加派。加派之害以歲計，商税之害以日計。商税非困商也，困民也。商以貴買，決不賤賣，民間物物皆貴，皆繇商算税錢。今税撤而價不減者，實繇鑛税流禍，四海困窮，加以水旱頻仍，干戈載道，税撤而物且涌貴，况税復而寧知底極乎？

兵興以來，言利者細無不舉，無一足恃，實非策也。鈔關當鋪，皆令民怨而天怒，反致悖入而悖出，以奪民之財，非生財之道也。生財之道，生之、節之兩端而已。試觀二祖開基，軍國浩費，曾有今日之諸款乎？曾有今日之不足乎？不過屯田、鹽法、錢鈔等事，行之得宜耳。宋仁宗用師西夏，命近臣及三司議省浮費，詔自乘輿服御及宫掖所須，務從簡約。若吏兵禄賜，毋得輒行裁減。治朝生財如此。今生之不能遽生，節之不肯遽節，目前急着，在天下巡撫得人，使其隨地相機隨宜措置，每年務設處若干，以佐國用，豈遂不及復税所得之數乎？以此俟屯田之成，虜寇之滅，庶幾其可。

商税一事，言之痛心，萬望李老先生前念皇考，後念皇上，慎勿以復税爲念。同朝諸老先生，慎勿以復税爲言也。謹揭。

論學揭

近者黄門朱五吉老先生有「憲臣議開講學之壇，國家慮啓門户之漸」一疏，指意歸重東林，至欲以東林爲戒，而不復講學。此説一倡，吾道之禍大矣！天下國家之禍大矣！職東林人也，即不言及於職，何忍坐受東林之誣。正欲具疏，旋奉明旨，如日中天，不復瀆奏，以啓争端，故謹具揭。

夫黄門所言東林，非東林也，乃攻東林者之言也。所言東林之禍，非東林能禍人，乃攻東林者欲禍東林也。數年來，職每自詫：理義，人心同然，何以言理義者輒目爲朋黨，而不容於世乎？一日憬然曰：「正惟其同然也，故以爲黨也。」國家用一當用，行一當行，去一當去，必曰「是東林之脉也」；或有人言一當用，言一當行，言一當去，必曰「是東林之人也」。不論東西南北，風馬牛不相及之人，苟出於正，目爲一黨，東林何幸，而合天下之衆正；何不幸，而受天下之群猜。弓蛇石虎，塗豕鬼車，皆非實事也。即如郭明龍正域，生平未嘗講學，生平不識東林，黄門謂與顧憲成開講東林，即此而觀，他可例推。無亦黄門師生姻婭之間，涵濡浸灌之久，於時局之説，不自覺其入之之深乎。不然，何以二三年來，門户去於人口，依然還作當年口吻耶？

夫時局何爲而攻東林耶，方中涵相國未入相之前，首參之者，吴嚴所亮也；既入相之後，首參之者錢梅谷春也。故一時承迎相國者，皆以攻東林爲職業，摧殘善人，戕害國脉，率繇於此。此果東林所爲乎？抑攻東林者所爲乎？以爲東林所爲，東林能制其鄉里言官不參論人乎？

昔程伊川先生講學於熙豐，而爲蔡京諸人所攻；朱晦菴先生講學於慶元，而爲韓侂胄諸人所攻。不以蔡京、韓侂胄諸人爲戒，而以伊川、晦菴爲戒，可乎？東林非程朱，而習程朱之教者也，不幸類是矣。

夫學者何也？人之性也。性者何也？天之道也。知道，則刑名錢穀皆實事也；不知道，則禮樂刑政皆虚文也，在此心迷悟間耳。諸老從迷得悟，不忍人之靦面而迷，故講以明之，正使之即事爲學，非以學廢事也。黄門曰：「孰是仕優者乎？乃可學，不然勿言學。」職亦曰：「孰是學優者乎？乃可仕，不然勿言仕。」審如是，可仕者寡矣。

宇宙甚大，不可以一見相礙。釋老且不能廢，况可廢儒？儒者，以明道者也，非儒生帖括之謂也，非督學膠黌之事也，收拾精神，而非消耗精神者也。人不知學，世道交喪，於是朋黨禍起，相安則交安，相危則交危，故黨類之黨不能無，是群分之品也；偏黨之黨不可有，是亂亡之本也。知黨類之不能無，使之各得其所，而勿相猜忌；知偏黨之不可有，使之各懲其禍，而勿爲己甚。但得人人自反，勿專尤人，則無不可融異爲同，化小爲大，故有教則無類，并黨類之黨，亦可融之者，其必繇學乎！惟學可消門户，顧以學爲立門户，職未見立門户者而可以謂之曰學也。謹揭。

問

解頭問

或問解頭之役。

曰：「江南自糧解而外，解役之最重者有四：一硃漆解也，一茶蠟解也，一皇磚解也，一胖襖解也，四者皆足以破民家而殺其身。」

曰：「若是其甚與？」

曰：「民趨役于三千里外，而受命于宦豎。宦豎之視富民，虎之視肉也，何厭之有？」

曰：「然則將奈何？」

曰：「民辦物，官爲解，民厚出解綱給之，使解官有利無害，斯善矣。」

曰：「辦者非解者，解者非辦者，民競爲粗惡以塗塞，物不堪解，而解官何所呼號於輦轂之下也？」

曰：「是有主者，終無所逭其責，民則何敢？且物不具，解官不行也。」

曰：「解官挾不行之勢以漁民，奈何？」

曰：「解官有轄，民有控，何病？」

曰：「主者爲誰？」

曰：「上富户也。次富爲貼，不及下富。」

曰：「户上下於何知之？」

曰：「上富表表邑中，不必以田知，田有飛詭也。次富以田知之，差其多寡爲等，當事者平日當有一小册。差等富户，參伍咨訪，周知四境，以審糧役，點解户，不淆於臨事，不欺於胥吏矣。」

曰：「吾聞役法，莫不善於用貼，譬之一牛駕一犂，牛未必憊，一犂駕十羊，羊斃而犂不舉矣。」

曰：「貼有二：貼役者，雖氂毫亦同其不測之禍，謂之以羊代牛，可也；貼錢者，雖銖兩必有定派之額，謂之衆擎易舉，可也。吾所謂貼，貼錢而非貼役也。」

曰：「其法如何？」

曰：「一解役出，則點幾上户爲主，必其三年内無糧長等項重役者，仍量其所費若干，與貼户若干。貼户出錢，主者辦解，物具而差官。解官亦必擇其人之可任者，即令候缺小吏，窮困無聊，如年度日。民出錢以餼官，官出力以惠民，官民兩利，計莫善於此也。」

曰：「費之多寡，何以知之？」

曰：「此須細詢，令經役而熟于事者，詳開某件時價若何，某件工價若何，此可以知解户之費矣；詳開沿途某費若何，到京某費若何，此可以知解官之費矣。解户務在多與貼，而不困其力；解官務令多與稍，而不苦於行。斯上下相便而可久也。每見往時民解既易官解，官解旋復民解者，非官解之不可行，解綱儉而官稱厲也。當其議官解時，民不勝吝，即令微益于解官，而不能平；及其復民解時，民又不勝苦，即欲厚輸於解官，而不可得。夫民可與樂成，而不可慮始，固在上之人，力持而公裁也。若曰官解終不可行，則金花亦屬官解，經收亦屬宦官，何以人争求之，至令居間爲也？則以金花解綱最饒故也。」

曰：「官解既久，宦豎知解綱饒，獨不窮索解官乎？」

曰：「固也，視民則有間矣。解官有官差可憑，有當路可告，有地方仕宦可丐，以宦豎及各衙門吏胥視之，則雞肋也，孰與富民？先儒有言，天下事未有有利而無害者，擇其利多而害少者爲之耳。抑愚復有慨焉，今天下白糧獨出江南，江南獨出七府，宫闈百官胥食之，民出財力輦輸以供國家者，獨當海内勞苦，而白糧船所至，關津復税之，何耶？今民貿易米麥，關津亦不加税，豈貢賦之米反當税耶？或曰：非税糧，税私貨耳。此又不仁之甚者也。夫糧有定額，船亦有定額，所帶幾何，而不使勞民自潤乎？此聖王之必以聽而不禁者也，誠得當路特奏免之，其錫福於民者無涯，斂福於身者亦無涯矣，此則蘇民間糧解之最苦者也。」

高子遺書卷之七終

高子遺書卷之八上

書

與李見羅先生

侍先生三日，側聞所論，庶幾不逆于心。歸而益博求之，見從上〔一〕聖賢所傳之要，隱約皆在。於是日用之間，頗得歸宿，未知繇此而之，又更何如也。往時見明道云「吾學雖有所受，然『天理』二字，却是自家體貼出來」，不曉作何語，今乃見此理充周于吾前，活潑潑地，真不可須臾離也，妙在反躬而已矣。凡學問真切下手，自無閒口說閒話。去年

〔一〕「上」，康熙本、四庫本、光緒本作「古」。

向先生説格、説致，仔細檢點，意念起處，總屬爲先儒分疏，假饒説得十分是當，與自己原不相干。學不切己，精神都向末上去，終日問辨，以爲無不在道，而於道背馳矣。眉批：自針自砭，針砭盡千古學人。

有拙序一首，其於先生教旨，未審彷彿有入處否，風便一語指點。静言思之，不覺失笑。

與許敬菴先生

龍平昔自認，以此心惺然常明者爲道心，惟知學者有之，蚩蚩之氓無有也。即其平旦幾希，因物感觸，倏明倏晦，如金在鑛，但可謂之鑛，不可謂之金；如水凝冰，但可謂之冰，不可謂之水。則道心於人心，即在鑛之金；道心迷而爲人心，即凝冰之水也。而先生乃曰「童僕之服役中節者，皆道心也」，初甚疑之，已而體認，忽覺平日所謂惺然常明之心，還是把捉之意，而蚩蚩之氓，有如鳶魚飛躍，出于任天之便者，反有合于不識不知之帝則，特彼日用不知耳。眉批：不自執亦不曲從，因許翁言又進一格。然則無覺，非也；有意，亦非也，必以良心之自然者爲真，稍涉安排，即非本色矣。

又見先生舉朱子云「凡天下之物，莫不因其已知之理而益窮之，以求至乎其極」，謂是「欲盡讀天下之書，盡窮萬物之理」，却不然。此只就一物上説，因其所知一二分是處，窮到足十分是處，積之之久，自有豁然貫通處耳。若謂知得一物，必須窮盡物物，則堯舜之智而不徧物，寧有此等學問乎？今時錯認文公格物者正在此，故不敢不辯，乞先生更教之。

答顧涇陽先生論格物

來書云：尊稿中所欲正者，乃是所引格物説「一草一木」二語。丈看得甚有原委，但仔細磨勘，似説得稍闊。陽明之學，與聖門之學端緒雖殊，要其説之所以得行，亦有其故。程朱兩先生，大本大原，灼然無可疑者，而條理節目間，未盡歸一。幸丈再精研之。

辱教格物草木之説，據愚見本無可疑。天下之理，無内外、無鉅細，自吾之性情以及一草一木，通貫只是一理。見有彼此，便不可謂盡心知性。聖賢之教，隨人指點。見問者欲專求性情，故推而廣之，曰「一草一木亦皆有理，不可不格」。會得此意，則與中庸所指鳶飛魚躍者，何以異哉！

孔門之學，以求仁爲宗，顏曾思孟之後，惟周程張朱之傳爲的。陸氏之學，從是非之心透入性地，不可謂不是，然而與佛氏以覺爲性者相近。陽明良知之學，亦是如此。一邊是仁體，一邊是知體，仁統四端，而知不能兼仁，故仁者無不覺，而覺不可以名仁。源頭處，杪忽差殊耳。程朱二先生，細看來無不歸一處，所不同者，解說書義，然書中緊關用力處，則亦無不同也。

愚見如此。望先生教之。

二

來書云：兄云「無善無惡說，當提出根源」，良是。渠所以能籠罩人，緣渠亦未嘗不以性爲善，只是將這善看得詫異耳。此其爲惑世誣民之最也。

一草一木之說，善會之亦自不妨。但六經、語、孟中，竝未見說着此等功夫，其故安在？鳶飛魚躍、傍花隨柳，乃是自家一團生機，活潑潑地，隨其所見，無非是物。與所謂「一草一木亦不可不理會」者，根趣自殊，試體之可見。

仁者必覺，而覺不可以名仁，信然。覺非特不可以名仁，亦不可以名智。徒以智與覺字面相近，故説者多以屬之耳。如以覺爲智，則以覺爲性，又何疑焉？丈謂「仁兼四德，而智不能兼仁」，似尚未爲究竟語。仁、義、禮、智只一般，渾言之，只提着一個，便色色都在其中，非特仁兼四德；偏言之，便各有所主，又非特智不能兼仁也。道理須四方八面看，始盡耳。眉批：觀此書，知端文析理至精，忠憲推尊，良有其故。

孟子只以四德言性，此便是善，安得而無之？舍此言性，非知性者也；舍此言善，非明善者也。

一草一木之説，先生以六經、語、孟中，未見説着此等功夫乎？此正孔門一貫之學也。近取諸身，遠取諸物，只爲從來源頭是一個。故明此即通彼，通彼亦明此耳。

先生曰：「鳶飛魚躍、傍花隨柳，乃是自家一團生機，活潑潑地，隨其所見，無非是物。」若不是一物，何以隨其所見，無非是物？既是此物，則格諸身、格諸物，何以見根趣之殊耶？

「仁兼四德，而智不能兼仁」，此語有病。「覺非特不可名仁，亦不可名智」，先生之言是也，但覺之淺深，又絶不等。今之言覺者固不足道，而象山、陽明又不可以此目之。此處幾微，直是毫氂千里也。

三

格物説近看得何如？一草一木，是格物事；鳶飛魚躍，是物格事。眉批：又因顧説而得渾融。朱子詩云「一日洞然無別體，方知不枉費工夫」，正謂此也。先生試格之。

四

先生云：「莫非理也，有何鉅細？有何精粗？但就學者功夫論，自有當務之急耳。」龍謂大學最先格物，便是當務之急。開眼夭喬飛走，孰非心體？以草木爲外，便是二本，便説不得格物。

先生云：「有梅于此，花何以白？實何以酸？有桃于此，花何以紅？實何以甘？眉批：顧意謂此等處不可格。先生謂「各有理在」，愚謂花尚有一朵中半紅半白者，格之而後知其不測，亦格也。一則何以衝寒而即放？一則何以待暖而方榮？」龍謂天地間物，莫非陰陽五行，五行便是五色，便有五味，各自其所禀，紛然不同，固無足異。至發之先後，蓋天地間有一大元亨利貞，各物又具一元亨利貞，雜然不齊，良有以也。

先生云：「于此格之，何以便正得心、誠得意？于此不格，何以便于正心、誠意有妨？」龍敬問先生曰：此一草一木，與先生有關否？若不相關，便是漠然與物各體，何以爲仁？不仁，何以心説得正、意説得誠？「樂意相關禽對語，生香不斷樹交花」，所以爲善形容浩然之氣，所以不可不理會也。

先生云：「既無別體，我之體即物之體矣。豈必逐草逐木，一一而爲之格？即欲逐草逐木，一一而格之，辨其如何而爲一草，如何而爲一木，此所謂堯舜猶病者也。」龍謂萬物一體，誰不知之，然只是説話。仁者渾然與物同體，不是小可事，恐當大費功夫。若必欲逐草逐木，辨其如何，豈成學問？所以説及草木，若曰求之性情，固切，眉批：程言得此纔明。然理不專在一處求，這裏也是，那裏也是云爾。

先生云：「孔子，作大學者也，其語子貢曰：『吾非多學而識。』曾子，傳大學者也，其語孟敬子曰：『籩豆之事，則有司存。』籩豆，日用不可缺者也，猶然見略，況一草一木乎？」龍謂多學而識是玩物，此是格物。玩物是放其心，格物是求放心。籩豆之事是有司事，此是心性事，不可同日而語。

先生云：「程朱兩夫子之説則然矣，亦曾用此等功夫否？遺書具在，詳哉其言之也，孰謂發明一草一木之理者乎？孰謂商求一草一木之理者乎？」龍謂庭前草不除，便是這意思。如觀雞雛、觀盆魚，皆是。至于朱子所謂鱖魚肚裏水，便是鯉魚肚裏水，尤親切可思矣。大抵先儒此説，本輕而活，先生所駁，則重而執。輕而活，則指點流行，觸目道在；重而執，便落言語障礙矣。先生更細研之，觀物即是養心，不枉却功夫也。眉批：先生嚴事端文，道之所在，争辨如此。具見端文之無我也，始悟朱陸當年未嘗動氣。

答涇陽論周元公不闢佛

昨承手教，令致思周元公不闢佛之故。龍竊以元公之書，字字與佛相反，即謂之字字闢佛，可也。元公謂「聖人之道，仁義中正而已矣」，會得此語，可謂深于闢者矣。

答涇陽論程朱闢佛

昨思程朱所以闢佛之故。凡斯道大明之日，即是異端附會之時。眉批：又須知聖人存時，異端不敢附會。聖賢因時有作，循其自然之勢而已。夫子没，而七十子各以其所得者爲學，及其弊，異端竝起，而孟子不得不好辯。千四百年間，儒者不過爲修身謹行，訓詁誦習之學，與二氏蓋判不相入。及周元公開揭藴奥，而天下始知求之性命之微，異端因之假合。眉批：亦在元公没后。程朱不得不辯者，勢也。故觀魯論而見元公之道，觀孟子而可以知程朱之心。如昭代盛時，道德一，風俗同，薛文清一向篤實而閒静也，豈見討擊異同乎？縱觀今日，是何局面耶？故聖賢不得已之心，皆天理自然之妙，而有意爲闢、有意而不闢者，皆私也。元公之時，明吾之道而已，譬如人之無病，則起居飲食，即是衛生却疾。程朱之時，吾道已明，必須去其混之者，如六邪外侵，攻去其疾，而元氣始復也。

答涇陽論管東溟

續論更不可少，益覺快心。管翁篇中大義數十，先生已俱得之，但尚有小曲折，未審可一并説破否？蓋此翁一生命脉，只在統合三教，其種種開闔，不過欲成就此局。眉批：管翁不出於真心真見，書必不傳，先生懼其誣民，特著此辨。拈出一個周元公，是欲就道理上和合；拈出一個高皇帝，是欲在時勢上和合。拈出「群龍無首」，則欲暗奪素王道統，而使佛氏陰簒飛龍之位；拈出「敦化川流」，則欲單顯毘盧性海，而使儒宗退就川流之列。其他尊儒者，不過局面上調停，引儒者之言，不過疑似上附合，故無極、太極近于虚空法界，則宗之；朝聞夕死近于生死大事，則宗之。然其所謂太極、所謂道，即所謂毘盧遮那者是也。至于陽尊程朱，陽貶狂禪，而究竟則以程朱之中庸、五宗之佛性竝斥，更是其苦心勤力處，欲使闢佛者更開口不得也。然舉要而言，則枉却一生勞攘，到底三教殊科耳。

前蒙此翁惠書，近擬答一柬，又覺孺子唐突長者，且既有環轍之宣尼，且作閉户之顔子，先生以爲何如？

答涇陽論生之謂性

來書云：生之謂性章，頗有所疑。性者萬物之一原，安有不同？孟子將犬牛之性猶人之性折難告子，分明謂人與犬牛有二性矣。如何注謂「知覺運動，人與物同；仁義禮智，人與物異」，似皆宜有商量，幸丈一參之。

在天爲命，在人、物爲性，一也。然以命言，則萬物一原，以性言，則有禀受之不同。故人得之而爲人之性，犬牛得之爲犬牛之性，非性異也。形既異，則氣爲形拘，有不得不異者。所謂「纔説性時，便已不是性」者，謂落在形氣中也。仁義禮智，人與物一也，形氣異，是以有偏全明晦之異，故曰「論性不論氣不備，論氣不論性不明」。理之與氣，二之固不是，便認氣爲理，又不可。告子「生之謂性」語未嘗差。「生之謂性」與「一陰一陽之謂道」何異也？然聖人不謂陰陽便是道，故又曰「形而上者謂之道，形而下者謂之器」，眉批：愚謂形而上者即是一陰一陽，一陰一陽原不指陰陽也，惜不及面質先生。形只是這個，須是截得上下分明，告子不知此，故認氣爲道也。鄙見如此，先生以爲何如？

答涇陽論儒佛善字不同

春來浪遊，頗是妄動。山水佳麗，未免有馳騖之意，眉批：則知耽慕烟霞，亦是逐物。亦爲心害。人心動于欲，未有不爲害者，山水尚然，况其他乎！辱示求正牘質疑草，一字一爽，千古不可磨滅之正論，又何疑？

龍自正月以來，盡取佛書讀之，頗能究竟其旨。今日談學者，都將佛宗來證聖學，實無有知吾聖人之道者。若果知之，自見彼此正如南轅北轍，如何合得？佛氏所謂善，念中善事也，與吾聖人言善，絶不相干。韓子曰「彼以煦煦爲仁，孑孑爲義，其小之也固宜」，如佛氏所謂善，其無之也亦宜，乃欲將來混攪聖學，澌滅義理，真大亂之道也。今日邪説横流，根株只此四字。先生捉着病源，真是擒賊擒王也。

答涇陽論猶龍一語

人性一也，習之於聖人之道，則聖矣；習之於佛，則佛矣；習之於老，則老矣。維吾聖人之道亦然，習之於夷，則夷矣；習之於惠，則惠矣。孟子眼高千古，故曰「所願則學孔子也」。凡學，以習生悦，以悦生悟，以悟成性，則不可回，蓋所見無非是物矣！是以君子慎所習也。

「天下無二道，聖人無兩心」，此語誠然，而習不同。不同則其應用全别，用處既别，和〔一〕體全非，故學之至者，雖其反本還源之處，同歸於太極，而實則有霄壤之不侔，故曰「失之毫氂，謬以千里」也。向者攀龍嘗思于三教異同之際，而頗見其微，故一言蔽之曰「性相近也，習相遠也」。

夫子謂老子曰：「鳥，吾知其能飛；獸，吾知其能走。今見老子，其猶龍乎！」天不可見，見之于時行物生；聖人之道不可見，見之於日用常行。凡天下之至道，皆愚夫

〔一〕「和」，四庫本作「合」。

愚婦之所能知者也。眉批：聖人之量如天，聖人之言無迹，使二氏遊於其中。猶龍者，高之也，亦外之也。藏於淵、入於雲，在於不可知、不必知者。君子無庸心矣。他日子夏論及於三才之數，生物之細微，夫子曰：「然。吾昔聞之於老聃。」子夏出，曰：「論則美矣，非世之所急也。」夫子曰：「然。如女所言，亦各具所能。」繇此觀之，聖人「猶龍」之意見矣。二氏之道，陰分中事也，故皆在杳冥之境。吾以可知者詰之，彼即以不可知者逃之，其誰得而窮之？以是知聖人「猶龍」一語之微而婉也。

昨以對客，草草奉復，故詳其意如此。

與涇陽論知本

大學之旨，明德、新民，要於止至善。止至善者，一篇主意也，其下皆説止至善工夫。「物有本末」一節，最爲喫緊。「先」「後」二字，示人入道之竅。失了先着便不可入道，先着即在格物。格物之功非一，其要歸於知本。知修身爲本而本之，天下無餘事矣。故曰「此謂知本，此謂知之至」，知本則知止矣，正與「物有本末」一節相叫應也。

竊謂古今説大學者，格致之義，程朱爲最精；致知之義，陽明爲最醒；止修之義，見羅爲最完。三家相會通，而不以一説相排斥，斯可耳。但見羅看知本之本，如中庸「中者，天下之大本」之本，謂非以修身贊其爲本，乃是以本歸之修身。蓋以善無聲臭，點到身上便有着落。故曰「本之一字，乃所以點化此身，把〔一〕柄此善也」。此義雖甚精奥，然平平玩味本文，「其本亂而末治者，否矣」，似無此意，而見羅之説，又自成了一個安心訣法，未必是大學原旨也。

大學之旨，只是教人格物致知。格來格去，知得世間總無身外之理，總無修外之功。正其本，萬事理，更不向外着一念，如此自然純乎天理，而無一毫人欲之私，豈不是止至善也！觀下文「聽訟」一節，其釋「知本」，昭然可見矣。

當初程朱二先生，只錯認「此謂知本」是闕文，而謂格致自别有傳，遂令「修身爲本」二節無歸着。後世知得「此謂知本」是原文，而謂格物只格本末，又令格物致知之工無下手。假令一無知識之人，不使讀書講論，如朱子四格法，而專令格本末，其有入乎？

〔一〕「把」，見羅先生書作「操」。

只如陽明單提致良知，而掃朱子窮理之説，弊敗亦已見矣。故程朱格物之説，更不可動，只提挈得大學主意在止至善，而知止工夫，先於格物知本，自然如木有根，如水有源，而格物窮理皆所以致其良知，而非徒誇多鬬靡，爲聞見之知矣。何者？道理一不向身體貼，便非知本，便非致知也。如此覺得文義條直明白，而工夫當下得力也。先生試體之，以爲何如？

答涇陽病中作工夫書

先生云「閒時作工夫，病來即不能」。竊以病來做不得的，還未是真工夫也。横渠曰：「自來以多思爲患，且寧守之，只行其所無事。」又曰：「心之要在平曠，熟後無心如天，易簡不已。」如此，則病時正好做工夫。先生體之，以爲何如？

觀白鷺洲問答致涇陽

江右之學，自宋至今，如一塗轍，豈風氣使然與？今雖云陽明之宗，實則象山之派。

諸老之中，塘南可謂洞澈心境者矣，然以愚見窺之，尚有未究竟在。何則？聖人之學，上下一貫，故其言表裏精粗無不兼到，舉要而言，循理而已。循理便無事，即「無思無爲」之謂也。今徒曰「無思無爲」，得手者自不至遺棄事物，然已啓遺棄事物之弊矣。如曰「止於至善」，有何名相倚着之可言？至矣，極矣。今必曰「無善無惡」，又須下轉語曰「無善無惡，乃所以爲至善也」。明者自可會通，然而以之明心性者十之一，以之滅行檢者十之九矣！「無思無爲」者，即「無善無惡」之謂也。未離知解，則未離門户，未離門户，則未離倚着。倚着易知，而無倚着之倚着，難知也，故曰「尚有未究竟在」。

聖人之道，至易至簡，無可名言，故曰「予欲無言」，言之至也。惟其無可言，故其可言者，人倫日用之常而已。所以愈淺而愈深，愈卑而愈高，愈顯而愈微。然則如之何而可使人見本體也？曰：此在人之信，而非可以無思無爲，無善無惡，轉令人走向别處去也。如易曰「乾，元、亨、利、貞」，如言「人，仁、義、禮、智」之謂也，停停當當，本體如是而已。信得及者，别無一事，日用常行，人倫事物，無令少有污壞而已。此聖人之學，所以爲至易至簡也。

雖然，王塘老之學，實自八十年磨勘至此，其静功最深。妄窺之者，浮矣，輕矣。然學術杪忽之間，不可不據所見相與評質。先生試參之，以爲何如？

與涇陽論東林

東林樂聚，原是宦于此土之忌府，何則？誠畏之也。大抵吾輩罪名，只在心腸不冷。冷亦何難，恐逆天理耳。因思聖人在家則曰「吾其與聞」，在外則曰「必聞其政」，當時大段多事，不知何法免三家之忌。至匡人之圍，桓魋欲殺，似不見饒。以先生之仁，直是於人無所不容。然見得是非極真，故世決放不過也。君子決無有見原于小人之理，但因而自警，各人身上各有充不盡的分，各有改不盡的過，各自勉而已。

與顧涇凡論已發未發

朱子首篇内一條云：「有天地後此氣常運，有此身後此心常發。要於常運中見太極，常發中見本性。離常運者而求太極，離常發者而求本性，恐未免釋老之荒唐也。」吾兄云：「此朱子初年未定之見，陽明先生自以爲秘傳者也，當删無疑。」

龍按：朱子初年之見，蓋認性爲未發，心爲已發。凡謂之心，則無未發之時，而未發之性存焉，則終未嘗發也。故其工夫，亦只在察識端倪，而却於程子所謂「涵養於未發之前」者有疑，蓋全向流行發用處尋求也。後來却見得渾然全體之在我，存者存此，養者養此，非别有未發者限於一時，拘於一處。然其樞在我，非如向日在萬起萬滅、方往方來之中立脚矣。後又益見得性情之妙，管攝於心，而動静之功貫徹於敬。當其未發，仁、義、禮、智之性具焉，此心寂然不動之本體也；及其已發，惻隱、羞惡、辭讓、是非之情形焉，此心感而遂通之妙用也。而戒慎〔一〕恐懼之功，則周流貫徹於動静之間，而尤必以涵養爲省察之本，此所以未發則鏡明水止，而喜怒哀樂之發則無不中節也。凡朱子所見，大約歷三轉而始定。至此條之説，又别爲一義。其論太極者有曰：「太極之義，正謂理之極致耳。有是理即有是物，無先後次序之可言，故曰『易有太極』，則是太極乃在陰陽之中，而非在陰陽之外。」若以乾坤未剖、太極未分之時論之，則非也。蓋恐人於陰陽外别求太

〔一〕「慎」，底本作「謹」，從康熙本、四庫本、光緒本改。

極耳。其所謂「常發中見本性」，亦孟子所謂「乃若其情，則可謂善」，明道所謂「由其惻隱，知其有仁」。蓋性不可見，必於發處觀之也。特「此心常發」，類於初年之語。然此主見本性而言，語相似而意不同。非比初年之見，以未發、已發分別心、性，不加涵養，而純任察識也。

兄更審之，以爲何如？

與涇凡二

兄入禮曹，於國家闕典幸留意。建文年號不復，靖難死節諸臣未表。君君臣臣，天地大義，孝子慈孫，莫之能掩。與其爲之於後人，孰若爲之自我。又我朝謚法，獨不倣古，必兼行惡謚，乃昭勸懲。此弟平日所藏於胸中，兄相時因事，可一及之。

向所云東平守，弟初甚愕其人，後問於予拙云，「朴人也」。弟昨道經之他州縣，皆有人持刺出接，惟彼州若不聞。細廉其民，皆云無他。以此益知迎送之間，大不足以觀人。纔着一分愛憎，便都失之，不可不慎也。

答鄒南皐先生一

當今先生之學，深徹「人生而静以上」，茫茫宇宙，可以考證此事者，賴有先生而已。敝同年馮少墟，北方學者未能或之先也，先生見其集否？自朱陸兩先生分门後，兩脉竝行於世。龍以爲但取其來龍真、結穴真，不必問其何方何向也，先生以爲何如？

與南皐二

竊觀中庸一書，自誠明之性也；大學一書，自明誠之教也。中庸下手慎獨，即誠即明；大學下手格物，即明即誠，無二物也。惟是大學錯簡、缺傳，不決于心半生矣。近年得崔先生一語決之，敢爲表出，請正是否。

答南皋三

得先生教，及賜新刻，讀之爽然一化，更無所疑。攀龍于甲午秋赴揭陽謫所，長路孤征，寂寥蕭灑中，窮研此事。至汀州店樓，推窗看山，忽然粘縛脱落，本心豁露。方知從上〔一〕聖賢所説，皆是藥方，皆是拄杖。自是以來，二十年矣。天然本色瞭然，日用終是放藥不得，放杖不得，根器薄劣，無可奈何。

聖人于天下萬世，上中下根，照見得透，故照顧得到。先生集中，每每及之，如與海門先生柬，更是喫緊，此道幸甚！某自來極信得先生之學，不能無疑先生之教。以爲説得太鬆滑，眉批：此病終恐不免。天下人却不是先生忠肝義膽，萬難千磨中來也，于今始無疑矣。

誠明之説，昔有問者云：「中庸何以首言慎獨，便在誠身上做起；大學何以首言格物，又在明善上做起」？攀龍曰：「中庸言自誠明之性，大學言自明誠之教。」由今思之，

〔一〕「上」，四庫本作「古」。

只是弄口。至崔後渠先生定古本大學，以誠意章内自「淇澳」至「此謂知本」一段，移在「所謂誠其意者」之前，文從理順，昭然知本是格致之義，而格致未嘗缺傳也。却如夫子宅中掘得蝌蚪原文，可以了大學一案。學者精神，更不得向身外一步走漏矣！先生以爲何如？

年來東林滋多口，是信道理不達時宜之罪，天下事未有不繇自取者。得此一番冰霜，大受諸公化育，不敢辜負也。辱先生相念，并及之。

答南皐四

往者從結心開處，窺見本性風光。未嘗不知人之即天也，物之即我也，凡之即聖也，今之即古也，倫常日用之即神化性命也。然有陰氣在，如月光然。讀先生合編竟，先生之言如赫曦，透體一逼，逼去寂静的意思，覺此身方活，見人方親，方有味乎，「善與人同」之語，此乃謂寂静也。初看便有此意，今乃益實，感幸之餘，附此爲報。繇此而之，未知能不負先生否耳。眉批：鄒翁之學，惟先生能取其益。先生極真切，則見鬆滑乃真鬆滑也。否即落世情，即近鄉原。

答南臯五

比者正體驗人心，除却怨天尤人，即蕩蕩乾坤，更無一事矣。然學問不真，且向此中過活，殊不自覺。先生教及此，當幾提挈也，要在有事幹當，强排遣不得。

會約及文潔公誌銘，何啻百朋之賜。

答南臯六

得先生平等之教，并認平等之誤。平等者，性體也，森羅萬象，並育並行，善者還他善，惡者還他惡，而己無與焉之謂也。若非見性人，等惡于善，究且背善從惡矣。所謂火力煅煉質性穢濁，復吾太虛真體，非以調停劑量之精神，熏物而無忤也。體認如此，非造詣所到，先生以爲何如？

與馮少墟一

鄙見蒙老年丈印可，何幸如之！此事不落言詮，要在心悟。繇無言無象中，彷彿可言可象者，「中庸」二字而已；繇可言可象中，默契無言無象者，「擇」「執」二字而已。眉批：便見不倚。無一毫攙和之謂擇，無一毫滲漏之謂執。弟今日惟時時刻刻覺其攙和滲漏而已，未知何日可幾道岸也。

海内惟老年丈之教，無一字之逆于心。弟決不敢爲昧心語，然弟所見於年丈有未同者，千萬勿吝指示。此事非小，容情不得也。

答少墟二

善即生生之易也，有善而後有性。眉批：善字從無人識，先生已發其端。學者不明善，故不知性也。夫善，洋洋乎盈眸而是矣。不明此，則耳目心志，一無着落處，其所學者，僞而已矣。然其機竅，在於心入身來，故能尋向上去，下學而上達也。大集中闡發已無餘藴，雖以弟鄙淺之説有所印，而此中人士遂知所歸。今世有老年丈，斯道之大幸也。

答少墟三

手教云「内存戒慎恐懼，外守規矩準繩」，兩語當終身行之。又云「戒慎恐懼，是性體真精神；規矩準繩，是性體真條理」，此透性語也。人未知性，謂此爲桎梏，若透性，方知此是真安樂。蓋天然自有之中，絶無安排造作者也，非窮參不悟，非悟不徹。性體不徹，未有知吾聖人之矩，爲天生自然者，又何怪其欲掃除此矩哉！

聖人之學所以異于釋氏者，窮理而已。窮理則性爲聖人之性，不窮理則性爲釋氏之性。性豈有二哉？所從入之端殊也。

南方風氣，劣于關中百倍；弟之力量，劣于年丈萬倍。反觀此性，無欠無餘，上視聖賢，不差毫髮，所以不忍自棄者，以此。伏惟老年丈時賜提策，開愚立柔。

答少墟四

得教，復得涇野先生語録之賜，感感。拙説爲老年丈印可者，方敢存之，眉批：不自是如此。應改者，一一如教易之矣。知學者甚難，知正學者更難，知學而能通達世務，不至以學害世者，尤難。非老年丈，吾誰與歸？弟已得差歸矣。老年丈不日大用，當歸而歸，當出而出，有一定之卓識，而無執一之成心，非老年丈，吾誰爲望？班役索報，艸艸寄復。有欲聞者當别寄，恐書郵之浮沉也。

與逯確齋一

與兄别來，略窺得路徑。聖人之學，只閑邪以存誠。此理直是易簡，然却與世學所謂易簡者不同。乾之易也以健，坤之簡也以順。蓋以健順而易簡，非以易簡廢工夫。若以易簡爲心，便入異端去矣。

世儒亦多有見得誠的意思，只是無克己閑邪工夫，故純是氣禀物欲用事，皆認作天性，以妄爲誠，種種迷謬，此格物致知，大學所以最先用力也。格致亦别無説，只是分别得天理、人欲界分，清楚透徹，正閑邪之要也。其入手處，則程先生每喜人静坐，朱先生每教人讀書。此意真妙，錯認其意者，便溺章句，便耽寂静，失之遠矣。

弟看來，吾輩每日用工，當以半日静坐，半日讀書。静坐以思所讀之書，讀書以考所思之要，朴實頭下數年之工。不然，浮浮沉沉，决不濟事也。兄以爲何如？幸相與覓，便反覆印證。朱夫子曰：「日月去矣，大事未明，可懼也！」吾輩不可不念。

與確齋二

兄之學必已得力，曾詣「一旦豁然貫通」境界否？弟甲午東粤之行，千里孤征，燕閒静一之中，微有窺見，五年于兹矣。雖于日用不無斷續，但覺此理充滿活潑，瞭然心目之間，身心有個着落處，行事有個把柄處。所苦者，既非聖賢根器，又無小學工夫，而志學又遲却孔子十年，眉批：遲却孔子二十餘年者尚有之，可勝惋惜。以致氣習薰染，陶洗爲難。今亦無他法，只將義理浸灌栽培去耳。兄受質之淳、處困之甚倍于弟，其得力必百倍于弟，不知其入處何如？此事甚大，日月漸去，幸速相研究也。

答確齋三

得兄書，下弟頂門一針矣。不必與兄談易，此便是易。弟於數年前，不意中有崑山一語，落于相知之耳，遂爲言路諸公扯作印證，横起風波，不節之嗟，又誰咎乎！今欲一陽之潛，須是三緘之密耳。

兄一生爻位，甚是正當。向來讀易無所入者，想索之文義，今有所見者，想是印之此身。尚有一語問兄：何者是畫前之易？幸教之。

答劉念臺一

伏承下教，咨所以居方寸者，方寸即宇宙也，世人漫視爲方寸耳。顧非窮究到名言不立之地，爲名言而已；非存養于思慮未發之先，爲思慮而已。名言、思慮，爲憧憧之方寸而已。弟之愚昧，正在憧憧中生活，言之可怍。有一小書可證斯理，敢以奉覽。

復念臺二

格物者，窮理之謂也。窮理者，知本之謂也。仁丈云「一窮理焉盡之矣」，誠然哉。理者，心也。窮之者，亦心也。但未窮之心，不可謂理；未窮之理，不可謂心。此處非窮參妙悟不可。悟則物物有天然之則，日用之間，物還其則而已無與焉，如是而已。

弟稍窺此路，從此行去，雖不能忘歸家之念，亦不敢念到家之期，没身長途，所不慮也。「反身而誠」是到家語，何敢言？吾輩但認得家真，認得路真，有家肯歸，有路肯走而已。仁丈以爲何如？

答念臺三

此事甚細，得兄相與推敲，甚幸。但無成心，各據所見，勘究到底，彼此必有益也。

净色根，魄也；隨念分别者，意也；靈覺則是心，傳所云「心不在焉，視不見、聽不聞」是也，此與意識相似，而實不同。蓋心作主宰，意主分別也。心一也，粘于軀殼者爲人心，即爲識；發於義理者爲道心，即爲覺。非果有兩心，然一轉則天地懸隔，謂之覺矣，猶以爲形而下者乘於氣機也。

視聽持行皆物也，其則乃性也。佛氏以擎拳豎拂、運[二]水搬柴總是神通妙用，蓋以縱横豎直無非是性，而毫釐之差，則于則上辨之。兄以孟子著見之端，即佛氏作用處，此最可觀。凡事稍不合則，必有不安。此見天然自有之中，毫髮差池不得。若觀佛氏於彝倫之際，多所未安，彼却不顧也。故儒之與佛，論其潔净精微，不掛絲髮，空空如則同。而其中自然之秩叙，若權衡之輕重，度量之長短，佛則一概抹殺，超超自如矣。盡虚空，遍法界，性體充周，正謂如是。所以云與自己總不相干者，正謂軀殼上重重私欲耳。若一日克己復禮，則軀殼之己便與天地萬物爲一，豈有二耶？

吾儒與佛氏，名目多不同。如儒者説性，只在人物上，未有人物，只説天，未有天地，只説太極，其實一也。知性則知天，人生而静以上，未嘗不可説；用力敏疾則念清，人生

〔二〕「運」「拂」兩字底本互乙，宜從康熙本、四庫本、光緒本改。

而静以後，未嘗不可復。學問之道無他，復其性而已矣。弟觀千古聖賢心法，只一敬字，捷徑無弊。何謂敬？絶無之盡也。有毫氂絲忽在，便不是。眉批：只爲不識敬字。有敬字在，亦不是。易曰「直其正也」，直心正念而已。直心即正念，正念即直心。卓卓巍巍，惺惺了了，至於熟焉，習心化而無事矣。

弟之于此，如適千里者未出户庭。然曝温芹美，思以爲獻，不自覺其老生常談之可厭也。連日病齒，答多未盡，乞兄再窮究之。

與安我素一

天地間需才爲急，知人甚難。君子經世，原與斯人爲徒，望兄所在精察人品爲要。方人爲聖人所不暇，而不知人，聖人所深患，二者相去遠矣。眉批：真學問不可避方人之嫌：一口中月旦；一心中辨察。

足下清曹杜門，春日更遲，何以爲功？須以半日讀書，半日静坐，白沙所謂「静中養出端倪，方有商量處」也。天理無窮，人欲亦無窮，於此日損，則於彼日益。雞鳴而起，向晦宴息，中間何所事事，最是喫緊着力處也。所謂人欲，亦豈獨聲色勢利？只服食器用纔有牽戀處，便是欲。須打掃得潔潔凈凈，方見無事之樂耳。弟正有志而未逮，敢爲同志告之。

答安我素二

兄此行討一入頭，是暮年大享用也。此事只在篤志，真信聖人朝聞夕可，不聞不可也。一念竦然，即此竦然之刻，便是放心收回之刻，當下認取，自後放即收回，以直養之而已，無他事也。所謂放即收回者，纔覺放，便已回，更別無收。所謂以直養之者，不入纖微事也。覺其放者，乾知也，乾知大始，如閃電無踪；直養者，坤能也，坤作成物，如住宅可守。

弟有静坐説，是守之之法，書以請正。萬不可做有作有爲功夫。一涉有爲，即是假法，決不見道。眉批：何嘗不説無爲，其説無爲却如此。蓋此事本體原是無極，故功夫不得有爲。合功夫之謂本體；合本體之謂功夫，二之則不是矣。

辱兄清問，以弟所知者，備采擇可也。

答錢啓新一

承教聖賢之言，語語是的，吾丈見其的矣。若識得朱子「東風面」「源頭水」，則章句亦便是朱子，只争這些子，故百年來無端生出許多説話來。

再觀丈與涇凡辨論，涇凡所謂心便有兩，大是險語，先後天之説，亦因時説生，似不必然。「夫人之心即天也，聖人不過即先後以明其合一」，丈此語最是。至心性之辨，實是難言，在人自默識之。丈所舉整菴先生之言曰「天人本無二，人只緣有此形體，與天便隔一層，除形體，渾是天也」，又曰「人心之體，即天之體，本來一物，但其主於我者謂之心耳」，又曰「静中有物者，程伯子所謂亭亭當當、直上直下之正理是也」，又曰「心性至爲難明，謂之兩物，又非兩物，謂之一物，又非一物，除却心即無性，除却性即無心，惟就一物中分剖得兩物出來，方可謂之知性」，數語已顛撲不破。吾丈謂「心之理便是性」，六字亦顛撲不破矣。

尋常見世儒以「在物爲理」爲程子錯認理在物上，以「窮至事物之理」爲朱子錯在物上求理，頗爲絶倒。此不獨不識理，亦不識物，名爲合心理而一之，實則岐心理而二之，此程子所以喫緊，謂〔二〕學者先須識仁，識得此理，自不作如此見解也。老丈之意，惟恐學者開剖割裂，岐心性爲二，竭力指點曰「虛靈知覺者，即精微純一之備具也」。誠然誠然。然要在人之用功〔三〕何如。若存養此心純熟，至精微純一之地，則即心即性，不必言合。如其未也，則如朱子曰「虛靈知覺，一而已矣」，「而所以爲知覺者不同」，不嫌於分剖也，何如？

與錢啓新二

覲華歸，訊知道况殊勝，先生所爲，退亡喪、進存得也。道理實是如此，非千休，無一得矣。

〔二〕「謂」，底本作「爲」，宜從康熙本、四庫本、光緒本改。
〔三〕「功」，四庫本作「力」。

易象經先生説明，一字一句既知來歷，今只味其言外之味，受用無盡。先生居其勞，某輩居其逸，何德如之！

年來此身在易中，如魚在水；此易在身中，如春在木。看得世間吉凶悔吝，頗覺了了，而世人懵懵，愛莫能助，如何如何。

與揭陽諸生

別來加工何如？静坐收攝浮蕩精神，舉動守聖賢法戒。「貨」「色」二字，落脚便成禽獸。眉批：先生將「名」字略放寬，以誘後學。貧儒少年從此清楚，方有根基可望。舉動不苟，則虚明中無悔尤之擾，静處益得力。静處收拾寧定，則事至物來，方能審擇是非，不迷所向。兩者合一交資，而尤以静定爲本。每日如此用工，不患人品不成。意念高遠，襟懷灑落，加以讀書精專，不必求工文字，自無不工之理。所業既工，科第自在其中，又何必營營於得失，自累其虚明，使彼此兩失哉。此鄙人近來灼見，決不誤諸兄，千萬加察。三千里外遥思往日相與之雅，愛莫能助，惟此言可贈耳。

與管東溟一

蒙先生印許，謂攀龍于本體上頗爲得手。得手則豈敢云，略知下手而已。蓋此件事下手最難，緣下手處多是錯也。眉批：管翁最輕躬行，差到極處，且未問其議論之誤也。昔賢云「未曾識得，涵養个甚」，未曾識得，則纔着意，便落安排；任其自然，便成昏昧也。自昔聖賢兢兢業業，不敢縱口說一句大膽話。今却不然，天下人不敢說底話，俱是學問中人說。眉批：箴之甚切。以心性之虛見，爲名教罪人者多矣！打破一桶，又做一桶，末學未臻斯境，想像應然，使心意勉勉循循，俟其自化耶？却別有工夫耶？望先生教之。眉批：請教亦寓箴規。

與管東溟二

竊窺先生大旨，要在統一三教。所以統一三教，爲欲度盡衆生。此是先生願力，其他種種法門，皆繇此起用。蓋先生實見得毘盧性海本共一家，而三教聖人原無二性。分吾儒，分二氏，總是妄生分別，反使大道自限藩籬。故拈出「群龍無首」，破道統之說，使素王不得獨擅其尊；拈出「敦化川流」，示遮那全體，見儒教不過三流之一；創遡太極於無極之旨，欲學者從此悟虛空法界之體。不然，終落儀象五行。立聖體、仁體二宗，見宣聖、元公而下，儒者不過究竟仁體，猶未窺見頭顱。先生牘中大義數十，此其最著也。

蓋先生於佛氏之學，可謂精詣其體，而大弘其用者矣。然於聖人之道，終有不合。攀龍自奉教以來，虛參實體久矣，决不敢以口耳之間，求異于長者。但微細體勘，儒釋源頭相似而實非。佛氏渾淪空體，真彷佛太極，而實非聖人之太極；得無所得，真彷佛中庸，而實非聖人之中庸。此處最難下語，最未易信，除是盡置佛學，反求諸六經，切証諸日用，另開眼界，另作思維，自然見之。見則不獨路徑敻殊，直是源流各別。

說者曰「儒釋體同而用異」，是大不然。道本無體，體本無朕，只就用處見之，繇其用處如是，所以知其本體如是。試看儒佛用處何如，便可默識其體。故三教之異，非其川流之別，實是敦化之殊，非二本也，此一理耳，聖人體之，凡民由之，異端背之。

然既曰一理，何以有此異端？亦是此理中合有此端。蓋天地間對待之理，有陽便有陰，有晝便有夜，有明便有暗，有中國便有四夷，有吾儒便有二氏。佛氏之教，陰教也。觀其生於西方，宗於夷狄，所言皆鬼神之事，概可見矣。自古陽分中極治之世，何嘗有佛氏來！陽極盛則陰生，三代之時，世界已屬陰分，至孔子之時，吾道大明，其盛已極，而佛老遂竝生於其間。迨後世運益下，聖道益衰，夷狄亂華，佛老司教，各以其類也。然陽全陰半，故聖人之道通於幽明，而二氏之學不可以治世，又其定分矣。眉批：勿視爲粗迹語，實抉破大頭顱。

其在今日將奈何？曰：使之各得其所而已。儒宗孔、釋宗佛、道宗老，斯不害不悖之義。先生所謂祖述仲尼，憲章聖祖之實也。何則？儒者自應誦法孔子，孔子道無虧欠，本不須二氏幫補。聖祖所以不廢二氏，不過以其陰翊王度，使其徒各守其教，亦未嘗合之使一也。故儒者闢之，扶陽抑陰之人事也。其次分之，觀于陰陽消長之天運也。而先生乃以統合三教，爲今日經綸天下之大經，豈其然乎？抑嘗熟玩先生之書，而思得其故矣。人之于道，猶足之於路，只分岐處一步左右，以後便各成路徑。原夫先生從明哲悟入，以趨大覺之體。迨後讀華嚴見性，益契無倚之智〔二〕。至於儒者六籍，眉批：從未究心六經。皆先生悟後印證，故究竟只成佛門見解。觀先生以「神武不殺」「飛龍大人」「至聖至誠」「過此以往，未之或知」之類，隱隱皆推重如來。而所謂乾元，所謂太極，所謂敦化，隱隱皆指毘盧性海，蓋所見無非是物也。至于尊崇儒矩，排斥狂禪，亦不過謂世法宜然，而窺先生之意，實以一切聖賢皆是逆流菩薩，本無三教，惟是一乘耳。故攀龍謂先生之學，全體大用總歸佛門。而後之信先生者，必以牟尼之旨；疑先生者，必以仲尼之道。

龍謬承先生之教，使推敲其説，以决千古疑信。此是先生體道虛懷，龍何人，敢與于此？伏而思之，先生既以赤心俯詢，龍何敢不直心仰答。如前縷縷，蓋是千古同然之疑，幸當先生之世，一〔三〕明决之，學者幸甚。

〔二〕「智」，四庫本作「旨」。
〔三〕「一」，四庫本作「以」。

上儕鶴趙師一

渭南居鄉不識賢令尹，居官不識賢鄉紳，復何言其他事。眉批：知人原是第一事。龍今年自東林會期外，即入山閉關，以學問宜静，以衰年宜静，以時局宜静，此時山中人不一味静默，非學矣。老師以爲何如？

上趙師二

龍去年得胸膈之疾，殆矣。急勇猛擺脱，一切世事，盡情棄捨，終日怡怡，觀大化流行。久之，身心内外，瑩然朗徹，病亦自愈。眉批：忘懷退疾，益信戰勝而肥。自喜因病得藥，又因藥得病，不免習成懶惰。

令侄丈在此年餘，于老師亦無一字報聞。秋來方始整頓，伏念老師當此秋爽，不知于何處行樂，以何事爲樂。世局如此，總無開口處，總無着心處，落得做個閒人，自家性命，自家受用而已。見老師種種製作，于海内知交，如齧十指，十指應心，負老師一點痛心者，非人哉！龍滋懼矣。

上趙師三

老師位冢宰，正百官，天下賢俊鼓舞相慶，天之留碩果，使陽剛來復也。國祚靈長，於是乎徵。况老師之命甫下，皇子之生接見，陽德一亨，福慶交集。龍不意晚景見此盛事，日爲笑樂而已。

方今天下之害，在天曹不清。天曹不清，在司官得頂賂，而引用匪人，衣鉢相禪。除得此弊，而精選天下正人君子以寔四司，是第一義。又精選巡撫以安民生，精選學道以端士習。其于治理，思過半矣。

答趙師四

世情難調，自古而然。調世情者，非在世情中煅煉極熟不能。以老師天際真人，俯視世情如蚊蠅，而能爲蚊蠅相調乎。然譬之入海者，既在同舟，不得不調其捩舵、開頭、持篙、擊楫之人，在彼則世情，在老師非世情也。渡苦海者，法當如是，無可奈何矣。眉批：以援世，不以媚世。

候趙師五

奉老師之命，不敢言時事，亦不忍言也。惟是老師之事，每念及即不能眠食。所誣坐者，不知將何究竟，老師何以應之。當此患難，非平生學力，抵當不過。老師得力者，專望詳示。龍屏居湖干，不見一客，洗心待盡而已。但見本性本無常變，變動他不得。一切變幻，皆銷歸於此，此則可對老師言者。

謹遣一豎，一以候老師之安，一欲印證行持，一欲知貴地當事所以措置斯事者，貴郡公爲御泠門人，御泠爲老師至切，良不易得。

龍嘗謂惟天下大人物受得大磨折，蓋天欲立千古榜樣。老師暮年一出，擔此大擔子，定數也，豈可逃乎！惟祈老師善自保衛，候天之定。

答錢御泠

翁臺正氣天高，深心地厚，真世道所藉覆載。敝師趙儕翁先生久不聞問，近日始馳一豎候之，乃翁臺嘿默救援，眉批：四字今古妙用。真懇如是。殆九廟之神，借靈於仁人，非偶然之故也。捧緘感而欲泣，異夢兆自翁臺，必有奇應。辱貺，謹拜茶笋，以享明德。

答葉臺山

攀龍迂鄙無似，少讀孔孟之書、程朱之訓，退而體之日用彝倫之間。恨稟賦庸下，愈鞭策愈蹇躓不前，故覺聖賢之言，愈淺近愈精深。蓋一字一句，有終身用之不盡者。乃欲舍是而更求異端之説，直當面蹉過矣。故嘗妄意以爲今日之學，寧守先儒之説，拘拘爲尋行數墨，而不敢談玄説妙，自陷于不知之妄作；寧稟前哲之矩，硜硜爲鄉黨自好，而不敢談圓説通，自陷于無忌憚之中庸。積之之久，儻習心變革，德性堅凝，自當恍然，知大道之果不離日用常行，而步步蹈實地，與對塔説相輪者遠矣。鄙見如此，所謂學究頭巾語也。

門下闢邪衛正之意，真矣至矣。而所取如龍者，則非其人。然願以此折節下士之誠，廣求海内，必有以副門下之意者。使此意引而伸之，浸昌浸明，來復有日矣。

答朱平涵

年丈以地方役事，冒群譏衆訕，毅然爲小民造命，此大丈夫所爲。即此一事，他日立朝之概可見。居廟堂之上則憂其民，處江湖之遠則憂其君，此士大夫實念也。居廟堂之上無事不爲吾君，處江湖之遠隨事必爲吾民，此士大夫實事也。眉批：只一「實」字，不實便非學問，非人品。實念實事，在天地間，凋三光、敝萬物而常存。其不然者，以百年易盡之身，而役役于過眼即無之事，其亦大愚也哉。弟丘壑中腐物也，有虚見而無實用，舍年丈其誰與歸！

尊柬有云，弟與王年兄論動極静極之説，已忘之矣。然吾輩學問，以眇爾六尺，爲太極作个骨子，則陰陽動静又不足言也。何日得一抵掌，臨書慨然。

與蕭自麓一

先生年高德邵，愛莫能助，惟是大化流行，未嘗止息。君子之學上達天德，非法天，行何繇焉。聖王之德至矣，而几杖户牖之銘，工瞽史巫之警，如是兢兢者，以宴安之可畏也。則孺子可爲長者誦斯言矣。

朱子已畢覽否？攀龍敢斷謂：士不志於聖人則已，苟欲求聖人之道，必從此入則無差。夫聖人之道，「閑邪存誠」一語，本體工夫兼至。而夾持之功，則莫如「敬以直内，義以方外」兩言之簡而盡。敬則是敬，義須索精，故在格物致知。敬義立而德不孤，夫然後精明的確，而無似是而非之弊。不然，知敬而不知集義，則偏陋固滯，或有敬非其敬者矣。程門之學，其大端不出乎此。特其旨雖顯，其言甚微，至朱子而始發明詳盡，學者便得下手耳。統惟乘時努力，勿隨俗悠悠爲望。

與蕭自麓二

某近來爲學，雖知所歸宿，第欲根隱伏，世情隨觸而動。眉批：先生尚説欲根世情，人可不自搜剔？收攝來，即有貼定時節，而氣未澄凝，終非天性本來面目。默默點檢，千病萬病，只是志不耑一。想亦别無巧法，專一陶洗，收攝將去而已。

園池清幽，借棲聽教，客舘閒身，學力必倍。昨乃匆匆思歸，既歸而始悔之。孤興時飄飄而動，終無奈老親在堂，洒落不得也。

妻叔王謙齋名大益者，司理於漳。先生有意惠教，或可覓便寄書。三千里得先生一語唤醒，醉夢中人當必有躍然而起者矣。

陸古樵兄歸，所詣必深。異日肩任斯道，廣先生之教者，其在斯人乎！清侍未期，臨書黯然而已。

與羅匡湖一

學必須悟，悟後方知痛癢耳。知痛癢後，直事事放過不得，蓋盡性知命之難也。先生過來人，以爲然否？

二小刻請正，是否，乞判一語。此請殊非漫然，仁者萬勿棄之。

答羅匡湖二

人自有生以來，一念妄想，相織相續，至死不已。惟仗學力深透，此念忽破，則真心豁然顯現，方知前者之爲妄。迷悟一關，聖凡千里，其要在一念之破不破耳。先生過此關久矣，然悟前妄爲主，見真體固難；悟後真爲主，消妄想更不易。十二時中，空過不得。作何功課，幸詳教之。

答羅匡湖給諫三

貴鄉飢，而老先生盡力如此，真學問也。大學以「明」「親」「止」爲一物一事，就中揭出本始，使人知所先後，而先於格物致知。格物者，究竟到極至處，知本之所在，即「明」「親」「止」一齊在此，其義備於淇澳一段。蓋知本確是格物，而此段又確是知本。大學明言「此謂知本，此謂知至」，此段又明言「此謂知本」，不得紐合誠意中。老先生以知本爲致知，大旨已了，文義久當自會。

蓋攀龍是數年憤悱得之，非漫從也。如刻教不知在腸中幾盤旋矣。得一「本」字到手，更有何事！但此事頭面易見，肺腑難窮。古人下「格」字、「致」字，萬分鄭重。老先生洞悟心靈，只體貼天理便見。天理與心靈，又豈有兩物。妙在「體貼」兩字耳，只在一部大學中，懸空體不出，泛濫亦體不出也。盲人之見而陳於離婁，得毋一噴飯耶！

答耿庭懷

得教推求光景之説，甚幸甚幸！聖門所貴默識，正謂須識得此體。此豈以静而有，動而無耶？既識得，則惺惺了了，自然知是必行，知非必去矣。若用處一差，即是本體不徹，而所謂見者乃虚見也，虚見之謂光景也。如静中觀喜怒哀樂未發氣象，此爲未見道者引而致之，正令于心無所着時，默識其體，此見性之捷法也。真見得天命之性，則真見得道不可須臾離，雖欲不戒懼慎獨，不可得矣。戒懼慎獨，亦不過一靈炯然不昧，知是必行，知非必去而已。所以然者何也？此件物事不着一毛，惟是知是必行，知非必去，斬斬截截，潔潔凈凈。積習久之，至于動念必正，方是此件。眉批：是必行，則胸中無事，一非不去，即介介留許多不安處矣，何繇復得人生而静以上？不然，只是見得他光景，不爲我有。試體行不慊心之時，還是此件否耶？某平日體驗如此，不知是否。望老父母更正之。

與陳思岡

兄近來學力何如？性體豁[二]露否？正念現前否？二義實相須：性體不透，决不得正念現前；正念不純，所謂性體只是虚見耳。兄試體之，以爲何如？

復錢漸菴一

東林會中，傳先生發「改過修慝」之義，尤爲同學日用精切工夫。自兹以往，日事斯語而已。

往者見禪林古德有言「末後世，明道者多，行道者少」，惕然有省。竊以爲于今之時[三]，不患本體不明，惟患工夫不密；不患理一處不合，惟患分殊處有差。必做處十分酸澀，得處方能十分通透。天下事大抵皆然，得之易，失之亦易也。先生以爲何如？

[二] 「豁」，康熙本、四庫本、光緒本作「發」。
[三] 「時」，康熙本、四庫本、光緒本作「世」。

復錢漸菴二

席上之言，貢其狂瞽，亦蒙采擇，見老先生虚中無我之至矣。知危者便是道心，此提最醒。得此欛柄，至於精一執中，無難矣。

何莫非虚靈？中間層級，萬有不同。即如一小事至前，所以酬應區畫之者，孰非虚靈？然要商確到極停當處，便有許多推敲；要果行到極慊心處，便見許多揺撼。于此見道心之微，而精一允執之要也。眉批：堯、舜、周、孔而下，壹是皆然。人心一片太虚，是廣運處，此體一顯即顯，無漸次可待，徹此則爲明心；一點至善，是真宰處，此體愈窮愈微，有層級可言，徹此方爲知性。眉批：辨心性莫明於此。

或曰：至善是現成天則，有何層級？

攀龍曰：所謂層級，就人見處言。身到此處，見到此處，進一層又一層，見到天然停當當處，方是天則，此即窮理之謂也。

或曰：虚到極處，便見至善，豈虚是虚，善是善？

攀龍曰：只看人入處何如。從窮理入者，即虛是理，虛靈知覺，便是仁義禮智；不從窮理入者，即氣是虛，仁義禮智，只是虛靈知覺。緣心性非一非二，只在毫芒渺忽間故也。老先生試爲一參究而終教之。

與徐匡嶽大參

大學一書，某于文義尚有不決于中者，近始決之。此與李先生稍異者，以格物致知而知本，以知本爲物格知至耳。至于主意則在知止，工夫則在知本，一也。吾人日用何曾頃刻離着格物？開眼便是，開口便是，動念便是。善格物者，時時知本；善知本者，時時格物。格透一分，則本地透一分，止地透一分耳。老先生試體之。

答曹真予論辛復元書名全，河汾人

復元公，聖質也，見在已是吳康齋先生等輩矣。說者謂康齋不及白沙透悟，蓋白沙於性地上窮研極究，以臻一旦豁然；康齋只是行誼潔修，心境静樂，如享現成家當者，快樂受用而已。然其日漸月磨，私欲净盡，原與豁然者一般。即敬軒先生，亦不見作此樣工夫，至其易簀之詩謂「此心惟覺性天通」，原是此樣境界，不可謂其不悟。復元公再肯進此一步，大儒矣！但恐其質妙行敦，身心已定疊得去，日用已洒落得去，不信有此一步。只有一試法，須自知之：有妄想否？有倚靠否？若有妄想，即樂亦須假物，如讀書亦假借也；若有倚靠，即敬亦是倚靠，如以敬直内，便不是直也。

弟得其樂天集，如飲沆瀣，不忍釋手，故不能奉璧。更望翁臺再見賜其養心録，千萬千萬！

與劉雲嶠一

千古西江爲道德忠節之區，今海内所傾心注目者，台丈與南臯先生而已。儒者經世之學，不格物、不止善，毫釐千里，所關于天德王道非小。望台丈於憂中，更進百尺竿頭一步也。

弟晏居深念，以爲當今世道交喪，無計挽回。惟是諸君子深明此事，則或出或處，總是撑拄乾坤，自[二]餘非綱要所在也。台丈以爲何如？

與劉雲嶠二

今之學者每好言悟。夫悟誠足重矣！非悟則無默識，非默識則何以學、何以教、何以不厭不倦。然悟者，虚靈之偶徹，本體之暫現也。習心難忘，本真易昧，故非真修，不足以實真悟。若使天下萬世之念不切，好善惡惡之意不誠，徒執一見，自作過活，假饒身心安頓得下，恐非千聖血脉也。眉批：虚見地，自了漢須自窮究。知年丈辨之審矣，弟懼謬誤，正在臨岐，不審年丈何以教之。

復朱密所

嘗讀孟子曰「能言距楊墨者，聖人之徒」，未嘗不廢書三歎。夫曰能言而已，何遂爲聖人之徒？蓋誠有大不忍于心，如新亭之涕，視神州陸沉，汲汲望天下勤王之師也。茲

[二]「自」，康熙本、四庫本、光緒本作「其」。

者天幸海内聲氣稍動，吾輩既得路徑不差，須從身心上實履出來，乃爲能言，乃可距楊墨。弟雖不敏，請從老公祖之後，鞭策其駑駘疲足，以不負斯語。

與何天玉一

諸賢得釋，海宇同歡，况足下之于僕耶。聞報之日，亟呼酒稱慶，一時侍兒亦有奇喜，可見心之同然。今足下已置身雲霄之上，足以羽儀天下，所被服者明霞，所餐者沆瀣，乃纖塵不到之境。若如光音仙人貪食地肥，便身重不能上天矣。慎哉自愛，僕恃道義之愛，敢發此狂言。然人心甚危，雖豪傑之士常不能自制，須得義理栽培，讀書賢于他好。知足下有味斯言也。

與何天玉二

昨與門下無語不契合也。區區鄙意，則以門下既開此眼，更無别事，足赴之而已。眉批：切切只勉人躬行。離之初九，惟敬錯然之履，一片大光明，日就月將在此，所以爲踐形盡性也。困知録已卒業否？以爲何如？

答吴安節年伯一

聖學不全〔一〕靠静，但各人禀賦不同，若精神短弱，決要静中培擁〔二〕豐碩。收拾來便是良知，散漫去都成妄想。眉批：極得力於静，故知之，亦可言之。益驗念菴先生無見成良知之説也。

答吴安老二

人生處順境好過，却險；處逆境難過，却穩。眉批：此點醒近淺，然最親切，先生每每揭出，自有當可處。世味一些靠不着，方見道味親切。道味有些靠不着，只是世味插〔三〕和。兩者推敲，儘有進步。若順境中，一切混過矣。當此世局，正是玉成，不可不知也。

〔一〕「不全」，底本互乙，宜從康熙本、四庫本、光緒本改。
〔二〕「擁」，四庫本作「養」。
〔三〕「插」，四庫本作「攙」。

老年伯玩易了心，是無上勝事。滿目生機，充塞無間，人于其中，藐然有身。但胸次不着一物時，内外融徹，純是易也，即易是心，無心可了。鄙見如斯，老年伯以爲如何？

答吴安老三

官至九列，當邪正水火之時，而屹然持正，不失天下之望，非老年伯平生學力，何能得此！聖人重成名，豈好名者可得而假乎？總憲公完名去矣，協院公以巧成拙，只看今日結果，便知當年下種。造物之于人，真者必顯其真，假者必破其假，静中觀物，良有味也。

賢孫之變，誠爲不堪。第看破一命字，便可一切放下。知老年伯之朗照，在群物之表矣。

與洪桂渚

邇來道况何如？世局如此，吾輩自檢處，欲日虚日密；自信處，欲日堅日泰也。近因一二事，觀天人之際，如呼吸相應。詩云「胡不相畏，不畏于天」，甚矣！天之可畏也；甚矣！天之可恃以無畏也。丈自可默識于言意之表矣。

答陳伯襄憲副

侍於君子以來，忽即歲月，門下敭歷中外，實心實事，眉批：四字寫盡先生一生。日見之行，此之爲德以迓福者，可涯涘耶？今年大浸稽天，民在飢溺，此仁人盡力之秋。門下居尊職要，凡念諸懷、吐諸口者，皆膏澤也。此地此時，得愷悌如門下，真上帝不絶民命矣。弟迂疏腐人，年來惟是朝聞夕可一事，如盲者在途，倀倀乎其未有適，無足爲門下道者。猥辱存念，奬借逾分，是門下與人爲善之至意也。惠書惠儀，謹拜長者之賜。

楚中歐陽宜諸，精金良玉也，隨事幸一表章之。他如郭明龍、周二魯，皆門下友善所宜及，附以聞。

龍正謹按：是時先公副楚臬，以予輩累多，不攜之官，故貽先生原書未及見，讀先生報章，德業相勸，而先公拮据賑濟，果已多方。又歐郭諸公與先公不約而孚，信乎同心之言，其臭如蘭矣。

與吳子往一

接教言連日精神不暢，此不可放過。凡天理，自然通暢和樂，不通暢處，皆私欲也。當時刻唤醒，不令放倒。作科第業不足妨兄，但見得顯晦分定，毫髮非人力所爲，信得徹底，此一片田地方潔净，方有做工夫處。不然，任是嘉種，田地蕪穢，發生不起。韓昌黎曰：「將蘄至于古之立言者，則無望其速成，無誘于勢利。養其根而竢其實，加其膏而希其光。」夫昌黎之論工爲文章者，且當如是，况求聖人之道者乎！

與子往二

荻秋大足陶鑄學者，兄勉之。弟所見兄閒適之味多，研窮之力少。故經年之别，而無疑義相參。坐讀書不多，悠閒過日之故也。眉批：子往先生嚴事忠憲，服而感之，以此。

兄之文章，自是錦心繡口，一時絶調，毋過怯之而苟安焉，使此事進退維谷，反爲靈府之累也。亦在多讀書，使外來之聞見，與性靈之趣味相浹，出之不難矣。讀書而氣逼塞不暢，此是内外相拒，不相乳入之故。勿顧而愈前，至于旬時，彼此相粘而融融矣。

心即理，理即心，理散見於六經，聞見狹而心亦狹，非細事也。兄勿疑於此。

與子往三

與兄别後，此件工夫無可告語印證，殊無日新之益。家居只隨分應酬，尤悔日積。但徵色發聲之間，皆爲煅煉琢磨之助，亦自得力。因此愈知直方之工，動静一體而成。静中有毫髮私念攙和，便不能直；動中有毫髮世情粘帶，便不能方。愈直則愈方，愈方則愈直，妙處真不容言也。

兄静坐已得身心妥貼否？有不妥貼處，皆屬安排，皆非自然。蓋此個心體無有形體，無有邊際，無有内外，無有出入，亭亭當當，直上直下，不容絲髮人力。但昏雜時，略綽喚醒，一醒即是，本體昭然現前，更不待認而後合。待認而合，則與道爲二，反成急迫躁擾矣。

日前見兄多有無事生事處，眉批：以深相知，言極剴直。或因用工煩惱、或遇佳境貪戀、或修業而又慮累德、或修德而又恐遺業。此等皆非「主一」「先難」之義，甚乖湛然之體。要於此處灑灑落落，始覺自在耳。至於静中，不可空持硬守，必須涵咏聖賢之言，使義理津津悦心，方得天機流𢡟。兄試體之，大抵性命心切，天下事自無不可爲。不然，則虚生虚死。

吴子于善無所不受，故高子言無不盡。高之切，正見吴之虚。

與子往四

弟觀此道既爾充塞，形色即是天性。但隨身所在，一切整齊嚴肅，許大乾坤，便樞紐在此，總無餘事矣。

歸途或來訪兄。

與周自淑

東省大災，古今罕見。吾兄貧而當此，不知何以作活，每恨無魚雁可通此念也。關中馮少墟先生講學，外世爲局；此中顧涇陽先生論學，與世爲體。當時見涇陽先生爲大，此時覺少墟爲高。何者？與世爲體者，世與爲敵矣。弟年來又受世敵之益，一切動忍，爲洗心退藏之助也。

答史玉池

定志之教，丈甚見其大。弟即反而思之，於三賢所謂毅然己任者，來書云：范文正以天下爲己任，司馬公以天下是非爲己任，明道先生以興起斯文爲己任。惘然無有也。今日爲計，惟有責志，不責其無三賢之所任，責其無三賢之所學而已。蓋恐一念向外，不免有舍己田而芸人田、代大匠斲之病也。

弟居平惟日取諸聖賢書，循循而讀之，内體諸身而合，外應之事而順，自不覺其篤信而深好之。故自學庸語孟，周程張朱諸書而外，不敢泛有所讀，確守師説，亦不敢自立所見。出而應世，一秉其所信，亦不敢有所委曲求濟於其間。眉批：人所忽略在此，故難能在此。先生只是認真，便到聖人，也只「認真」二字。不審其間尚有弊病否，乞爲弟細察之。

弟極愛魏莊渠先生言：「吾輩若透却名利關，人安能軒輊我，縱毁我、譽我、萬方我，只消不見不聞，便都了却。我若是真金，儘教他做烈火，倘還有些渣滓，却藉他做洪鑪，猛煎熬一過，添我多少精神。」此與行無忌憚而不恤人言者相霄壤。丈所謂大爲警悟一番，但不可因之動忿心者，正兩得之。若於此不透，正坐爲己之根未深。怒於毁者，必喜於譽，却似平日所爲好事，不過欲人道得一個好，於自己性分，都無干涉也。

玄臺兄昨相聚兩日，藺淡之趣，殊足以藥弟之所不及。又言「吾輩氣象，須要涵養和粹，始得。即人以非理相干，但勿從之，不必生疾之之意」，弟深服其言。其他見解，多有不然。自孔顔濂溪明道而外，如曾孟小程張朱，皆有詆議。察其深病，不免落於禪宗。吾丈會時，當切劘之。此兄今人所難得，不欲其終於此而已也。眉批：深愛。

與周念潛

得吾丈秘書之報，喜而欲狂。蓋得其人則邑中之庇也，非其人則蠹也，庇與蠹，相去遠矣。眉批：都從百姓起念，他人只見朋友。令先公不爲蠹者也，故天以丈報之。丈慎自愛，萬里之行自此始矣。

都下人事碌碌，能讀書否？有直諒多聞之友否？每讀論語至論齊景、夷齊處，便令人意思拔污泥而升雲霄，讀孟子陳代景春章，浩浩然俯視寰區，俗物都茫茫矣。此野人芹味，試爲丈獻之。

與張子慎

賢郎留邸中爲佳，少年拘檢數歲，可望成性也。

別來兄進修何如？擺一分俗趣，入一分道味，勢不兩立者也。如兄聰明，何事不成，但恐志立兩岐耳。今人自孩提至成人，父母之教，師傅之誨，曾有出於富貴之外者乎？

根心生色，不言而喻，此念已若天性，而真仁義反若矯揉，安望有超拔沉淪，能自覓求吾之所謂至富至貴者乎？非豪傑如兄而疇望？

曩時面語，今日緘書，弟之鄙誠，無出此語。蓋弟誠自體驗，廣居正路，人人自有，不待安排。只爲此賊竊據其中，故主人翁擯逐於豺虎荆棘之叢，曾不得頃刻休息。發大勇猛，誓不與此賊俱生，方能擴通道路，光復吾廬。舍此而談玄説妙，平居儘足自哄，恐當境分毫用不着耳。弟於此正在交戰之時，未知何日奏凱。雖然，吾之所謂至富至貴者，一日到手，外賊要不難除，内修外攘，正爾交資，莫兩相靠。

不審兄近日持行何如，風便幸一示知之爲望。

與吴懷野一

弟年來認得學問要約處，止一「性」字耳。此處真假，干涉非細。若不將有生以後添出者盡情放舍，不見其面目也。何日與年丈相默然，一印斯理。

答吴懷野二

弟學同人之學，無同人之精力，故欲自遂其幽人之分量，而以一歸爲快。畢竟東林掌記，乃弟實銜，五湖釣叟，乃是兼官，他不稱職。此實語，不敢妄也。

弟歸見敝邑東林諸兄蒸蒸上進，以弟衰耄，如着緊鞭。吾輩老矣，幸見未發性地，然欲從戒懼造于篤恭，必有須臾不離道之工夫，以復須臾不可離之道體，雖欲罷而不能也。理學家録置坐右，如日侍教戒，感謝。

答蕭康侯

不謂康侯罹此大慼。喪禮久廢，能勉而行之，即性體也。

心境易開，性分難盡，此悟修之説，非心性之辨，言不真修非真悟也。躬行君子，聖人所爲未得者。要形色純是天性，聲爲律，身爲度，做到聖人，亦無盡處。所以爲未得，實不可得也。故不悟之修，止是粧飾；不修之悟，止是見解。二者皆聖人所謂文而已，眉批：不修之悟亦爲文，千年同犯之病，千年未發之藥。豈躬行之謂哉！

問津書院成，門下當以身肩之。千古之業，只在眼前，不於他覓也。

復陳敬伯

人生不向道理上去，總是虚生；道理不向身心上去，總是虚語。早下手一日，省氣力一日。惟丈念之。

答周二魯

先生云「學涉玄虚，士迷利禄」，二語括盡世弊。天下無真事功者，繇無真學術。眉批：談學問都在虚處，何其過高；受病痛都在實處，何其過陋。學術果真，步步踏着實地，朝市山林皆有事在，不必得位也。

答瞿洞觀一

前尊丈爲我慮水銀詐死，良是。弟則謂原是真金，但一向埋没耳。弟自甲午年赴謫所，從萬山中、磐石上，露出本來面目，修持十五年，祇覺一毛尚在。去年一化，方知水窮山盡處耳。雖然，聖解一破立盡，凡情萬疊難銷，古德牧之爲牛，眉批：瞿好禪，即用禪機點之。弟則奉之爲君。夫何爲哉？恭己正南面而已矣。

寄瞿洞觀二

斯土士風民俗何如？廣土衆民，君子所欲。老丈得之，其與世俗吏傳舍一官者，必有如燕駕越轂，不可同年而語。所以苦心畢力其間，不言可知。廊廟山林，俱各有事。在山林者，一念不空，即非真體；有民社者，一念不實，亦非真空。眉批：觀世音復生，當爲心折。老丈從事心學已久，知於此裕如。弟正孳孳焉，未有得手處也。便中祈一示持行真諦。

與顧新蒲

人有言曰：「安詳是處事第一法；謙退是保身第一法；涵容是與人第一法；灑落是養心第一法。」信然矣！然何以能安詳、謙退、涵容、灑落耶？襲其事則不可久，求其真則不可得，遵何道而可？曰：「心存則是，心不存則非。知性則是，不知性則非。」何謂心存則是？心欲如是，則如是矣。何謂知性則是？知性之本如是，則心欲如是矣。不安詳者，躁也；不謙退者，傲也；不涵容者，隘也；不灑落者，滯也。躁與傲、隘與滯，吾性所本無也。復於性，則四惡屏、四美具矣。存心之謂居敬，知性之謂窮理，此二門者，萬善所自出，寧獨四者？故學貴務本。

與丁子行

見新詩，知況味遠矣。弟近來無他進益，惟見得人生只有一個念頭最可畏，全憑依他不得。精察天理，令這念頭只在兢業中行，久之純熟，此個念頭即是天理。孔聖七十，方到此地位，吾輩何敢説大話也！

答劉直洲

弟衰絰中，百里之内，得顧涇陽伯仲與玄臺輩磨勘商確。退而閒居，左右圖書，歲月殊不惡。

適奉手札，知足下禪根獨深，欲與弟共此美，足下念弟深矣。弟獨謂此道其徒自能爲之，非吾曹之所爲也。非獨不可，抑亦不能。何者？釋氏之道，始於止，妙於空。其空之妙，即空字更不容着，故至於滅而倫理，棄而事物，絶而思慮。其初雖鬚髮之微，覺爲煩惱，亦削去之，吾曹今日能乎？習其道者，兀坐一室，亦自有餘。一交事物，種種憎惡，至於顛倒錯亂，無可奈何。則强曰「不必安排」，頭頭是道，不知拂於人情、乖於物理者多矣。吾曹爲孔子之徒，自宜從孔子之教。足下誠取四書，沉潛體驗，篤實力行。無先立己見，强聖賢從吾。每一温尋，濯去舊見，以求新知。久之，自當知釋氏萬般指引，吾儒開口便見，釋氏徹底精微，亦儒家所不屑道者耳。

丈又云「近於二程書，更覺心適」，此丈入門之漸，而吾道得人之幸也。第先入之言，主張於内，爲力亦難。倘於高明未合，願姑舍之。眉批：劉欲以禪引先生，先生姑令舍儒。妙于拒，妙于引。萬勿援釋合儒，爲孔門大罪業。今之陽尊儒而陰從釋，借儒名以文釋行者，自陽明以後更大熾。足下才高力强，尤大可慮。與其似是亂真，則不若净守禪宗，借此路亦可淡灑世味耳。

弟無所知識，守先儒之説，勉循下學，但立志不敢不端。語曰「行百里者半九十」，足下姑取其志，考之于異日可也。不盡欲言諸，惟願足下臨事平情，毋輕喜怒，得情勿喜之道，常存之方寸，此爲弟負暄之獻。

與羅止菴

自得教誨以來，工夫雖多作輟，每輟每續，亦漸得力。止修合一，所謂「易簡而天下之理得矣」。

邇年來杜門，益肆力於周程張朱四先生之全書。洋洋乎！優優乎！窮子一日而獲其寶珠矣！嗟乎！今世之士，其無志於學者無論也。幸而志於學，則皆樂趨捷徑，率逃之於在彼在此之間，令人不可方物。李先生獨揭「止修」之旨，於是而自頂至踵，皆爲實地頭；無動無静，皆爲實工夫。其意微矣，其功大矣。善學者得之，則凡聖賢之言，皆見下落，如五味之相濟而不相爲病。眉批：夫子自道也。愚嘗謂見羅、南皐之學，惟先生乃能用之。不善學者，舉一廢百，亦有不覺其相爲牴牾者。何也？聖人之言，寬而不迫，雖至於千變萬化，而道則一也。李先生提綱挈領之教，説近于執，然而執則迫矣。故弟以爲既得其大本，則宜益涵泳聖賢之言，而寬以居之，斯爲不失李先生之意也。惟丈精察而更教之。

與王具茨

丈夫生世，即甚壽考，不過百年。百年中除老穉之日，見於世者不過三十年。此三十年，可使其人重於泰崋，可使其人輕於鴻毛，是以君子慎之。眉批：任是籠統人也提動了。僕老矣，此三十年從蠹魚中忽忽而過，遂於世爲不足有無之人。努力春華，敢望之大君子。案牘之暇，近思録不可不讀，謹致一册。聖度兄居恒道大雅津津然。春陽醉人，知仁者施政惠民，正如斯矣。眉批：婉而風。

答張雞山

龍每謂姚江之學興，而濂洛之脉絶。忽得大教，且驚且喜。不謂濂洛當再復中天，略玩致曲言，已窺見先生一斑，確然聖脉無疑。望先生以身顯道，眉批：「身」「道」二字代言行，微甚。使天下信其人而信其道，信其道而信濂洛諸君子之道也。有宋大儒，誠明之性，明道先生是矣；明誠之教，晦菴先生備焉。舊刻呈覽，諸有拙見，邇來正欲録出，當以明年寄正。

答吕釗潭大行

辱教舟行晏坐，此最勝之事，難遘之緣，惟夙根道器，能覿面不失耳。静坐只以見性爲主。人性萬物皆備，原不落空；人性本無一物，不容執着。性即天也：「惟天之命，於穆不已」，可以爲無乎！「上天之載，無聲無臭」，可以爲有乎！天即心也；當其感，皆天之用也；當其寂，即天之體也。必體立用行，故於静時默識其體。觀未發氣象，即默識其體也。觀者，即未發者也。不動於意，故不可以有意言，不可以無意言，總只是一片靈明，久着于物，故不靈不明。一念反觀，便靈便明耳，即此是性，即此是天，更無二物，以此觀彼也。

自來研證所見之涓埃，仰正於高深者如此，惟不吝往復惠教。

答王儀寰二守

三教各自爲宗，故起因結果，絶不相同。人但知性之不異，不知學之不同。夫子曰「性相近也，習相遠也」，學習不同，一者不得不三，非性之有三，習使然也。至於談良知者，致知不在格物，故虛靈之用多爲情識，而非天則之自然，去至善遠矣。吾輩格物，格至善也，以善爲宗，不以知爲宗也。故「致知在格物」一語而儒禪判矣。茫茫宇宙，辨此者實鮮。老公祖精研於此，豈非天之未喪斯文與！

答湯海若

龍爲舉子業時，則知海内有湯海若先生者，讀其文，想其爲磊落奇男子也。從入仕版，以未得一見顔色爲恨。乃辱手書之，及開緘誦之，喜心欲舞，及觀賜稿貴生明復諸說，又驚。往者徒以文匠視門下，而不知其邃於理如是。

龍嘗讀聖賢書，見孔子言仁，便說復禮；孟子言浩然之氣，便說集義。夫仁者與萬物爲一體，浩然之氣塞乎天地，可謂大矣。而拈出一「禮」「義」字，便分毫走作不得，其嚴如此。眉批：以放蕩爲廣大者，讀此作何愧悔。今時之學，非無見其大者，只緣這些子走却，便爾落草。門下諸篇，迥別時說，何勝爲吾道之幸。聊發所見大端，以望金玉之音。

答吴嚴所司封

弟抵家至郡中之日，即翁臺榮發之日也。後先半日，遂失一晤。令先公屈於一時，伸於千古矣，此是宇宙定理。弟嘗謂「以暫則正必不勝邪，以久則邪必不勝正」。正不勝邪者，陰陽盛衰之勢；邪不勝正者，陰陽尊卑之分。君子所以必屈於當世，必伸於後世者，以此。世界甚長，知者不於百年作小過活也。抵掌當於秋爽，微物寄意。

答區羅陽太常

伏讀老年丈明德疏，字字莫逆。弟去年有勤學疏，不過因大疏而望聖主以警悟之機、保任之法耳。謂其君不能，不敬莫大焉，故寧冒迂闊之譏，不敢蹈不敬之罪。

形色天性，即形即性，即性即形，此之謂躬行君子，此之謂君子所貴乎道者三，此之謂根心生色。聖學所以與佛學異者，只一「性」字。性者理也，理者矩也。從心所欲不踰矩，方是躬行，方是踐形。拙説蒙年丈印可，何幸何幸！「講之于口，體之于身」二語奉以畢世，不然只是講，不是學也。

弟已歸，恐弟南而年丈北，又未得于一水時通問也。

答吴進士

古人奉天命以周旋，不敢褻而棄之者，如士人得一第，天即以君民命之矣。仕宦而不于兩者起念，非天所命也。弟觀世間敝敗，皆緣此念不真。弟非能真者，不敢不以望天下俊傑如仁丈也。

答友人書

向者老生常談耳，然向世人語，便以老生常談一噱棄之。固知非門下之敏，不能味無味之語也。

得教喜躍無似，然尚在見解上盤旋。若便從此下手，一切放下，一切淡去，淡到極處，方是此平常真體。此體雖極平常，却極奇特，彼自能孝能弟能忠能恕，一毫不須人力攙和，雖聖人所不盡，却人人所共能。門下試默識。「默識」兩字，是隨時隨地隨事真工夫也。

答吴百昌中翰

至都下，適海内同志一時盍簪，可謂此生遭逢之幸，而鄒南翁、馮少老又以聖學相參相印。二老卒以學去，不肖亦將繼之，學之不容于世如此。然既謂之學，不必其容也。以容爲學，豈復有學哉！

想台丈學殖日積，道况日佳。蓋格致者，皆推究其極之謂。推究到極處，即太極無極，所謂至善也。此是一塵不到、萬理明净之境，况味何如哉！學之所以爲樂者以此。慕崇文如飢渴，想黄山在夢寐。未知此生還有此緣否，言之神往。

答田雙南

聖賢，息息只是學。聖賢之學，息息只是仁，所謂逝者如斯，不舍晝夜也，極平常、極奇特。若煅煉精純，渾是此件，即通乎晝夜，更無生死，豈不大哉！弟有志於此，而茫乎未之有及也。台臺取其一二推測之言，自是與善曠懷，使弟益勉勉於斯者，皆台臺與善功用矣。

致周懷魯中丞

三吴不幸横罹水害，是乃氣數適窮然。大幸台臺當路，此真天心仁愛。夫以萬萬生民，寄與台臺一身，天之所以待吴民者，可謂至仁；以台臺一身，活萬萬生民，天之所以待台臺者，可謂至重。邇者伏見大疏及一應文移，真足仰酬蒼蒼之意，俯慰林林之望，即某等亦不覺感激涕零，况忍死待拯之民哉。

竊惟目今民間雖未甚闕食，危急已在冬間。宜先知應賑人户之數，然後可預處米穀，預立給散之法。攀龍稽考古昔，咨諏老成，謹列三款，眉批：惜三款未見。仰備采擇。然此事所係，全在得人。即如審户、給散二事，欲正官爲之，勢必不能。當精擇佐貳，須台臺特委，許以特薦，免其一應迎送及本衙職事，使專意爲此。另給食錢，寬以日月，禁其煩擾地方。論令訪求各鄉公正有德之士，不拘紳衿耆老，相與商求，務使澤無遺人，人無冒澤。如不盡力，且以賄聞，即時鎖拏問罪。如此，庶幾事事得實。但佐貳官堪委者，極難其人，又須訪問各處公正縉紳士人耳。眉批：爲地方造事，全在豫知賢士大夫。又惟台臺爲民請蠲請賑，至矣，極矣，然又有事外之念焉。今杜監部實司農耳目，不可不使之自爲税計，預報災傷，不可不使之與台臺同心，密有揭報；劉税監實内庭耳目，不可不使之與台臺同心，密有揭報；此亦一助也。眉批：何等籌畫作用。伏乞采擇。

高子遺書卷之八上終

高子遺書卷之八下

書

與許同生父母

前奉教，造荒册之法甚美。顧荒之與饑，自是兩事。荒者田而饑者民，勘荒可一覽而百畝千畝，審饑則一日止三村四村。必急乘此風和日煖之候，了審饑一事，則飢民可計數而知，賑糶可相時而發耳。

夫賑饑不難于饑者必賑，而難于賑者必饑。賑者未必饑，則饑者未必活。何者？以有限之財，當無窮之冒，必不繼也。惟是隨門逐户，什伍相稽，當時給票，據票給米，自無中間展轉弊竇，民受實惠，喫緊在此。望仁臺亟給賑票及文簿，先就興道鄉四河口爲始。

蓋以此鄉爲最低最饑，且縉紳則有葉玄室兄之賢住居此鄉，可相參酌。

謹以票式及簿式呈覽，幸仁臺裁之。其餘勘荒勘圩，則可一舉兩得，待荒册造成，行之未遲也。

與林平華父母一

敝邑解軍之役，民間最爲重累。近易官解，百年疾苦一朝去之。但當時原議，每百里盤纏二兩，蓋念差役道路防閑之苦，經過衙門使費之累，故稍優之。于時當事者以爲太饒，每百里減去八錢。自遵行以來，則快手之累又不減於民，真有賣屋賣妻，猶不能償債者。眉批：破冒壞事，不知一意求節省亦害事。

近呈道尊蒙許亟行，伏乞老公祖即爲一申，復其原議百里二兩之額。庶幾民間衆擎易舉，出者不以爲厲；差役見利忘勞，行者不以爲苦，而此法可垂永久矣。

與林平華父母二

東林之政，仰荷主持，遂得徼寵於各位老公祖，儼然賜命，重之弘施，煌煌斯文，實式臨焉。然而揆之鄙衷，尚有不能嘿嘿而安者。

昔聞邑先達文莊邵二泉先生嘗建尚德書院，祀李忠定矣。比部華補菴先生嘗建崇正書院，祀七賢矣。還按東林故事，二泉先生嘗屬補菴先生重行改葺矣，竝不聞上煩公帑，下煩里中父老趨事也。惟是惠山尊賢祠，二泉先生寔倡諸衿紳共新之，則亦謀諸一邑而已。卒不聞上煩公帑，下煩里中父老趨事也。典刑具在，龍等何敢有違。

已而反覆思之，祠堂之設，主以龜山先生，配以羅胡喻尤李蔣邵七先生。崇往厲來，於是乎繫，是一邑之公也。至於會所之設，廣麗澤也，乃龍等之自求助耳；書屋之設，備藏修也，乃龍等之自求益耳，是二三同志之私也。其爲一邑之公也，請得奉揚明德，庶幾翕然興其仰止之思，以無負表章至誼；其爲二三同志之私也，請得退而守固陋之分，無容藉口談道之名，靦顔非格之賜，以致處非其據，貽誚伐檀。眉批：創事時如此嚴介，廿年後猶有刦運，舉動可不慎與！懇乞特賜鑒裁，轉達於各位老公祖。幸蒙許可，鏤刻有百倍于恒情者矣。

答湯質齋

弟觀自古聖人，參贊化育，只有「扶陽抑陰」四字。謂之扶抑，畢竟特有低昂。特有低昂，畢竟衆人不識。故衆人不識處，正君子苦心獨運處也。台丈云「不着一邊」，豈不爲持平極則？弟猶恐着一己意思，爲不着之着。不若廓然，只聽之通國正人公論，爲着而不着也。

答段幻然一

今上御極以來，江陵扇虐以後，未有如婁江之邪毒者，一切否局，皆其所造。廿年虺螫，一揭鴟張。而台丈于雜然群枉，獨獲大首，自此誠宜提綱挈要，相候乘時。凡天下之事，去其太甚，則人心胥服；求之已甚，則人心胥疑。匪特爲小人之藉，亦恐爲小人所乘矣。

答段幻然二

台丈云「斷粗慾易，斷細慾難」，誠然誠然！然學人難於不見道耳。台丈見道既久，只收拾精神，復於未發，乃爲着實。若放空擴去，猶未帖帖。「把住」「放去」，二者之病，知丈所不蹈也。二者幾微之異，試參之。

與段幻然三

知道體去歲頗有微恙，台丈星度年來未佳，慎之慎之！

世事如此，正論之伸無日。然諸人舉動，又豈可久可大者乎？吾輩苟志於道，此等事如陰晴遞變，何足道哉！道之行也樂而憂，何者？兼善難也；道之廢也憂而樂，何者？獨善易也。今日衡泌之樂，諸公貽之，彼以爲足以困我。安知我輩寔以爲德與。

與段幻然四

弟以出山故爲世不容，老父母不出山，亦復不容。何耶？然有口如簧，不能易異代之白黑；有衆如林，不能亂上帝之視聽，他又何足計乎？

雖黨禍未知底止，暫得閒身，儘作静功。吾性中却無門户，天爵自貴，廣居自富，在人自領受耳。眉批：至哉！

敝鄉去年大水，今年大旱，人害天災一時并集，非此學，真難過日也。楊大老得生還，弟死無恨。諸無足言者。

與徐十洲一

台丈在鹺司，諸人密伺。弟謂鹺事當重於惠商，而輕于稽弊。商之弊即上之惠，方便之弊與耗蠹之弊不同也。眉批：非仁不能智，先生大仁故大智。

又聞有二上舍，常持台丈手書騙人。與人刻期曰「某日當有某檄下矣」。幸其言多不䜅，人之疑信尚半，乞爲一密察焉。眉批：忠告善道。

答徐十洲侍御二

救競以恬，救囂以靜，吾輩宜以身先之。弟於東林，只爲乾之惕，坤之括。大會亦不舉，只與同邑同心，默默做小學生規行矩步事。時事非海内一二知己，竝不吐一字。同遊中岐路者，只與論學，不與論事，如是而已。

答徐十洲三

台丈到彼，且當善藏。丈夫舉事，據吾真心所發，締觀群心所同，如雲興雨作，有自然之機，難以前擬。今未見有最勝義也。

答劉石間中丞

翁臺撫浙，可謂大雅明哲矣。而不免世忌，以是知志於道者，必不諧於俗。然諧於俗者，豈志於道者哉？世之所忌者，道耳。以學道得彈射，譬之以明珠彈人，受彈者得珠矣。

浙之賢者，湖州朱平涵、長興丁慎所、山陰劉念臺。平涵曠懷穆穆，慎所正氣浩浩，念臺清風凛凛。又嘉善吴邇齋，今之黄叔度也。四君一時首出，千古名流，翁臺地方人才，當精意表揚。翁臺足以重諸公，諸公足以重翁臺。弟之敢於及此，夷門監所以重公子而報其虚左之意也。

人生富貴在天，道德在己。現前一舉一動，皆自道自成。知大君子見之審矣。

答耿華平中丞

兩浙名邦，以翁臺名賢撫之，人地交重。浙有三大功臣，有三賢太宰，聲震宇内，自三閣臣相繼，今復三閣臣竝起，一何盛耶！人言天地之中，古在洛，今在越，或其然與？不知受天地之中而能養之以福者，歸之何人，而可與三功臣、三太宰相光映也。

丁儀部慎所、劉光禄念臺、魏黄門廓園、吴儀司蘧菴，皆如金如玉，不倚不流。得翁臺正人當路，而後諸賢始無戒心，民之疾苦庶幾有聞於翁臺者乎！此即不肖弟芹曝之獻矣。眉批：薦賢仍只爲民，方不昧本。

答楊大洪父母一

清芬遠播，寔足洗滌塵宇，則功化豈在百里間耶！鄧按臺好惡極正，保撫臺一疏，似累而實非累；參福唐一疏，似非累而實累。大要舉事必於人心同然，苟其同然，即有不同不足恤；苟非同然，即有同者不足恃也。而察于同然處，須是一念不從軀殼上起，乃得之耳。以台臺之明，因物察則，如此等處儘堪着眼也。信筆及之，以當抵掌。

與楊大洪二

向見考選報，深慶世間有真是非，朝廷得真人品，天理之終不可絶如此！夫乃裘葛再易，不敢一字通問者，時義然也。攀龍遭此世界，甚得便宜。何者？一味株守乃安樂法，一味冰兢乃補救法，二法足以卒歲矣。惟是山林人，一飯兩粥下得腹，一頭兩脚貼得席，在縣父母而已。

敝邑姜父母，禔躬則冰寒蘗苦，宜民則甘雨和風，蓋循良之最也。乃以鄉紳鄉飲一事，不能以無實無據之事趨時人之局，遂失時人之歡。若或中傷，是父母能使山林人相忘于江湖，而時人能借山林人驅父母於羅網矣。自是而後，山林人其危矣哉！惟台臺念之。

與楊大洪中丞三

弟自來心疑老父母之不宜去也，而未能決。至昨聞聖躬不安，中夜徬徨，不能合眼。因思古所稱社稷臣者，決不於自身起見，決不於格套起見，并不於道理起見。去此三見，方是真道理。始奮然起，憬然悟，決知老父母萬萬非去之時，萬萬無去之理。今日乃敢開此口，非苟焉而已也。幸高明勿疑。

聖上視學，豈可憲地無人。孫老先生未知體中何如，老父母與左滄老不容不出矣。

與楊大洪四

人世風波所不敢避，聖朝雨露所不能勝，即精神之衰，可知福分之薄，爲力所不及之事，一失脚時，悔之無及矣。眉批：至真之言，世人難解。趙師已有書盡言之，望老父母垂念，只使之趁好住，爲所全者大也。

答方本菴一

辱教展朱子節要，知龍之學以朱子爲宗。龍何能宗朱子？殆有志焉。竊以自孔子而來，欲尋其緒者，必由大學，大學以明明德爲主，以格物爲先。格物者，窮究到天理極至處，即至善也。此處見得透時，更有何事！即如台教尋春、尋樂，皆由一旦豁然後，自有此風景耳。

陽明于朱子格物，若未嘗涉其藩焉。其致良知，乃明明德也，然而不本於格物，遂認明德爲無善無惡。故明德一也，由格物而入者，其學實，其明也即心即性；不由格物而入者，其學虛，其明也是心非性。心性豈有二哉？則所從入者，有毫釐之辨也。老年伯試體之，以爲何如？便羽乞一語，決其是否。

答方本菴二

別來知道履萬福，今年復得賢郎高發，雖善門之慶，實吾道之幸也，欣慰何量。張柏老來接手教，提警備至。

向有東鄒南翁曰：「朱陸二脉竝行於世久矣，但當論其來龍真、結穴真，不必問其何方何向也。」所謂龍、穴，則老年伯當下識取本心之謂矣。建陽亦無朱元晦，青田亦無陸子靜，信得斯心，方信斯語。但立教則不可不慎，讀論語便見聖人小心，其周物之知，曲成之仁，正在于此。故附會失真者，其真自在；快意下語者，語即流禍耳。

關中有敝同年馮少墟，老年伯曾見其集否？其學極正極透，與老年伯諸書南北並峙，砥柱狂瀾。此道不墜，賴有此也。

大集中惟「人心惟危」一語，于同然之心未合。近見南遊記中以「語大莫載，洋洋發育」屬「惟危」，「語小莫破，優優禮儀」屬「惟微」，恐宜再入思慮。不可以老年伯之書垂于千古，而有一語之不慊也。

答周綿貞中丞一

此番入朝，深悔出山。太宰欲擇匠石之斤，一斲漫鼻之堊，而所遇者非其人，紛紛宜也，然亦有疏節焉。心非不切延攬，力實疲於應酬，故各省諸賢氣脉不貫，紛紛宜也。方欲與相知共挽之而未得，會楊大老一疏施拔毒之劑，反發腐骨之毒，縉紳之禍作矣。京師地震，兆在斯乎？東南大水，隱憂方大。賴老公祖在事爲民請命，攀龍輩亦不敢不竭其力。

答周綿貞二

此中司農諸公，皆以京邊無餉，難於改折。鄭玄老之書，實語也。攀龍謂之曰：「無餉之空國，難言改折矣；無米之窮民，獨可催徵乎？折色雖無米，本色并無銀，兩者孰利孰害？」諸公頗語塞，俟勘災疏至，即可竭力從事矣。今之肆毒者固在中涓，與中涓合毒者，實繇外庭。

聞聖主知萬水部死，甚悔，大好消息也。目下爲總憲事紛紛，龍蚤自跳出，庶不至網羅之罹。爲説甚長，未易詳布。

四府公啓汪澄翁大司農

竊惟天下之事，有益于國而有損于民者，權國爲重，則宜從國。有益于民而有損于國者，權民爲重，則宜從民。至無損于國而有益于民，則智者不再計而决，仁者不宿諾而行矣。夫國家當此匱乏之秋，畿輔、山東、川、湖、雲、貴爭祈減賦之日，攀龍等何敢復出諸口？顧攀龍等所言與諸方異，新征之賦與久逋之賦異，酌量加派與請蠲加派異，請折本色與請蠲本色異。故曰無損于國有益于民也。

夫久逋帶征，徒飽吏胥皂快耳。每見官府出一番牌票，吏胥得一番牌錢，皂快持牌到民間，但索牌錢，不索逋賦。即官府嚴拏欠户，欠户亦但出杖錢，僱人受杖耳。眉批：天下通弊，居官者明知之，明爲之，何故？民間費無限之錢，國家何曾得錙銖之賦，此而不蠲，上受虚名，民受寔禍者也。

加派之害，其害在照畝。蕩灘山峰，不毛之地，原無九釐之額，今有九釐之加，民何能堪？田上加派，静聽皇仁，惟蕩灘山峰，勢不容緩，宜隨各府田糧之則，合成田糧一畝，始加一畝之派。地力既均，民不偏苦，庶可少捱，以俟虜寇之平。此則通融調劑，上損不多，民悦無疆者也。

至於改折之款，但省民間之浮費，不虧國家之正額。當此民窮財盡之時，正是救焚拯溺之計，唯布折少求量免，國家毫毛之損，實小民丘山之惠。若白粳、糙粳、菉豆、稻艸四項南糧，名曰民解，實多爲積猾包攬，私侵入橐，累年拖欠，動至幾萬，習爲慣常，民實無緩徵之利，而國則有逋賦之害，此江南一大弊藪也。年來雖屢廑部督，而此弊不去，畢竟難清。若得竟爲改折，委官解京，眉批：吾浙亦宜倣此。既得年年足額，一洗宿蠹，又可略省水脚，充抵別需。且各解常年率攜銀至京，賤糴客米上納，更有買籌私折者，其價甚減。何如官折白粳每石七錢，糙粳、菉豆每石五錢，其值正昂。此於軍國，大有便利，與稻艸改折，尤屬無疑。

以台臺之明，何俟詞之畢乎。伏乞毅然主持，即賜覆行。台臺上爲國，下爲民，中亦造無限陰功，所謂寶山之寶也。

與李大司農

敝鄉田中一無所出，欲其出本色之米，并其折色之銀而無之，空激萬姓怨恨而已。今年照災輕重改折，督其明春輕齎而來，則可以救明年之急。明年回空蚤兑，督其後年先秋而至，則可以救後年之急。不損國家之賦，而大得民心之和，此其利害較然。知翁臺之仁明，不待其詞之繁也。

與胡撫臺

吴中重役，糧長爲甚。然常、鎮二府，原與蘇、松不同。蘇、松官户之田，浮於民户，民户懼役，争詭入官户，避役者益多，受役者益少，勢極重而不得不變。常、鎮民户之田，浮於官户，可役者既多，受役者累少，上下原自相安。向年徐老公祖均蘇、松之役，并及常、鎮。敝府自役官户以來，但見其害，不見其利。何者？官户受役，勢不得不托之親戚家人，親戚家人豈能盡體主人之意？小户輸糧，嘖有怨讟，其勢然也。王老公祖以役官户，不若加役米。加役米，則畝畝出米，不必清花詭，人人出米，不必役官户。官户多出役米，是無役而有役也；富民多得役米，是有役而無役也。一時傳播，萬口稱便，令四郡有司倡率，眉批：豈非賢者倡率，講學果何負於君民。獨無錫一縣奉行，舉優免不役之田，盡出貼役，民間以爲最公最平之事矣。夫縉紳受役而不親供，既未便於民隱，若出貼役，又復受役，豈政體之平乎？乞老公祖念聖主詳細經畫之語，畫爲百世可久之法。令各郡縣約糧長每年所費多寡，加派役米，但是役米既行之處，即免官户之役。役米處處得行，則糧長處處無累，官户處處得免，則小户處處無累，眉批：只一味平心，自然事事得妥。永賴之澤也。編審在即，具呈上懇。

與秦華玉

行時勞费親丈者至矣，是日爲團圝之樂，又爲離别之悲，惟江流浩浩，漠然無情。自有江流以來，不知見幾人喜、幾人悲，而浩浩者萬古如斯，有情之人不能如無情之物多矣。

弟此番入都，大非昔年光景，爽鳩之署，素號白雲，清淡安閒，甚宜衰朽。第權璫盤據，强虜伏戎，水旱幾遍南北，稱亂無間軍民。念之殆無事不憂，不能以優游爲樂。荒事在此，力争蠲折，蠲或不能，改折可望，幸大司農先與往來。此公與論理，不得一味恐懼以禍福，尚有可入也。眉批：見先生用世之權。

答陳�塘一

令公恣意，實從來所無。大抵天下熱腸人，應作天下喫虧人。然願年丈百受人虧，不可使熱腸變冷。吾輩在世，寧有幾多時。百年喫虧人，自是千古便宜人也。

與筠塘二

今之罡煞不可窮治，籍其首于官，餼之，使攝其徒黨，有事便可用之。年丈在鄉有鄉之風波，弟在朝有朝之風波。大抵衰世熱腸之人，無地非風波也。

與筠塘三

都中景象，全非壬戌年氣色。中官横行，縉紳之禍未知底止。弟謂外庭法用正直，内閣法用和婉。既未能拔其毒，且須殺其毒。内閣挾外庭之攻，勸其勿侵外權，多作好事以收人心。故外庭不宜以内閣之和婉，而謂其通内；内閣不宜以外庭之直攻，而謂其聒激，乃爲相成。今頗相反，弟以空言維之，又何救焉。

朱平老一疏，大爲君子吐氣，年丈十五年不申之是非，今日始申。世人皆以爲善者未必得福，爲惡者未必得禍，只是眼孔小也。

與�塘四

今四海困窮，岌岌矣，弟在此只以安民爲主，訪循良吏表之、貪酷吏除之。蓋此衙門終日與巡方者相通，而都下五方雜處，訪賢否，反易于巡方之欲得諸監司者。若訪之果確，使巡方者糾核無誤，民生猶可安也。弟又爲條教，列州縣之事，刊布書册而頒之。年丈爲名守令，惜不能縮地一商，巡方者，另有一禁約押之，或可不至大恣。弟所爲作一日和尚撞一日鐘，不知其他矣。

與歐陽宜諸一

得潁州之信，下邑之民失其所天，惘然無措，况於弟哉。如老公祖之廉明剛正，詢之壽耇，咸謂無雙。兩年宦轍所歷，遂爲敝郡百世未逢之盛，而盛事難逢，盛時難再，可勝於邑。弟之蒙愛，更逾尋常，欲報之德，惟有盡其微誠。

老公祖兩年於兹，庶事盡美，獨有兩者未滿人心，則貞婦、逆奴是矣。若老公祖自認爲誤，毅然改正，斯乃豪傑出格之事，不惟兩事得正，且一破世俗回頭不認錯之陋，豈不快哉！古人以陳善爲敬，則弟今日之敬，莫有大於此者。眉批：方見交情，亦是敬長上。歐陽公雖不終聽，然與先生歡好如初。夫吾輩浩然獨往來於天地間者，祇此自慊之心。以一日之不自克，而貽終身之不慊，智勇如老公祖，必不其然。時哉不可失也，弟豈不知成事不説，但念公祖去後，天下更有何人可開此口。知己難逢，有懷不盡，亦恐自貽終身之不慊也。

與歐陽宜諸二

適與園適共榻相商此事，共謂事關天理民彝，非同細事，若不盡言，必貽後悔，是負公祖也。得老公祖在念，則默默轉移，豈無其會。若必認以爲二事俱屬茫昧，則大誤。君子爲政，不過因民之好惡。民情如此，何顯著如之，而猶以爲茫昧乎？若果有茫昧可疑，則爲時許久，何無一人發之，而皆爲此憤懣不平乎？弟輩決非作好惡者，達民之情而已。公祖居上，決不如弟輩聞見之真，此正當用朋友之處，乃反不用乎。夫一貞婦也，既污其名，又殺其身，又污其體，銜恨九泉，何時而已。仁人君子不爲一伸，而作如此兩平乎？

一奴也，妻主之妾，子主之子，反告其忤逆，如此大逆不道，而可視爲尋常乎。

與歐陽宜諸三

知老公祖所苦未得脱然，每念及之，中懷如繫。仲淳醫聖，前無古人，其處方劑藥，皆世人所不曉。老公祖第留數日，令深察病本，然後立方久服。慎勿與庸醫參酌，易其藥品，違其輕重，即無疾不可愈也。

此中同志如昨，近以章奏屢及東林，未免多事。弟輩但以空空游之，眉批：空游誠佳，空在何處？彩筆畫空，空不染也。

公啟吏部留王郡尊

往者歐陽宜諸年兄之守敝郡也，郡民皆謂二百年來，二千石稱賢者，未能或之先，一旦奪而敕穎上兵，如赤子之失其哺母。幸而鍾嵩王年兄繼之，一守宜諸約束，清正惠和如出一轍。如此心事，便可爲曹參。於是敝郡之民皆手加額曰：「幸哉！一歐陽去，一歐陽來。」如赤子方號呼其哺母，而忽遇之也。不謂忽有西安之調，郡之父老[二]子弟及縉紳士人惘然曰：「有守如是，即其未至，方願選擇而惠吾民，况已至乎；既滿秩，方願再借以究其澤，况方來乎。若以南北人不相習，則使君已令崇德，服習吴中水土，庶幾無疾病也。若謂才猷宜調繁劇，則吾常爲財賦之區，當南北要衝，其地不下西安，天子惠念之，亦不宜下西安。上之既習其俗，下之又安其政教，無故而奪之，何也？」於是同詞語弟輩曰：「吾子與使君同年籍，而今之司進退百官，奉天子嘉惠元元至意，爲海宇擇良守牧者，亦惟吾子之年籍，豈可默無一言，置桑梓休戚不顧[三]耶？」弟輩無以應，故敢連名具書，懇祈於台臺。伏乞憐父老子弟之至意，亟爲别選西安守，而終惠鍾嵩於敝郡，不勝幸甚。父老且將裹糧走兩院，走闕下，而弟輩先之以此，乞台臺委曲圖之。

如此守乃堪保留，如此事乃可公啓。

[二]「老」，底本作「母」，據四庫本改。
[三]「顧」，康熙本、四庫本、光緒本作「聞」。

答蔡虚臺

敝郡黎通府，在敝邑攝篆僅二十餘日。生等所見，以聽訟則明，以讞獄則敏，奸胥無把持之弊，小民無伺候之苦，至于正弒逆之罪，察淫僧之縱，雪龔鯉之冤，皆通邑所欣呼踴躍，以爲真民好好之、民惡惡之之父母。及去之日，縉紳祖道，父老扳轅，皆歎曰：人固貴自立。以攝篆别駕，乃得民如此哉。眉批：有此鄉紳，篆貳皆應自勵。則又歎曰：人固貴乘時。以旬日攝篆，乃得民如此哉。生等謂此真異才，當待以異等。

伏乞老公祖特爲表章，以爲懷才抱異，不得一第而有以自樹立者之勸。風勵激揚，豈小小哉。敬以爲請。

與曾郡尊

敝邑諸文學，具呈台臺，仰祈即賜申報學院洎道尊。爲先祖故黄岩令，名材，學宫俎豆也。先祖以萬曆二十六年浙中按臺學道祀入名宦，移文敝邑。彼地祀名宦，則此地祀鄉賢，例也。于時敝邑甲科先輩應舉者多，恐至壅滯，故未敢并舉。今應舉者盡矣，始及先祖與秦樂易先生，皆乙科也。實萬心同然，萬口如一，儻有疑似，即子孫何敢徼非分以啓物議？是以害爲愛，寧直非孝，蹈大不孝也。眉批：爲祖父不可妄乞恩榮，在朝在鄉皆然。攀龍雖愚，計不出此，伏乞垂察。

答何府尊

今日事，聖主非不焦勞，公卿非不拮据，却如無舵之舟，莫知把握；無針之盤，莫知向方。良繇左右竊柄，雖用人發帑，朝上夕下，而精神血脉，宫府先已不通，故百司一切頹闒。近幸川中亂賊誅夷過半，海内思亂之徒尚有所憚，長夏奴賊未至，守禦之計尚有可爲，或稍延歲月耳。以九廟之靈，聖主聰明日啟，政事日練，别换一個乾坤，中興之業方可望也。

老公祖聲望甚隆，皆知晉陵一郡，金湯屹然，緩急無慮。即如習射一事，良爲地方至計。若得推行五邑，設誠服習，老公祖不時都試，示其鼓舞，人人善射則在在精兵，何必練鄉兵、募勇士，徒擾而無益耶！眉批：募勇士自可兼行。寵貺遠頒，率筆復謝。

與王三府

不腆敝邑，老公祖儼然臨之，士民拭目以觀新政，謂必有所以乳哺而卵翼之。乃數日以來，輿人之誦，頗似可疑。有謂刑罰太重者；有謂催科太急者；有謂鄉民手持官錢，不得以時收貯者；有謂鄉民侯比，動經二三日者；有謂鄉民賣米輸官，市人持其急，每致損時價十之一二者；有謂鄉民逋賦，未有如盜賊迎遊者；有謂青衿行學戒飭，出于公差之曲票，以致諸生人人自危者，而皆歸咎于貴廳之三役。風聞是李姓、曹姓、計姓，以爲失老公祖之德意，大都三人爲之。眉批：鄉紳在在如此，官自清，民自安。徒爲斂飭之貌，祇是媚上忘下。不佞輩不敢不以上聞，恐爲明德之累非小也。連牘密啓，總以成老公祖之高深，惟恕其狂戆。

與趙肖鶴

敝邑不幸有極惡棍徒任奎者，勾引税官至此，將開無窮厲階於往來客旅。蓋税官係賣炭商人，任奎以女妻之，故與共成此計，以誘太監也。近日誣陷四行家，即任奎平日所怨，借税官之勢而甘心之。萬幸事在臺下，伏乞台仁即將真情竟申太監，以昭雪無辜。豈獨生全四家，龍輩私居之懣，亦爲少舒矣。萬勿解此四人以投虎吻。

至於臺下所差哨官，嚇詐四家甚酷，殊失德意。四家與龍竝無一面，亦未嘗以公義來求。區區不平之心不容但已，知台慈更有切於此者矣。眉批：誰肯言？誰肯盡言？誠有大不忍於心者。

與尤時純

方生事昨奉教，大義朗然，然於鄙心，竊有疑焉。吾輩當在在以慈仁植物，令生机流衍，凝爲至和。若物方欣欣生植，而吾乃横摧折之，恐非造物之意也。弟尚恐獨見未是，正之有道，其謂宜然。故敢畢誠于門下，決當絣幪之，以擴四海兄弟之義。此義爲勝，則他義爲劣，可弗問矣。眉批：此生所犯必輕，先生析義必當，故請寬之。若出自他人之口，未必非鄉原學問。

與李懋明中丞一

神交之久，未得一接丰采，方在瞻仰，忽見大疏有復商税一款，豈以台臺見事之明，不審利害，正以台臺憂時之切，不避嫌怨也。眉批：善道。夫不避嫌怨，必大義所在，可決行而無顧。此事是神祖一朝粃政，光考幹蠱是光考一朝仁政。使今上不得繼其志，大義之謂何？如毒再發，如防斯決，海内喪氣，亂賊執言。台臺固嘗稽之於衆，不知何人誤台臺以爲快耶！以攀龍於台臺，但宜密規，何可顯揭。他事則爾，此事不然，正懼快之者衆，不可不一明其義也。眉批：讀至此，李公自應忘怒。易曰「先號咷而後笑」，攀龍不惜先號，台臺自應後笑，理有必然，異而自同也。不勝悚懼。

與李懋明中丞二

天下事，固有異乃成其爲同者。翁臺西江不深受稅害，故于稅害知之獨淺，即鄒南翁先生亦然。攀龍以爲，寧使攀龍得罪于翁臺，不可使翁臺得罪于天下後世。眉批：至誠動人。此意可矢天日，不爾不成吾輩也。

數年前已辱臭味之收，今未得覯芝蘭之宇，不省何日一快談。此地非翁臺久駐之所，諸相知人人急翁臺之入也。天下事尚可爲，百惟努力。

與王東里黄門

伏讀大疏，人各有見，豈能盡同。然人臣爲國，當杜漸防微，懲前毖後，有無疆之思，不宜爲亂賊脱罪，爲君父種禍。如臺下所論兩朝之事者，不肖直是痛心，義難緘口，請畢其説。

夫張差制梃，美女代劍，先進泄藥，繼進熱藥〔二〕，以紫禁青宮之中，忽有荆軻、聶政之入，於飲食男女之内，行其斧斤鴆毒之謀，皆意想所不及。天下萬世之公，致討於亂賊者重，而責備於君上者輕。

若爲隱諱，則粉飾門面者虚，壞亂法紀者實。况其事彰明較著，中外共知，雖欲諱之，孰得而諱之？「諱」之一字，是爲亂賊設護身之符。今加以「誣謗」二字，又爲亂賊立箝口之法。臺下即不顧往事，獨不慮將來乎？

皇祖威福在手，妙於調停，是皇祖身上事。皇考仁孝根心，妙於隱忍，是皇考身上事。皇上祖考在念，妙於處分，是皇上身上事。若夫臣子、君臣之義，嚴萬古綱常，守三尺法紀，君讎必報，君賊必討，是臣子身上事。上下相維，竝行不悖。眉批：精於易春秋，渾身是易是春秋。烏得以討賊者遂爲謗君，遂爲誣君，遂爲傷皇考之明，遂爲害先帝之義，使天下更不敢開口説亂賊一字也。王大成以優人誤入禁地，而以比張差。張敖未嘗知貫高之謀，

〔二〕底本作「先進熱藥，繼進泄藥」，不合「紅丸案」史實，據高世寧、高世泰高忠憲公年譜天啓三年癸亥條所引是書改。

而以比張差之主謀者。燭影斧聲，本無其事，而以比進美姝、進熱藥〔二〕、進泄藥者，一切實而虚之，所以爲亂賊則善矣，所以爲君父則吾不知也。

垂簾之説，出自聖諭手授，方相國，乃云臣子設爲不必然之慮，且皇上何嘗薄待選侍，臣下亦何嘗欲皇上薄待選侍，賈御史之揭，當時自有誤之者，侍御所以自悔爲人所誤也。

大抵臺下言孝經尊親，不言春秋亂賊；言主上父子之親，不言臣下君臣之義；言主上一時之權，不言宇宙萬世之經。亂臣賊子聞之而喜，忠臣義士聞之而懼，一喜一懼之間，所係世道人心，豈其微哉！眉批：聖賢專正人心，爲是治亂興亡之本。

不肖言出，臺下必以爲門户之見，往時諸公專以門户錮人，謂東朝爲「大東」，謂東林「小東」。凡有切宗社之憂者，輒目爲「大東」之黨。而「大東」之黨，必歸之「小東」。彼所爲門户者如此，臺下尚忍循其口吻乎！〔三〕國事所關，不敢委曲，中涉嫌怨，亦不暇避。伏惟高明少垂察焉。

〔二〕高忠憲公年譜無「進熱藥」三字。

〔三〕「不肖言出」至此，諸本皆無，疑爲陳龍正有所顧忌而删去，據高世寧、高世泰高忠憲公年譜天啓三年癸亥條所引是書補。

答周來玉

三吳異常水災，拯民饑者急目前，慮國儲者念日後。弟謂天下事皆當顧日後，不當徇目前，惟救荒只宜顧目前，不宜慮日後。何者？民既無食，近患已在目前，遠憂豈在日後耶？幸改折等項，大司農委之倉場，倉場畢見老與今署事鄭玄老皆通達正大，能盡群情。俟勘災疏到，通算所折幾何，所存幾何，略可支一年軍餉，盡以惠民矣。

至於官買官兑，許霞老所駁司農之疏者，不知其出鄭玄老也。此實其作外吏時已試良法，但行之者難其人耳。楙遷有無化居，即大禹救荒之法，如劉晏等善理財者，不脱有無轉輸。眉批：未嘗薄劉晏，晏與桑、孔原不同也。先生具此眼。台臺幸與有識者熟講之，此法行，改折更便矣。

陳筠塘湖州救荒，見於朱平老之疏者，民間轉輸也。民間易而官府難，何者？官府謀國之心，不能如大户謀利之真也。瘧後疲弱，諸不及詳。

柬周來玉侍御

仕宦者，鄉評、宦績而已。鄉評則本地縣官知之，宦績則宦地上官知之。今以本地縣官訐本地鄉宦，不言其居鄉之事，而言其居官之事，其宦地之贓，受於何人，證於何人，宦地上官曾無一言，而於何問，於何追？國家有如此法度乎，恐亦徒成笑話也。其他削奪，但足以損國威、高士節，不足辱也，即使刀鋸，益足以損國威、高士節，不足畏[一]也。嗟乎！至於削奪不足爲辱，刀鋸不足爲畏，而國家馭世之用窮。與言及此，但爲聖主痛心而已矣。

此時各宜杜門屏迹，及未死之日，偷一隙之閒，故不來看台丈。

與沈銘鎮一

當今之時，如居沸鼎。朝野迄無寧居，有志之士，當自求入火不焦、入水不濡之道，

[一]「畏」，底本作「異」，據四庫本改。

眉批：只自反求。得大安穩，乃爲勝義。而欲世界之不水不火，不可望矣。台丈以爲何如？

與沈銘鎮二

翁丈冠冕陪京，棟梁斯世，蓋已少見一班，至賫夷之事，尤極峻偉。郭欽徙戎，非關衛道之正；昌黎詆佛，不爲經國之猷。翁丈功則兼之，猗與休哉！遼事如此，奈何？野人望得二十年太平，一丘一壑，可卒歲矣。今似不支也。眉批：戊午，先生年五十七矣，自度精神可支二十年。

兒子輩應試，得以一緘上候，不敢使來見。

答孫司理子畜

門下不以文章之雄自雄，不以政事之卓自卓，顧蒿目棲心，在世道人才，此所謂豪傑之士也。夫豪傑之士，念不起于温飽，念不起于官爵，無念不在吾君吾民。此念一真，即無事不真矣。莫輕視此身，三才在此六尺；莫輕視此生，千古在此一日。門下勉旃自愛。

答祁長洲

臺下長才遠識，乃不令居禁近，補闕拾遺乎？已而念曰：是天之大任臺下也。夫人處濃釅之地，假境界扶翼其假精神，儘自過活得，遂終身迷失其寶藏而不知也。若天欲復其真性，必勞苦之，令其一無躲閃，自能求得真攡柄處；必澹泊之，令其一無靠傍，自能求得真滋味處。今臺下作劇縣，勞苦之矣，又作部官，澹泊之矣。勞而逸之，逸而始復勞之，俟臺下攡柄到手，滋味悦心，眉批：當日明明未許。而後肩荷宇宙之事，建千古事業，爲千古人物，直是真性流行，非從局套點綴，始無負大丈夫出世一番耳。弟非妄言，後當自驗，試以質之海門先生。

答袁寧鄉

敝邑之士，於臺下津津去思，無不曰長者長者，此益見臺下之真，寧鄉之政，不占有乎矣。不佞妄謂人生作令，率爾放過，真是寶山空回。一生令名，百世血食，方寸有無窮之慊，子孫有無窮之報。眉批：「方寸之慊」不妨插入四者之中。不過三年中，一念自持而已。臺下當已深味於斯。

答陳石湖令公一

文成十家牌法決可行，行之決有益，此弭盜安民要事。練鄉兵，恐無益有擾，只從本縣額設民壯，揀選訓練可耳。吳中詞訟，假人命及告賣價不敷者，最爲民害。人命在城者，即時台駕往驗，喚四鄰一審；在鄉者，令攥尸壇中，台駕往驗。有實者方准狀，眉批：先驗後准，第一良法。誣者懲之，詐風自息，全老稚之命實多。告賣價不敷者，除豪强占奪外，一切不斷。只此二事，民受惠多矣。

又體恤鋪行，于得民心最捷。即如辦酒一事，碗碟出於鋪户，狼籍不堪。若發公費置買器用，貯之庫中，專人掌之，不以煩民。以此節節推之，使民安堵，老父母三年中，便是千秋人物矣。

如此剴切獻替，今公書中猶不敢言，先生獨言之，見先生之仁，亦見石湖之可與言。

答陳石湖二

今日議論，彼此枘鑿如方圓然。然弟謂天下欲得太平，皆當置之兩忘，但觀理之是非，勿在人身上起見。所謂觀理之是非，又只論朝廷紀綱，地方風化，勿在人情上起見，乃可。然而不能也。自昔兩黨相攻，極勝者必極敗者，今日之勢，大是束濕，非諸公持盈之道也。

詠尊詩云「每嫌眼界小，到處即登高」，爲擊節三歎。

與徐檢老房師

科場事發，一時公論已闡到九分有餘。清則必淆，明則必晦。眉批：惟唐虞不然。譬如時已向寒，一番熱，適重其一番寒耳，此陰陽之定機。至于扶陽抑陰，則君子之定着，主宰於陰陽之外，萬變而不失其常者也。不知當軸於時何以妙其用耳。

與葉園適一

孫氏之事，邑中大變也。在弟切手足之痛，報仇而已矣；在諸君子抱士風之憂，正俗而已矣。綱領既正，持論自得其平。若于弟身上起見，謂所損實多，則入於利害之見；於舍弟身上起見，謂人不足惜，則入於憎惡之私。利害之見，生於弟之心；憎惡之私，生于諸君子之心，無有是處。弟昨所謂似是而非者，此也。不可不辨。

與園適二

足下狷而知裁，駸乎中行矣。兩年兩與足下連宵之話，退而自惟，每愧不及。足下闇然內充，令人心融氣平，弟望此境而未見也。第足下精神氣魄太近收斂，其弊欲入於佛老，不可不察。朋友相與，須盡力砭其失，方有進處。弟施矣，足下不可不報。大塊百年中，偶爾相遇，毋相孤負也。

與吴霽陽

伏惟老丈吾鄉獨發，天之所以厚丈者，至矣。夫官爵爲身外之物，無足言也。然一以謝舉業之習，可置力於身心；二以藉君父之寵，爲德於民稍易耳。吾邑最稱人文之地，自昭代以來，爲吾輩者不知凡幾，庸衆者草木同朽，不肖者笑罵猶傳，有志之士能不猛省？弟頑鈍性成，所至賴良友鞭策，思欲不入於小人。誤愛如丈，伏惟不棄而提挈之。千里相聞，諄諄滿紙，言不及義。今日仕路爲然，弟不敢也。眉批：于今益甚，存此書式之。故欲言止此，所祈加餐，順時自固。

答李雨亭

大計在即，親丈清譽盈耳，無煩念慮，使者弟敢促返。眉批：賢者親情如是，世俗以爲無親情。弟見今日是非甚明，惟半上半下人最難做，亦不得便宜。親丈作令時，能超然於流俗之外，至今人多稱述。願慎此以往，千仞壁立，勿爲世情所摇奪也。休戚相關，不敢不吐肝膈。知尊嫂皆已抵任，甚慰。持家者幸常加申諭，寧過於嚴，此宦遊者之要務也。弟不久得差南還，有所聞見，亦不敢不盡其愚。

答錢心卓

竊窺年丈之才，何所不濟？第今天下不患無才，而患無志，志一立，則趨向殊而人品實矣。夫衆人之所悦，士之所笑也；小民之所甚德，己私之所不便也。二者之間，相去遠矣。君子不隨時，不足以有爲。所謂隨時者，隨風土之宜，順人情之公，就往事之有過不及，及時有爲，以利益斯民耳。今之所謂隨時，只隨俗而習非，弊也久矣。篤志如年丈，已久辨之，使旋附此請正。仕路套語不可施於年丈，皆所不及。

與諸景陽

晚節難持，不謂老丈有此敗着，以踐人言，令友朋喪氣，斯道無光，可惜！可惜！

老丈以貧儒起家，要許多田産何用？爲今之計，惟有賣去一二千，盡還諸逋，盡絶俗交，杜門讀書，禁戢賢郎，纖毫勿與外事，爲世間立個悔過痛改的榜樣，猶爲大勇，不失令名。若再失此着，懸其身於不道不俗之間，兩下不收，小人喜得其間，君子恨毁其藩，即老丈自欺，亦屬面目可憎，語言無味矣。輕擲一生之品，坐棄千載之業，何爲乎哉！弟〔一〕辱老丈骨肉之愛，半世于兹，無以報德，敢下此苦口，千萬念之。

與徐玄仗一

丈過梁溪，弟又在外，歸而本孺道丈惓惓若與弟心針對券合。弟嘗言交友不終，其人無終。何者？五常，人之本也。其本撥而能有終者，鮮矣。弟自矢天崩地裂，此念不移，在人者非吾事也，又何問焉。即如弟與丈，曾有纖介乎？不過議時事有異同耳。此異同者，于吾兩人有纖介交涉乎？真可啞然一笑。吾輩日用一敝器，廿年相與，不忍棄之，况于朋友？君子小人，更在何處徵驗？其在斯矣。今後吾輩各各只管我所以待人，更勿顧

〔一〕「弟」，底本作「第」，宜從康熙本、四庫本、光緒本改。

人所以待我，久之當不膠漆而固。

氣運異常，往往事出意外，須自立太極，勿爲陰陽所役也。弟今年自東林會外，便閉關山中，此暮年安樂法，堅守之矣。

與徐玄仗二

弟不至光禄，亦不知老公祖居官到處，實事實心如此。即志書一事，嘉惠後人無窮。不然，何所據而裁横璫奸胥之破冒也。

弟以衰朽之人，獨當一衙門事，只守成法，事必躬親，亦無難處。惟内官索行户鋪墊，弊不能革，但力爲主持，使行户有所恃而不盡與，品物交足，内官又無所執而索於行户。初時甚撓擾，弟頑然不動，眉批：四字妙得處小人之法。彼亦無可奈何，今竟不至矣。

河西之失，經撫之醜已極。一棄廣寧，一棄右屯，罪案有何不明，而袒分左右？弟謂數年玄黄，今吾輩不宜出一語佐鬭，久之當無味而自定耳。

桂渚、中素、本孺相繼没於京邸。人生如幻，何足擾擾憧憧，惟日行善事，乃不負餘年。不然，此一官徒增業障耳。

今日之事，弟不憂奴而憂人心，不任武而耑任文，不招將而耑招兵，不用法而耑用情。無人，故人無所恃而不固；無法，故人無所攝而不固。縣今之道，不變今之政，未有不底于危亡者也。如何？老公祖在事，當多得勇力之士。武士游談，最不足憑，而膂力最不可僞也。眉批：王文成曾用此法。

答郭光禄

天財庫實無監生，監生應撥者，納銀于本監竟歸矣。特顧一二人在内監，書寫則有之。楊晉老疏陳革去，奉旨下部。但疏中及御馬監等項錢糧甚多，内監亦上疏，得照舊之旨。蓋指御馬監軍人及厨役等，未嘗及天財庫，彼遂借照舊之旨來混。弟之不與，只是挨，錢晴老亦然。今翁臺賢勞獨久，便挨不去耳。或現年者且給一半，再挨何如？眉批：救一分是一分。大抵光禄於諸冒濫既不得清，只有挨法，每年所省亦多，他無計也。草草布復。

與楊鳳麓

長安中，擇公是公非最難。失口一時，遺臭千古。丈寧作啞給事，決不可矮人看場也。邑中有加賦之争，亦是無事生事，起于一二好事之人。高鄉諸公，則看事太輕，而失之莽；低鄉諸公，則看事太重，而失之俗。一鄉之中，平心觀理者亦未見其人，何怪國事之紛紛耶！

答袁節寰中丞一

今天下難聯者人心，難得者人才，難鼓者士氣。得老公祖一點真精神，不難矣！太平之塗轍，非艱危之行徑，須是廓而大之，長袖善舞，多財善賈，博而收，選擇而使，眉批：袁是内地佳官，非邊才也。先生早知而規之。又何害乎？損冗兵百，可養壯士十。平時養壯士十，臨事可得精兵百。一方豪傑，皆在老公祖幕下，士氣自倍，人心自歸。與老公祖共此者，其地方賢士大夫乎？不審有其人否？腐儒之談，無當也。而涓埃可佐高深，故不敢以膚言而以衷語。

答袁節寰中丞二

國家三空四盡，左支右吾之不給，孚號同于充耳，真如老公祖之教矣。以弟愚見，今天下節鉞諸賢，必假以便宜，使得多方生財以自足用。若必待司農，司農已告罄，必待內帑，內帑將不繼。一旦有急，無論呼而不應，即應亦後時，其禍可忍言哉！不知彼中亦有心計之人，可與上下其議者否？事窮則變，變則通，如之何坐而待斃也？弟腐儒，一無以報國，近風波生於講會，鄒馮二老行，弟亦從此去矣。

答武楊紆中丞

大教謂醜虜斷無渡海之期，即此一語，便識超一時。弟見前人防虜渡海，不覺失笑，此等事尚不知，何云知彼知己哉！毛帥自是奴禍以來一出色人物，雖不可盡信，要豈可盡疑？老年臺接濟之，覈實之，與之呼吸相通，是今日要着也。

弟迂疏無用之人，不勝匹雛，令舉百鈞，其何能勝？今且盡力作去，亦未知作得去否。作不去時，自有不可則止一着。老年臺有所概於中者，幸纖鉅教之，爲國家，非止爲弟也，至禱。

答翟凌玄中丞

弟再入長安，耳目頓别。然巖疆濟濟，有五臣焉，前此未有若斯之盛者。初六日，杖林道長而六科廊火。禮失則火爲災，天人相與感應如此，不知聖主動念否耶。

至于宰公用一考功，而縉紳鬨者兩月。蓋三十年前之常事，則三十年後之怪事。人情以習慣爲定理，其鬨宜也。要在以和息争，以静治亂。與之俱争則俱亂矣。此猶易言也。若負嵎之璫，則恃天之篤佑皇家，何如耳。

麾下得名將否？惟豪傑識豪傑，翁臺所得名將，真名將矣。適病暑，草草復謝。

與羅黄門心華

奴俘今日下法司矣。毛帥以四幼童充作活夷，以四幼女謬稱達婦，是其粉飾一破綻也。此番獻俘既屬可已，又將一群幼小驅詣闕廷，不可醜耶！據律，男子年十五以下，婦人則不論年，皆給功臣家爲奴，叛族且然，况於夷地村民？以皇上視之，皆赤子也。往年貴州之俘，刑一幼童，道路流涕，行刑者亦流涕。殺一無罪，非仁也！况於九倪乎？會審既經科院監臨，台臺不可無言，須言此九倪者不當獻。蓋獻則必刑也。疏上於刑部前，方有濟。冒昧僭陳。

與方孩未

攀龍，天下最迂愚無用之人也。台臺拂拭之，華衮之。至「潔净」二字，攀龍平生不以三公爲榮，以二字爲願，實未之能詣也。台臺不量其所詣，遽與其所願，何其神與！古人貴天下一人知己，良有以也。敢不日以台臺二字爲一鞭而終身乎？

與李瞻成侍御

不肖不入春明三十年，驟見滿地窮民，觸目刺心，情不能忍，欲具一疏上聞，緣欲借本寺儲偫也。昨始知台臺已有大疏，急覓觀之，喜幸無量。不肖念得釋然，又言無狂發，即焚其疏，存揭呈覽。台臺按視南城，正可倡率四關，不知部覆之後，果如疏議否？大抵須得城司核實給牌，即每人日給米五合，亦勝于煮粥虛糜。聞留都錢米十日一散，庶得疎數之中，即不能人與之衣，而得煤房安宿，免其房錢，亦可延其殘息。此在台臺最切之仁政，在神京必先之王政也。恃愛敢布其愚。

答劉心統侍御一

河汾諸生有辛全者，天賦異質，兼以純修，力行孝弟于家，不求聞達於世。倘得台臺薦揚，以補鄉舉里選久廢不行之典，其于世道殆非小補。敢因明問而及之。

答劉心統二

天下原是一身，吾輩合并爲公，即天下如一氣呼吸。何謂合并爲公？人人真心爲君民也。君民心真，則千萬人無不一，故曰如一氣呼吸。

三晉得門下，得保障矣。屬吏最優最劣，切願一聞。此二項不爽，中人當不日而化。知門下心所同然也。

答楊侍御

伏蒙華衮之賁，益增薄劣之慙，然門下正脉正見，已得於言意之表矣。天下原是一身，吾輩當共爲一心，同爲吾君，同爲吾民，此心而真，即不獲罪於天，既非獲罪，即是求福，吾輩每日以求福爲工課者也。眉批：真語。辨一片心，自有兩隻眼，其於察吏當迥出尋常。因教之辱，敢布腹心。

答沈侍御

台臺清標遠韻，蓋不受世之塵滓者也。今且以茶馬攬轡三秦，三秦之民其有生色乎！夫民自非天降大割，皆足以自活，牧之者擾之耳。台臺指顧風清，咄嗟澤究，上治之理在聲臭之表，聊借聲臭之象，非難也。偶病瘧，草復不詳。

答張侍御

竊聞溫處之間，海寇滋矣，若非預防，難於應卒。去貪吏以息勞民，雖是刻本官方，實爲救時上藥，度皆台臺意中事也。睿哲所急，亦庸愚所同。既辱下問，輒敢上陳。

答郭旭陽侍御

台臺當世俊傑，其於天下士，如伯樂、九方皋之於馬，豈有不了了目中者。顧盼及鄙人，寧啻馬骨，殆凡馬之骨矣。然凡馬之骨且然，况于駿骨，况于駿馬？於是乎天下之士争願執鞭也。

安民先於察吏，此巡方第一義。台臺注神於此，實萬姓更生之日也。今世運日下矣，如物之蠹壞者，骨理皆離，而外面尚合，聯合得一日，還享用得一日。所以維持調護者，全係人才。台臺察吏，去墨爲先，辨真爲要。大略于案牘中能精别是非者，可得十之五；於輿論中爲細民所頌者，可得十之五。而道府鄉紳之口則存乎其人，未必可盡憑也。龍身在遠地，茫乎未之有聞，果有所聞，敢負虚懷。

答潘虞廷按臺

老公祖采人小善，忘其大愚。如攀龍者，豈非天地間最迂愚無當之人乎，猶津津道之，不啻口出也，則于天下所茹納何如哉。吴中之民，皆足自生自植，有司不漁獵之，熙熙樂國也。弟情緣世界，漁獵之苦，老公祖何自聞之。仁者造福萬姓，惟此一事最急。清問之及，又發其愚。恃高天之覆、大海之涵，無所不茹也。

答湯闇生學憲

長安中得與翁丈把杯相歡，熙如穆如，宛若黄虞景色，不復知風塵中矣。非翁丈坦中忘機，何以得此。弟衰病，以一歸爲快，抵家至湖上，湖干魚鳥如故知相逢，不忍復作别也。翁丈東粤學政，當卓冠海内，文章家法眼，自不必言，然須以起敝維風爲第一義，則行優行劣，當世行之成格套者，君子行之神鼓舞矣。幸留意焉。

與華訒菴鄒經畬忠餘[一]

趙太宰一世人傑，每事出格，庸人噤而不敢動，賢知囂而不能静，再得一年在事，吏

[一]「訒」，崇禎本作「潤」，康熙本、四庫本作「訒」。「經畬」，崇禎本作「荆璵」，康熙本、四庫本、光緒本作「經畬」。下同。高廷珍輯東林書院志卷十三：「訒菴華先生諱貞元，無錫人」。張夏雒閩源流録卷十三：「華允誠，字汝立，……萬曆丙辰，偕汝正，因族叔訒庵，以師禮見毘陵啓新錢先生。……壬戌成進士，假歸，復因訒庵執贄于忠憲。且言私淑雖久，不如親傳，忠憲乃授以主静之學。」可知當作「華訒庵」，乃華允誠族叔。高廷珍輯東林書院志卷十一，錢肅潤所撰鄒經畬先生傳：「先生姓鄒名期楨，字公寧，無錫人」。高廷珍輯東林書院志卷十一，鄒陞所撰鄒忠餘先生傳：「先生諱期相，字公寅，號忠餘，吾祖懿長公諱期楨胞弟也」。陳鼎留溪外傳卷四鄒經畬傳、鄒鍾泉道南淵源録卷五鄒經畬先生傳所載亦同爲「經畬」。

治民生必有可觀，其言曰「君子在救民。不能救民，算不得帳」，眉批：真知學者真知仕。誠然。然此事或尚可爲，培得元氣，感天之和氣，轉禍爲福。此癡人癡心也。

與鄒經畬

當道有人，海内遺逸，相繼彙征，此亦佳事，可喜在此，可危亦在此。譬如優人滿堂，紅袍盡數登場，便將散場。若賢主佳賓，興濃量大，再做一本方好耳。東遼西蜀，雖未必成得大事，要之兵戈正未有息期。

光禄之事，弟以一人攝之，終日手不停筆，全賴平日静功，忙中收斂以翕而發，聊可支吾。以是益信學必以静爲本，方有受用。吾丈勉之。

答鄒忠餘

一入仕路，便不得自繇，欲歸不能，開口不得。致君無術，聊修職事而已。

與華訒菴

弟今年以一人攝一寺事，既無精神，又無才略，所仗者一静而已。静則理顯，不静則理昧，故静即理也。此心非三四十年不静，故學在蚤下手。

朝中事，外象尚可支持，可憂者神理。且看聖主，一二年間未能定也。

與秦君鄰

春來想閉關發憤矣，不然即没於人事中，歲月可惜。近事想邸報可見，滿朝覓一撥亂之才不可得，意孫愷陽近之，故具疏聞，今雖大拜，未卜作用。

拙以一人任一衙門事，幸平日有虚聲，謂拙是氣概凌空者，今却得此用，稍用氣概於中官，相戒不要惹他。初至，甚受其聒撓，今嚴立法度，不敢復來。止此一事甚快，裁省得無限冒濫。

奴賊不必憂，國家有大運，人生有大數，非人所能爲。可爲者，盡心盡力做去，不要怕耳。即如奴賊，何嘗有大本事，都是自怯内憒〔一〕也。

與李肖甫

部中甚安閒，儘可靜養。但學者以天下爲任，不以一部爲職。眉批：此意非出位之謀。念至此，無處着一樂字矣。

與華蠡陽

仕宦者每借山林爲口吻，實以官爵爲性命，蓋不自知其性命也。如弟稍自識性命，養性命者，必以山林爲宜，但世間濁福易知，清福易蹉耳。弟在西臺，幸事亦簡，精力尚堪，所作功課只勸化諸巡方者，表循良，去貪酷。京師五方雜處，天下之大，如指諸掌。訪一貪酷吏，即于置郵中告其巡方者。彼隔于上下相蒙，反不如都下之見聞博而易真也。其州縣之弊，作一書册頒行之。弟暫在此，或稍有憚，必民安始可天和，非迂也。

〔一〕「憒」，康熙本、四庫本、光緒本作「潰」。

答王葱嶽

弟少時見前定圖，有禾插婦人頭，而旁引一小兒者，皆曰倭也。然旁引小兒，不在左而在右，明是鬼也。今日一内一外，恰符合之。豈非天哉！弟老矣，不能俟河清。翁臺骨相，豈終于此而已者？望加餐自愛。

與張侗初少宗伯一

翁臺暫蹍南斗，需次北辰，所謂雲上于天，飲食宴樂時也。夫飲食者，道腴也；宴樂者，道真也。足于己而施及于天下，眉批：不知此者，即飲食之人。故曰需于酒食，天下將醉飽之矣。

與張侗初二

吾丈天賦明睿，如冰壺映月，徹骨無滓，故灑落自在如此。弟之大愚，以爲鈍根之士，惟患心境不徹，而落于一切粘帶；利根之士，又患事理不透，而落于一切便安。夫一靈炯然，充塞宇宙，森羅萬象，總是一物，豈有心外之事理？故事理愈徹，則心靈愈瑩，但患含糊，不患分別。

聖學所以開物成務，只「是非」二字而已。此處一空一混，即使身心皎然，得大安穩，不過自了之學也。丈試究之，以爲何如。

答陳赤石

浙中學政，蓋無事不令人擊節也。嗟乎！眉批：後此果莫能儷者。安得兩畿十三方，皆得台丈其人，而又久於其事。士其有興乎！世其有瘳乎！舍是而談治平，其道無繇也。

讀先正要語序而又知台丈篤志於學，喜慰。人生只有斯事，頃刻悟之而有餘，終身修之而不足。幸台丈珍惜此日月也。

與黄鳳衢一

年丈横被風波，然轉高聲價矣。夫天意豈直高年丈之名，乃玉成年丈之實。百年浮榮，轉眄過眼，遲暮思之，惘然無得。若將向外精神反歸自己，討個定帖，乃千生萬劫轉迷成覺之日也。此個路頭干涉非小，但在順境中趁着興頭，難得回頭；逆境中没了世味，方尋真味。故弟嘗謂造化每以逆境成全君子，以順境坑陷小人。以弟驗之，即今半生受用，實緣聖主一謫。年丈異日當有味斯語，幸勿以弟言爲迂而忽之。

答黄鳳衢二

唐荆翁所選諸儒語要，各盡其長，不執己見，眉批：夫編輯書要當如是。編輯中之法眼也。

年丈卒業，當必有深造焉。而布之浙中，如以甘露水沃日暍病人，其施溥矣。弟雖不文，當以一言附之。

弟今歲於手足同氣爲期者二，爲功者一，淚幾爲枯。不得與西湖賢主一葦六橋之間，命也夫。

與黄鳳衢三

自古未有朝士聚訟如今日者，未有朝士與林中人相訟如今日者。東林風波其所從來，二事而已。一者段黄門幻然之論崑山也，而引東林人爲証；一者吴侍御嚴所之欲明時事也，而發抄顧涇陽先生二書以爲快。二事之外，東林于朝中絶無一毫干涉，久當自明。

昨者孫道長摘弟三事，一淮撫援書，謂弟贊畫，贊畫則無，此書實弟所見，實未嘗沮，此罪不敢辭。一京察搆害，與弟風馬牛不相及，此罪不敢認。一者金吾書，則極可笑，弟實無涉於身，無愧於心，其人其事俱不必言。要知山中人不可輕見客，無端生出此事，則亦弟之罪也。弟於劉大行疏當益自策，於孫侍御疏當益自惕，好之惡之者殊途，其交成之則一也。於年丈一道之，他人絶不開此閒口矣。

與陳省堂

丈之所居顯榮厚利，既懸而艷之於後，毀譽得失，復紛而戰之於前。吾之神明主宰，爲吾所自有者，鮮矣。丈若置之不顧，猛然發必爲聖賢之志，風塵中有此人物，可謂非豪傑乎哉？

知交自清漳來者，輒訊起居，知孳孳向學不倦，柔懦如弟，每爲興起。弟歸杜門，一榻一卷；丈宰百里，萬姓萬務。雖勞逸殊勢，而修爲不殊。處者一念不空，妄自魔障，出者一念不實，空文搪塞，徒自辜負耳。白沙詩曰「廊廟山林俱有事，今人忙處古人閒」，知吾丈閒忙總不徒然矣。風便幸舉所持行教之。

答王聚洲

弟性好静而畏忙，以精神短弱，學不得力也。惟静可收拾精神，填補學問。連年以一官終日終年在忙中，疲困極矣。昨冬歸，即屏居五湖之濱，不見一客，往時偷閒是討便宜的私意，今日閉户是合時宜的道理。幽居之中，聞故人之禍，泣數行下，得故人之書，酌數杯酒。此兩端悲喜之外，惟以太虚爲家舍而已，他皆不顧也。

得台臺書，備悉近况。以俗眼觀是極淒楚逐臣，以道眼觀是極瀟洒行徑，况有子萬事足，有賢子萬慮益可捐乎。他語可相照于無言，天生豪傑，必有用之。惟仁丈加餐自愛，段幻老自云盲廢，望翁丈空青甚亟，托爲促之。

與蔣恬菴一

丈養高於家六年矣，人生幾得此閒日月，百年中詎數數有此幾六年，丈不以此時究身心之實益，求經濟之定計，迺於酒食戲談中浪置此身，豈天所以生吾丈之意乎！天下之生久矣，經史具在，往迹昭然，大之而聖賢，次之一節之士，曾見有于酒食戲談中得來者乎？世俗之名爲迂者，則誠迂矣，而所迂者，又或以迂之者爲惜。二者之間，是非之實，吾丈不可不察也。縱言至此，弟狂過矣，請慎其餘。

雖然，自六年來，弟與丈不相及者地，不相親者形，而彼此之情如一日而一席之也。

弟非丈不狂，狂於丈，非狂也。第弟浪擲六年，并其飲食談笑之樂而亦擲之，而且呶呶然發其狂言於丈，夫夫也，其亦謂今之狂也與？

與蔣恬菴二

國家造士，文、行兩者而已。今多士如雲，於何稽之？弟竊謂有簡要焉。但杜門讀書，則兩俱修者也；出門放曠，則兩俱窳者也。若時稽時警，自當月異歲殊。往者弟嘗在監，日見諸生所苦者班卯，放蕩者稍就羈畢，好修者實虛靡精神。劉雲丈有講院考，入院者則免之，一妙法也。不入講院者，不審亦可爲劑量，令輪班迭進否。以吾丈精審，於此等必有妙運，願一聞之。

答繆仲淳

長安中如丈識見者，絶不可得。如丈者，豈非遺賢乎？甚矣，科目之不能盡人才也。近言路有起廢太濫一疏，群小見諸賢盡出，明年内計可慮，故戈矛潛動。弟謂此等小人，彼正恃口舌可尼君子作用。君子但置之不聞，當做便做，陽氣盛，邪氣自消。若與角口，即墮其計中；若畏其口，亦墮其計中。諸公頗以爲然，邪説一切高閣起矣。

報大哥一

東事甚急，以國家承平之久，故易壞，然以高帝功德之大，亦未易壞。弟原以「君親」二字出門，故在此甚安。當死則在家亦死，不當死則在此亦不死。人只爲看不透一「命」字，每先事憧憧耳。

報大哥二

衰年仕宦，力所不及者，不得不丢。常以半日偃卧，耳不聞，目不見，心不思，手足不動，以大息之。幸煉得三十餘年，頗放得下，息得來，不然幾不能過活矣。

天下事盡歸中官，楊大洪欲去其毒，反發其毒，此豈可口舌争也。惟有外庭諸君子各修職業，内閣諸公居中勸化之，庶可少救少延，他無策也。

家鄉大水奈何，東南不能無事，凡可以及桑梓者，惟力是視，不敢放過也。便風惟欲知哥善飯而已。

答七弟

前書中，辱弟相勉不朽之業。不朽之業不在長安中，長安中以不失足爲第一義。名利二字至危，鮮有不爲所魔者。蓋凜凜持之，未知得保晚節否。

邇來漢唐末季之事已見，當見幾作矣。然念各人自潔，作一散場，將此世界視其陸沉，後世必謂王夷甫諸人不得不任其咎，以此未忍。然亦只是挨延之法，如父母病危，人子盡愛日之誠耳。

答汪若谷

老公祖在風波震蕩中，正可安眠穩坐。天下常勝者正理，愈危而愈安也。凶鋒肆起，但宜堅壁。是非者天下之是非，人心不死，徐而自定耳。

答范太蒙尚寶

天下才品不同，但須別其邪正，於正人更不可論其異同。吾輩待彼，只取其大處、長處。此時還須此老，翁丈師弟也，當急出助之，多誘掖，少箴規，牖其明，闕其暗，乃可耳。

答劉清之叔姪

今日之怪事，皆往代之舊事，在我輩相戒爲不可爲者，皆諸公相勖爲不可不爲者也。其要在昧于天道，不信感應之理，取快一時，沉淪千古，哀哉！我輩只求不獲罪于天而已，他無所計，亦不可計。聖人曰「人無遠慮，必有近憂」，在今日人有近憂，皆繇遠慮。聖人欲人盡人事，今人却不知聽天命也。台丈以爲何如？

與李壽伯

今朝野皆成競局，治之之法，「静嘿」兩字而已。且吾輩做自家人，修自家心，安得閒工夫向人分疏閒事也！「臧否」二字，吾輩亦每犯之，在末世是禍本。善善長而惡惡短，郭林宗所以免也。近思之，此是吾輩一項大工夫。

答翁應玄

門下在榆關，必有以自見矣。凡事只認真做去，自有效。世人見不透，以爲人皆尚假，何能獨真，百假一真，人必不容。不知惟其百假，所以一真易毁；惟其不容於假，所以必信于真。一真信之，勝於百假容之矣。門下力行，久久自見。

與黄黄石

自丈爲小人所誣，至今未有明目張膽，申大義於天下者。然天地間未結之案，終有人結之，於丈不關加損。然是非不明，不足損所不明之人，而足以損世；是非明，不足益所明之人，而足以益世也。諸人欲斷東林脉，東林無官脉可斷，若道脉，如何斷得？丈家居甚當，南中非佳境也。

與劉鳴陽

昔延陵季子之聘於上國也，所至輒盡得其一時之名賢。故於晉則叔向，於鄭則子産，於齊則平仲，於衛則史魚、伯玉，皆覿面孚心，結終世之歡，何其神也！攀龍何人斯，乃至於貴邑，亦得大君子之傾蓋，東山之屐，班荆臨流，落日開心，平蕪豁目，不亦一時之勝乎。别來澹然孤舘，此興戚戚而動，慨良朋之不常，惜盛游之難繼。今且北歸，莽漠雲山，飛蓬身世，回首舊游，儼如圖畫矣。則夫人際景逢辰，盍簪具美，又安可不暢彼此之懷，極逍遥之致哉！懷望道範，不任馳神。眉批：先生是時年三十二，猶有文人風韻存，此見其一斑。

與吴觀華一

反復之説，蒙丈印可，而體用之辨，極要明白。體即是用，用即是體，雖不容分，然用寂是體，體發是用，亦不容混，一觀而用寂矣，所謂「觀未發者」如是。若徒觀其氣象，何啻千里。人能知用寂之體，只於此立本，乃真復也。

與觀華二

弟衙門有人可脱身，念中事亦次第了之，可浩然歸矣。一登依庸〔二〕，便是弟十洲三島也。

人心寂即是易，發即是爻，有繫縛者皆非也。習久，則繫縛者開，即無思無爲之體，非是繫者去，别有一個易來也。此又是復以自知時，一層體認處。丈試驗之。

〔二〕「依庸」，指東林書院之依庸堂。

與觀華三

馮少墟云：「人生自幼讀書成名，作家生子，俱少不得，却俱算不得。雖至作好人尤少不得，也算不得。」弟謂：「若知道，此少不得者俱算得。」此一「道」字極可怪，一切點鐵成金，如知易者，一草一木、一禽一獸皆卦也。静觀真有趣，此可與吾丈道耳。東林得丈，不至草深，弟在此稍安，得脱便歸，畢竟此事爲吾輩究竟。夫子喟然與點，良有深味。近園適促弟歸，知心語也。

與許涵淳

令先慈久病不起，涵淳至性，哀痛可知。有修身一着，可報罔極也。

學問起頭要知性，中間要復性，了手要盡性，只一性而已。性以敬知，性以敬復，性以敬盡，只一敬而已。讀書，窮此者也；静坐，體此者也；會友，明此者也。心無所適便是敬，時時習之，熟則自妙。其他皆大擔閣、大障礙也。

答薛用章一

以本體爲工夫，以工夫爲本體。不識本體，皆差工夫也；不做工夫，皆假本體也。惟「誠敬」即工夫即本體。誠無爲、敬無適[一]，以識本體，故未嘗費纖毫之力也。起因如此，結果如此，未有假因成真果者。門下所見甚的，可喜。

答薛用章二

相知中，如門下真肯向裏尋求者矣。別無他法，但時刻提醒，勿令昏昧，積有年歲，自成片段。所患日復一日，年復一年，不零星積聚，允無頓段受用耳。

與周仲純季純

學無動静也，然形太用則疲，神太用則困，故省外事者，學之要也。季純六年東林，

[一]「適」，底本作「識」，康熙本、四庫本、光緒本作「適」。上條與許涵淳有「心無所適便是敬」，此處宜作「適」。

少有入頭，然此事凝之甚難，散之甚易。道豈有聚散乎？正欲凝此無聚散者，故本體本無散，工夫只是凝。所欲言者止此。

與周季純一

學不在多言，只變化氣質，涵養性情。一切五常百行，皆以此爲本。然非見道不能。每日偷閒静坐，猛奮體認。若静中復頽闐，則動中氣濁，道體不顯也。

答季純二

季純病中所見，良是。學問只要一絲不掛，其體方真。體既真，用自裕，未有有真體而無真用者也。用之大小則隨稟賦，用之真僞則因學力。到真用功夫時，即功夫一切放下，方是功夫。非真做功夫者，不可與語此，所謂癡人前説夢也。僕于出處去留，極不敢苟，在此細細稱量，要之合義而已。

去年朝中稍有陽氣，治亂賊亦便有勝機，陰陽消長之分如此，人可不知易乎。

與季純三

季純作工夫何如？向年静中意思，恐失之矣。然作過一番工夫，纔警策便在，但惟恐失之意，不可無耳。

相别四月，諸相知有所進，幸各寫總封寄來，一以驗諸相知工夫，一可以相答。不然，僕作無益語無益，即作有益語亦不逗機，漠然度外，又各孤負也。

與任希顔

深院幽閒，小齋闃寂，道人無事，卧起從容。胸中廓然其大，浩浩無涯，隨意静坐，隨意讀書，隨意會友。畛域不設，物我皆春。事既易簡，味更悠長。此爲本分人作本分事，厥修乃來，如日加長而不覺也。如曰吾志在天下，奈何爲此區區者？請看千里遊心客，還是東林一腐儒。

與尤澹明

弟之視壻猶子也，第一欲其養成德器，次之欲其熟讀經書。素聞箭老篤於教孫，而舍親母頗過溺愛。然天下傷生之事非一，未聞在於讀書。讀書則心静，心静則氣和；閒惰則心放，心放則氣散。二者之間，相去遠矣。小兒之疾，多在寒煖不調，飲食不節，今不歸咎於不調不節之故，概歸咎於讀書勤苦，故父母益成姑息，子弟益習頑惰。此惑不破，是廢學無成之兆也。

夫學未有不勤而成功，師未有不嚴而教行。望丈以嚴爲主，勿恤其他。雖其教之初行，或有不宜於人情，至於習而安之，久而成功，思丈有不能忘者矣。望以鄙意致箭老，必得内外一心，教乃可行。不然則一暴十寒，一傅衆咻，終無益也。舍親母亦已令人傳説，諸凡望丈主持决行，萬萬。

與安無曠

昔人語科第者曰「半積陰功半讀書」，誠然。然陰功非但分人以財，孜孜切切，惟以濟人救人爲事。行之數十年，此意純熟，動念即是，方謂陰功。何者？此乃仁心也。仁則生，生則吉，吉則百祥咸集，科第在其中矣。此萬驗良方，幸勿忽之。

與卞子静一

霪雨爲災，水居洪濤，及於檻外，遂不可居。兀坐家中無事，襟懷雖得瀟洒，而觸目民艱，未免時復攢眉。方知良苗樂歲，一觴一咏，不得輕易放過也。

與卞子静二

年來愈覺得身心之事，當汲汲求之，不可丟在無事甲中。一切求閒好静，總是無事生事，亦成當面蹉過。聖人之學，下學上達，惟是孜孜矻矻，好古敏求。只一求字，便可做二六時中工課也。何如？

與魏廓園一

人不見性，萬事俱低。何莫非性，所争知不知耳。只不睹不聞，便是未發。其發處，一話一言、一躬一揖皆是也。不知者漫過，知者默而識之。故曰「人莫不飲食，鮮能知味」。門下當有一日啞然自笑也。

與魏廓園二

聞門下於吉水先生有浹旬樂聚，快哉！僕獨恨少此一行耳。今之山林，阿世以取容者下矣，次則憤世而滋口，次則玩世而不恭，最上則善世而不競。先生其善世而不競者乎！甚矣，人之審局難也。局定，而終身以之矣。乾坤鼎革，光彩一新，今皇之虔始，即先帝之厚終，非有二也。世事可喜之中，亦有大可憂者，看天意何如耳。

與魏廓園三

周士顯居然内擢入朝矣。其主考試録，謂六經亂天下而有餘。自古未有以六經爲亂天下者，自士顯始。此得罪於萬古名教，可令復立清朝乎？此而不糾，可爲清朝乎？發於禮垣，更覺正當。此最大題目，最大文章。以昔之太宰尚能考察士顯，豈今趙先生之賢，不能削奪士顯？天其或者借此一擢，激出臺諫名疏、太宰快事乎！吾輩願學孔子，縱不能行其道，當閑其道。孟子以正人心、息邪説爲承三聖，爲天下一治，非小補也。幸門下速圖之。

與魏廓園四

長興之寇，吴野樵是葉朗生事内欽犯第二人。近日之舉欲據邑，非劫庫也。彼自以朗生事報仇，殺石令，不知殺廉吏而人心痛憤，故即被擒，是石令以一死完一邑也。寇劫獄，獄囚無一從叛，皆曰寧死不負石爺，此良吏所以爲保障也。門下爲貴鄉當特題一疏，請優恤，最可鼓天下靡靡怕死者。

與魏廓園五

時事不敢以臆見瀆聽，大要以趙師作宰，門下輩作諫官，大洪諸賢在紀綱之地，不患不佳，但恐過求其佳，反乖步驟耳。

與陳似木一

學問在知性而已。知性者，明善也。孟子道性善，而言必稱堯舜者，何也？性無象，善無象，稱堯舜者，象性善也，若曰如是如是。言上會者淺，象上會者深。此象在心得其正時識取，心得其正者，心中無事時也。風便寄意。

答陳似木二

士有其志，何所不可爲。況今所爲者，乃是孩提無知識時所具足，反以有知識後昧之者也。今借吾知識，反於孩提無知識時本色，故曰復其初。門下弱體，但一切放下，不用一些知識，胸中無物，皆真精神也。養德養身，是一件事。靈源返則靈機浚，理學與舉業，亦是一件事也。

答陳似木三

此無別法，即如門下所謂「知而不能者，習之而已」。人安得遽能？以習而能。論語開卷示一「學」字，即示一「習」字，又示一「時」字。學而習，習而時，自凡人作聖賢，不過三字，立下見效者也。即如忿欲習於懲窒，懲窒過二三次，便省力，便有味，豈患不能耶！

與孫淇澳宗伯乙丑

世事甚危，黨人之危，不足言也。年來履虎尾，反覺有用力處。現前於穆之真，絕無聲臭，安得有富貴、貧賤、夷狄、患難？是刀鋸鼎鑊之所不能及，安得有死生？但在日用煉習，純是此件，即真無死生耳。知翁臺進步處，又在百尺竿頭，幸不吝教示。

答劉念臺

向得丈所寄王侍御書。當此時，侍御有此心，是於漫天殺局，欲一轉生機，真仁人也！果爾，弟正不可見之。何者？敝邑爲通都，此地人多踪迹，弟爲貢獻之着，則侍御先無以自爲，何能爲世。故弟雖奉丈教，終不敢見也。近日又得丈書，仰見直心浩氣，可貫金石、泣鬼神，而所教者，弟不敢以爲然。

近都下正有傳姑蘇詞林作六君子吊忠文者，想如丈教，正實其説矣，此何異公子無忌約賓客入秦軍乎？

杜門謝客，正是此時道理。彼欲殺時，豈杜門所能逃？然即死，是盡道而死，非立巖牆而死也。況吾輩一室之中，自有千秋之業，天假良緣，安得當面蹉過，大抵現前道理極平常，不可着一分怕死意思，以害世教；不可着一分不怕死意思，以害世事。想丈於極痛憤時，未之思也。

答熊壇石操院

新法之行，吾黨亦與有過，經歷世故，乃知義理無窮，君子自反亦無窮。若夫一治一亂，殆非人力所能爲。

去年九月木星犯三台，其占已如見今日也。諸君子在外者，尚可得民和，固邦本。而漸次芟除，四載中所布列已去其四，自此民不聊生，大亂將作矣。老公祖於倖序中不久榮轉，當留心救世，不必以自潔爲高。

弟歸迫歲除，粗了家事，元旦後即入山村，行吟澤畔，作快活屈原，不囚土室，作疏散袁閎而已。

與李次見侍御

世事雖甚亂，吾輩正可乘此絶無滋味之時，作絶有滋味之事。何者？身無世道之責矣，可謝一切紛擾之累矣。蕭然一身，取資何幾，兩間甚廓，可以自容，千古甚長，何以不愧，滋味寧有窮乎？知翁丈同此致也。

弟所居湖干，蓮花正放，早起推窗，見鮮葩簪簪出濁泥中，一似人生當此世界，但心不隨境染者，真蓮花矣。野趣方濃，不忍出門，不得一看台丈，寄此道意。

與徐按臺

台臺以殊格待黨人，諸黨人惟銘之心，不敢出諸口。眉批：知微。惟是地方人才，萬不可齒及諸黨人，非惟大傷老公祖，抑且深禍諸黨人。彼且以諸黨人圖死灰之然，爲翻局之本，借以大創，决非小懲，又增朝廷一番過舉，傷宇宙一番元氣，何益之有哉！非獨愚計，實出輿情，俯賜采納，世道所關也。

答楊金壇

世路翻覆，一彼一此，如山勢遞爲起伏，如水波遞爲來續，以此遞成今古，無足異也。但盛世之一往一來究歸於治，衰世之一往一來究歸於亂。眉批：知天之言。仁人君子不能不爲杞憂。

誠有如台臺所教，若不肖之放，魚鳥歸林淵，適得其所。雖林淵未必遂能安處，而衰白之人，得一日且爲樂一日，總不作前後想也。伏承翰貺，此誼當篆之衷臆。

答王無咎

世界如棋局，人才如白黑子，勝負不常。在吾輩則以不常者爲常，故勝不爲喜，負不爲戚，勝可也，負可也。客散棋收，勝負安在哉？常者在此不在彼也。與其得罪千古，無寧得罪一時。困窮之中，借以洗心滌慮，爲大歸之計而已。道義之愛，中心藏之。所祈絅錦璞玉以爲天下。

與曹允大

昔漢二疏祖帳東門外，爲千古健羨。近魏黄門就逮，貴邑士人之攀號，爲千古悽愴。悽愴者何必减健羨乎？天地間總是一大戲場，悲歡離合，留一影子與後人觀場耳。

與東林諸友

有人問我東林作何工夫，吾拱手對曰：只是這等。大聖大賢也增不得些子，愚夫愚婦也減不得些子，莫輕看了這一拱手，從前不知費許多鑽研，方討得這個模樣；從後不知費幾許兢業，方保得這個模樣。且莫説，要看臘月三十日。

臨終與華鳳超

僕得從李元禮、范孟博游矣。一生學力，到此亦得少力。心如太虛，本無生死，何幻質之足戀乎！眉批：此先生臘月三十日。諸相知統此道意，不能一一也。三月十六夜，攀龍頓首。

龍正謹按：亢龍有悔，聖人有時爲亢龍耶？否耶？伊周處亢而不死，先生處亢而死；子房懷英不處亢而不死，先生處亢而死；任智遠害之士，或不處亢而亦死，先生處亢而死。同耶？異耶？悔耶？否耶？夫子言之矣，惟聖人不失其正，宜亢而亢，正也，宜死而死，正也。以必不處亢，必無死地爲正，失其正者，無乃多乎！先生於魏忠節之逮也，語予曰：「吾以惑於救世，昧於知幾。」先生歎無救於世也，非自歎其將及禍也。仁人殺身，自古衆矣。亦云正而已矣，奚悔而奚歎？

高子遺書卷之八下終